I0061251

CHAMBRE DE COMMERCE DE MARSEILLE

CATALOGUE

DES

OUVRAGES DE LA BIBLIOTHÈQUE PUBLIQUE

RÈGLEMENT

MARSEILLE

TYPOGRAPHIE ET LITHOGRAPHIE BARLATIER

19, Rue Venture, 19

1904

CHAMBRE DE COMMERCE DE MARSEILLE

CATALOGUE

DES

OUVRAGES DE LA BIBLIOTHÈQUE PUBLIQUE

REGLEMENT

MARSEILLE
TYPOGRAPHIE ET LITHOGRAPHIE BARLATIER
19, Rue Venture, 19

1904

La Bibliothèque de la Chambre de Commerce de Marseille a été fondée en 1872 *sous la présidence de* M. Amédée Armand *et réorganisée, en* 1904, *par les soins de* M. Albert Armand, *membre de la Chambre, délégué à cet effet, et sous la présidence de* M. Le Mée de la Salle.

CHAMBRE DE COMMERCE DE MARSEILLE

CATALOGUE

DES

OUVRAGES DE LA BIBLIOTHÈQUE PUBLIQUE

COMMERCE - INDUSTRIE - TRAVAUX PUBLICS

Dictionnaires

A

Savary, J. 1148

Dictionnaire universel du Commerce; 3 vol. in-folio, Paris, Jacques Estienne, 1723.

Peuchet, J. 803

Dictionnaire universel de la Géographie commerçante ; 5 vol. in-4°, lib. Blanchon. An VII.

.... 802

Dictionnaire universel de Commerce. — Banque, manufactures, douanes, pêches, navigation marchande, etc.; 2 vol. in-4°, Paris, Buisson, 1805.

Laboulaye, Ch. 453

Dictionnaire des Arts et Manufactures, avec complément; 3 vol. in-4°, Paris, 1845-1872.

.... 454

Dictionnaire universel théorique et pratique du Commerce et de la Navigation ; 2 vol. in-4°, Paris, Guillaumin, 1861.

Lami, E.-O. 801

Dictionnaire encyclopédique et biographique de l'Industrie et des Arts industriels ; 8 vol. in-4°, Paris, 1881-1888.

Genevat, J.-A et Groffier, V. 1128

Dictionnaire de Géographie commerciale ; 1 vol. in-4°, Lyon, Emmanuel Vitte, 1895.

Guyot, Yves et Raffalovich, A. 455

Dictionnaire du Commerce, de l'Industrie et de la Banque ; 2 vol. in-4°, Paris, Guillaumin, 1901.

Périodiques

O'Reilly, R. 1207

Annales des Arts et Manufactures, contenant les découvertes modernes, 1800 à 1817 ; 61 vol. in-8°, Paris, Huzard.

.... 1208

Annales de l'Industrie nationale et étrangère, ou Mercure technologique, 1820 à 1827 ; 27 vol. in-8°, Paris, Bachelier.

Moléon, J.-G.-V. (de) 1209

Annales de l'industrie manufacturière, agricole et commerciale, 1827 à 1844 ; 55 vol. in-8°, Paris, Bachelier.

.... 1212

Archives du Commerce ou guide des commerçants, 1833 à 1839 ; 24 tomes en 12 vol. in-8°, Paris, Renard.

.... 1213

Documents sur le Commerce extérieur, 1840-1841 et 1842 publiés dans le Bulletin du Ministère de l'Agriculture et du Commerce ; 3 vol. in-8°, Paris, Paul Dupont.

.... 1214

Bulletin du Ministère de l'Agriculture et du Commerce. Partie officielle 1840 à 1851 ; 12 vol. in-8°, Paris, Paul Dupont.

.... 1216

Annales du Commerce extérieur, 1843 à ... ; vol. gr. in-8°, (en cours de publication).

Moléon, J.-G.-V. (de) 1210

Recueil de la Société polytechnique, 1845 à 1848, renfermant :

1° Le Recueil industriel, manufacturier, commercial, de la salubrité publique et des beaux-arts.
2° L'Agronomie manufacturière.
3° Les Annales de la Société polytechnique.
4° Les Annales de statistique.
16 tomes en 8 vol. in-8°, Paris.

.... 1215
Recueil consulaire contenant les rapports des consuls de Belgique, 1859 à 1879 ; .. vol. in-8°, Bruxelles.

.... 1231
Le Technologiste ou archives des progrès de l'industrie française et étrangère, 1869 à 1885 ; 9 vol. gr. in-8° et 4 vol. in-4°, Paris, Roret.

.... 1232
Revue industrielle, 1871 à 1885 ; 3 vol. gr. in-8°, 13 vol. gr. in-4°, Paris.

.... 1230
Bulletin de la Société d'encouragement pour l'industrie nationale, 1871 à 1879 ; 8 vol. in-4, Paris.

.... 1217
Bulletin consulaire français. — Recueil des rapports commerciaux adressés au Ministre des affaires étrangères, 1877 à 1891 ; 22 vol. gr. in-8°, Paris, Imp. Nationale.

.... 1233
Le Génie Civil, 1880 à ... ; vol. gr. in-4°, (en cours de publication).

.... 1234
La Revue Technique, Annales des travaux publics et des Chemins de fer, et Revue générale de Mécanique appliquée, 1896 à ... ; vol. in-f°, (en cours de publication).

.... 1239
Le Journal des Chambres de Commerce, 1882 à ... ; vol. gr. in-4°, (en cours de publication).

Ministère du Commerce. 1238
Moniteur officiel du Commerce, 1883 à ... ; vol. gr. in-4°, (en cours de publication).

. 1218
Annexe au Moniteur officiel du Commerce, 1892 à ... ; vol. gr. in-8°, (en cours de publication).

Office National du Commerce Extérieur 1219
Monographies industrielles et commerciales.
N° 1. Huiles d'olives.
N° 2. Commerce d'importation et d'exportation du Sénégal.
N° 3. Commerce des machines agricoles.
N° 4. Le Commerce des Vins à l'étranger et aux colonies.
N° 5. La Publicité à l'étranger. — Catalogues et journaux.
N° 6. Recueil de renseignements douaniers concernant les colonies françaises.
N° 7. Le Commerce de la parfumerie à l'étranger et aux colonies.
N° 8. Le Recouvrement des créances commerciales à l'étranger et aux colonies.
N° 9. Itinéraires généraux et renseignements à l'usage des voyageurs et employés de commerce français à l'étranger et aux colonies ; vol. in-8°, Paris, Office National.

Office des Transports du Sud-Est. 1220
Comptes-rendus, 1901 à ... ; vol. gr. in-8° (en cours de publication).

Généralités

Savary, J. 165
Le parfait négociant ou instruction générale pour ce qui regarde le commerce des marchandises de France et des pays étrangers ; 1 vol. in-4°, Paris, Louis Billaine, 1679.

Ministère de l'Intérieur 804
Extraits de divers avis sur le commerce, réunis et publiés par ordre du Ministre de l'Intérieur, 1819 à 1822 ; 1 vol. in-12, Paris, Imp. Royale.

Ferrier, F.-L.-A. 154
Du Gouvernement considéré dans ses rapports avec le Commerce ; 1 vol. in-8°, Paris, Pélicier, 1821.

Rodet, D.-E. 158
Du Commerce extérieur et questions commerciales, 2 tomes en 1 vol. in-8°, Paris, Renard, 1825-1828.

Dupin, Charles (baron) 216
Discours et leçons sur l'Industrie, le Commerce, la Marine et sur les Sciences appliquées aux arts; 2 tomes et 1 vol. in-8°, Paris, Bachelier, 1825.

Stirling, P.-J. 2
Philosophie du commerce; 1 vol. in-12, Paris, Guillaumin, 1860.

Hofmann, M. 19
Manuel du négociant: 1 vol. in-12, Paris, Guillaumin, 1867.

Courcelle-Seneuil, J.-G. 167
Manuel des affaires ou traité des entreprises industrielles, commerciales et agricoles; 1 vol. in-8°, Paris, Guillaumin, 1856.

Turner, B.-B. 6
Commerce and Banking; 1 vol. in-12, London, Swan Sonneuscthein, 1891.

Audiganne, A. 214
L'Industrie contemporaine, ses caractères et ses progrès chez les différents peuples du monde; in-8°, Paris, Capelle, 1856.

Verdeil, F. 215
L'Industrie moderne; 1 vol. in-8°, Paris, V. Masson et fils, 1861.

Audiganne, A. 212
La lutte industrielle des peuples; 1 vol. in-8°, Paris, Capelle, 1868.

Turgan. 821
Les grandes usines. — Etudes industrielles en France et à l'Etranger; 17 vol. in-4°, Paris, Michel Lévy, 1870-1882.

Maigne, M. 22

Arts et Manufactures. — Exposition sommaire des méthodes et procédés de l'industrie contemporaine; 3 vol. in-12, Paris, Eug. Belin, 1875.

Grand-Carteret, J. 23

Les Arts industriels en Suisse; 1 vol. in-12, Paris, H. Loones, 1879.

Houzé, J.-P. 78

Le Livre des métiers manuels; 1 vol. in-12, Paris, Gaston Samson, 1882.

Vibert. 218

Les Industries nationales. — Celles qui naissent et grandissent. — Celles qui meurent ou se transforment (thèmes de conférences); 1 vol, gr. in-8°, Paris, Berger-Levrault, 1895.

.... 1001

Congrès de la houille blanche, Grenoble, Annecy, Chamounix, 7-13 septembre 1902; 2 vol. gr. in-8°, Grenoble.

.... 1

Recueil sur le Commerce.

I. Questions importantes sur le Commerce, par J. Tucker, 1755.

II. Questions sur le commerce des Français au Levant, par M. de Forbonnais.

III. Mémoire sur les laines, par M. Cartier.

IV. Examen des avantages et désavantages de la prohibition des toiles peintes, par M. de Forbonnais; 1 vol. in-12, Londres, 1755.

Huet 155

Histoire du Commerce et de la Navigation des Anciens; 1 vol. in-8°, Lyon, lib. Benoît Duplain, 1763.

Anderson, A. 805

An historical and chronological deduction of the origin of commerce; 4 vol. in-4°, London, 1801.

Mengoty 169
Commerce des Romains, depuis la fondation de Rome jusqu'à Constantin ; 1 vol. in-8°, Marseille, Mossy, an IX.

Moreau de Jonnès, A. 159
Le Commerce au XIXe siècle ; 2 vol. in-8°, Paris, Regnard, 1825.

Heeren, A.-H.-L. 163
De la Politique et du Commerce des peuples de l'antiquité ; 6 vol. in-8°, Paris, F. Didot, 1830-1834.

Duesberg, J. 156
Histoire du Commerce, de la Géographie et de la Navigation chez tous les peuples ; 1 vol. in-8°, Paris, Sagnier et Bray, 1849.

Schérer, H. 172
Histoire du Commerce de toutes les nations, depuis les temps anciens jusqu'à nos jours ; 2 vol. in-8°, Paris, Capelle, 1857.

Reinaud 207
Relations politiques et commerciales de l'empire Romain et de l'Asie orientale, pendant les cinq premiers siècles de l'ère chrétienne ; 1 vol. in-8°, Paris, Imp. Impériale, 1863.

Worms, E. 166
Histoire commerciale de la ligue Hanseatique; 1 vol. in-8°, Paris, Guillaumin, 1864.

Devinck, F. 3
Pratique commerciale et recherches historiques sur la marche du Commerce et de l'Industrie ; 1 vol. in-12, Paris, Hachette, 1867.

Frignet, E. 171
Histoire de l'association commerciale depuis l'Antiquité jusqu'au temps actuel ; 1 vol. in-8°, Paris, Guillaumin, 1868.

Duchêne, G. 4
L'empire industriel. — Histoire critique des concessions financières et industrielles du second Empire ; 1 vol. in-12, Paris, lib. Centrale, 1869.

Vachon, M. 5
La crise industrielle et artistique en France et en Europe ; 1 vol. in-12, Paris, lib. illustrée, 1886.

Noël, O. 814
Histoire du Commerce du Monde, depuis les temps les plus reculés ; 2 vol. gr. in-8°, Paris, Plon, 1891-1894.

Bonnassieux, P. 173
Les grandes Compagnies de Commerce ; 1 vol. gr. in-8°, Paris, Plon, 1892.

Cons, H. 170
Précis d'histoire du Commerce ; 2 vol. in-8°, Paris, Berger Levrault, 1896.

Canonville-Deslys, Th. 806
Rapport sur le mouvement scientifique, industriel et agricole ; 1 vol. gr. in-8°, Rouen, Cagniard, 1896.

Létourneau, Ch. 182
L'Évolution du Commerce dans les diverses races humaines ; 1 vol. in-8° ; Paris, Vigot frères, 1897.

Commerce du Monde

Say, Horace 201
Histoire des relations commerciales entre la France et le Brésil ; 1 vol. in-8°, Paris, Guillaumin, 1839.

Muller, H.-L. 1102
Le Commerce du Globe ; 2 vol. in-4°, Le Havre, Lemale, 1865-1872.

Juglar, C. 183
Des crises commerciales et de leur retour périodique en France, en Angleterre et aux Etats-Unis ; 1 vol. gr. in-8°, Paris, Guillaumin, 1889.

Théry, Edmond 11
Europe et États-Unis d'Amérique ; 1 vol. in-12°, Paris, Flammarion, 1899.

Théry, Edmond 12
Histoire économique de l'Angleterre, de l'Allemagne, des États-Unis et de la France, 1890-1900 ; 1 vol. in-12°, Paris, *Economiste Européen*, 1902.

Commerce d'Europe

Tollenare, L.-F. (de) 161
Essai sur les entraves que le Commerce éprouve en Europe, 1 vol. in-8°, Paris, Janet et Cotelle, 1820.

Sève, E. 222
Le Nord industriel et commercial, Danemark, Norvège, Suède, Russie. — 3 vol. in-8°, Paris, Guillaumin, 1862.

Levy, L. 195
History of British Commerce (1763-1870). — 1 vol. in-8°, London, John Murray, 1872.

Richelot, H. 198
Histoire de la réforme commerciale en Angleterre. — 2 vol. in-8°, Paris, Capelle, 1853.

Vogel, Ch. 184
Du Commerce et du progrès de la puissance commerciale de l'Angleterre et de la France. — 2 vol. in-8°, Paris, Berger-Levrault, 1864.

Thorold Rogers, J. 196
The Industrial and Commercial History of England. — 1 vol. in-8°, London, T. Fischer Unwin, 1892.

Deiss, E. 17
A travers l'Angleterre industrielle et commerciale ; 1 vol. in-12, Paris, Guillaumin, 1898.

Blondel, G. 15
L'essor industriel et commercial du peuple allemand. — 1 vol. in-12, Paris, L. Larose, 1898.

Société industrielle de Mulhouse. 1144
Histoire documentaire de l'industrie de Mulhouse et de ses environs au XIXe siècle. — 2 vol. gr. in-4°, Mulhouse, Bader et Cie, 1902.

Sayous, A. E. 10
La crise allemande de 1900-1902. Le Charbon, le Fer et l'Acier. — 1 vol. in-12. Paris, Larose, 1903.

Bruyssel, E (Van) 200
Histoire du Commerce et de la Marine en Belgique. — 3 vol. in-8°, Bruxelles, A. Lacroix, Verboeckhoven, 1861.

Huisman, M. 199
La Belgique commerciale sous l'empereur Charles VI. La Compagnie d'Ostende ; 1 vol. in-8°, Bruxelles, Lamertin, 1902.

Sachs, I. 204
L'Italie, ses finances et son développement économique depuis l'unification de ce royaume (1859-1884). — 1 vol. in-8°, Paris, Guillaumin, 1885.

Sabbatini, L. 223
Notizie sulle condizioni industriali della provincia di Milano ; 1 vol. gr. in-8°, Milano, Ulrico Hoepli, 1893.

Cheminais, G. 229
L'Exposition de Stockholm en 1897. Études et impressions sur l'Industrie et le Commerce de la Suède. Les rapports commerciaux de la Suède avec la France ; 1 vol. gr. in-8°, Paris, Per Lamm.

Collignon, C. 203
Les Chemins de fer Russes de 1857 à 1862 ; 1 vol. in-8°, Paris, Dunod, 1864.

Verstraete, M. 227
La Russie industrielle. Étude sur l'Exposition de Nijni-Novgorod ; 1 vol. gr. in-8°, Paris, Hachette, 1897.

Verstraete, M. 226
L'Oural. Études industrielles russes ; 1 vol. in-8°, Paris, Hachette, 1899.

Beaujour, Félix 202
Tableau du Commerce de la Grèce depuis 1787 ; 1 vol. in-8°, Paris, Renouard, 1800.

Obédénare, M.-C. 225
La Roumanie économique d'après les données les plus récentes ; 1 vol. in-8°, Paris, Ernest Leroux, 1876.

Rommenhöller, C.-G. 224
La Roumanie, étude économique et commerciale ; 1 vol. in-8°, Rotterdam, 1898.

Peyssonel, (de) 186
Traité sur le Commerce de la Mer Noire; 2 vol. in-8°, Paris, Cuchet, 1787.

Anthoine. 185
Essai historique sur le Commerce et la Navigation de la Mer Noire ; 1 vol. in-8°, Paris, veuve Agasse, 1820.

Depping, G.-B. 187
Histoire du Commerce entre le Levant et l'Europe, depuis les croisades jusqu'à la fondation des colonies d'Amérique ; 2 vol. in-8°, Paris, Imp. Royale, 1830.

Masson, Paul 188
Histoire du Commerce français dans le Levant au XVIIe siècle; 1 vol. gr. in-8°, Paris, Hachette, 1896.

Martineau, Alfred 189
Le Commerce français dans le Levant ; 1 vol. in-8°, Paris, Guillaumin, 1902.

Commerce. — France

Arnould. 160
De la balance du Commerce et des relations commerciales extérieures de la France dans toutes les parties du globe, particulièrement à la fin du règne de Louis XIV et au moment de la Révolution ; 2 vol. in-8°, Paris, Buisson, 1791.

Blanc de Volx, J. 162
Etat commercial de la France au commencement du dix-neuvième siècle ; 3 vol. in-8°, Paris, Treuttal et Würtz, 1803.

Dubois, J.-B. 163
Du Commerce français dans l'état actuel de l'Europe où observations sur le Commerce de la France en Italie, dans le Levant, en Russie, dans la Mer Noire ; 1 vol. in-8°, Paris, Pollay, 1806.

Vaublanc (Cte de) 164
Du Commerce de la France en 1820 et 1821 ; 1 vol, in-8°, Paris, C.-J. Trouve, 1822.

Vaublanc (Cte de) 157
Du Commerce de la France. — Examen des états de M. le Directeur général des Douanes; 1 vol. in-8°, Paris, Ladvocat, 1824.

Dupin, Ch. (B[on]) 809
Forces productives et commerciales de la France ; 2 vol. in-4°, Paris, Bachelier, 1827.

Ministère du Commerce. 810
Enquête relative à diverses prohibitions établies à l'entrée des produits étrangers ; 3 vol. in-4°, Paris, Imp Royale, 1835.

Rodet, D.-L. 194
Ecrits divers : Le Commerce décennal comparé, 1827 à 1836. — De l'Industrie manufacturière de la France en 1844. — Les colonies à sucre et la production indigène. — Des colonies françaises et de la métropole. — Examen des diverses opinions relatives à la question des sucres ; 1 vol. gr. in-8°, Paris, Imp. Fournier, 1838.

Schnitzler, J.-H. 179
Statistique générale raisonnée et comparée de la France ; 4 vol. in-8°, Paris, Lebrun, 1842-1846.

Anthelme Costaz, Cl. 178
Histoire de l'administration en France, de l'agriculture, des arts utiles, du commerce, des subsistances, des mines et des usines ; 3 vol. in-8°, Paris, Bouchard-Huzard, 1843.

Hutteau d'Origny (Vte) 174
Des institutions commerciales en France. — Histoire du Bureau du Commerce et du Conseil Royal des Finances et du Commerce; 1 vol. gr. in-8°, Paris, E. Dentu, 1857.

Cézard, A. 181
La situation actuelle du Commerce et l'Industrie en France, 1 vol. in-8°, Paris, Guillaumin, 1861.

Ségur-Dupeyron, P. (de) 208
Histoire des négociations commerciales et maritimes de la France au XVIIe et XVIIIe siècle ; 3 vol. in-8°, Paris, Ernest Thorin, 1863-1873.

Thomassy, J. 209
De la puissance commerciale et maritime de la France ; 1 vol. in-8°, Paris, Ch. Douniol, 1867.

Noël, O. 177
Histoire du Commerce extérieur de la France depuis la Révolution ; 1 vol. in-8°, Paris, Guillaumin, 1879.

Périgot, Ch. 7
Histoire du Commerce français ; 1 vol. in-12, Paris, E. Weill et G. Maurice, 1884.

Thierry-Mieg. 8
La France et la concurrence étrangère ; 1 vol. in-12, Paris, Calmann Lévy, 1884.

Pigeonneau, H. 176
Histoire du Commerce de la France ; 2 vol. in 8°, Paris, Léopold Cerf, 1885-1889.

Aubert, Georges. 13
A quoi tient l'infériorité du Commerce français ; 1 vol. in-12, Paris, Ernest Flammarion, 1899.

Blondel, G. 14
La France et le marché du monde ; 1 vol. in-12°, Paris, L. Larose, 1901.

Chaptal (Cte) 210
De l'Industrie française ; 1 vol. in-8°, Paris, Renouard, 1829.

Rozet, J. 213
Mélanges industriels ; 1 vol. in-8°, Paris, G. Chamerot, 1875.

Cilleuls, A. (des) 217
Histoire et régime de la Grande Industrie en France au XVIIe et XVIIIe siècles ; 1 vol. in-8°, Paris, V. Giard et B. Brière, 1898.

Martin, G. 219
La Grande Industrie sous le règne de Louis XIV (plus particulièrement de 1660 à 1715) ; 1 vol. gr. in-8°, Paris, Arthur Rousseau, 1899.

Commerce. — Marseille

Julliany, J. 243

Essai sur le Commerce de Marseille ; 1 vol. in-8°, Marseille, Barile et Boulouch, 1834.

Julliany, J. 244

Essai sur le Commerce de Marseille ; 3 vol. in-8°, Marseille, Jules Barile, 1842/43.

Fouque, M. 245

Histoire raisonnée du Commerce de Marseille ; 2 vol. in-8°, Paris, Ch. Robert, 1843.

Berteaut, S. 246

Marseille et les intérêts nationaux qui se rattachent à son port ; 2 vol. in-8°, Marseille, Barlatier-Feissat et Demouchy, 1845.

Bousquet, C. et Sapet, T. 248

Etude sur la Navigation, le Commerce et l'Industrie de Marseille, pendant la période quinquennale de 1850 à 1854 ; 1 vol. gr. in-8°, Marseille, Marius Olive, 1857.

Clapier, M.-A. 247

Marseille son passé, son présent et son avenir ; 1 vol. gr. in-8°, Paris, Guillaumin, 1863.

Teissier, O. 818

Histoire du Commerce de Marseille pendant vingt ans (1855-1874) ; 1 vol. in-4°, Paris, Guillaumin, 1878.

Jouhan, E. 9

Les opérations maritimes commerciales et industrielles à Marseille ; 1 vol. in-12, Paris, Amyot, 1878.

Bosq, P. 437

Marseille et le Midi à l'Exposition universelle de 1878 ; 1 vol. in-8°, Paris, Firmin Didot, 1879.

.... 438

Exposition universelle de 1878. — Chambre de Commerce de Marseille. — Le Port de Marseille ; 1 vol. gr. in-8°, Marseille, Imp. du Journal de Marseille, 1878.

Mathieu, Joseph. 249
Marseille, Statistique et Histoire ; 1 vol. in-12, Marseille, Librairie Nouvelle, 1879.

Bernard, L. 817
Essai sur le Commerce de Marseille : Marine, Commerce, Industrie (1875/84) ; 1 vol. in-4°, Marseille, 1887.

Artaud, A. 250
Défendons-nous ; 1 vol. in-8°, Marseille, H. Aubertin et G. Rolle, 1901.

Commerce. Quelques villes de France

Francisque-Michel 252
Histoire du commerce et de la navigation à Bordeaux principalement sous l'administration anglaise ; 2 vol. in-8°, Bordeaux, J. Delmas, 1867.

Pabon, L. 251
Dictionnaire des usages commerciaux et maritimes de la place de Bordeaux ; 1 vol. in-8°, Paris, Masson, 1888.

Malvezin, T. 253
Histoire du Commerce de Bordeaux depuis les origines jusqu'à nos jours ; 4 vol. gr, in-8°, Bordeaux, Bellier, 1892.

Germain, A. 254
Histoire du Commerce de Montpellier, antérieurement à l'ouverture du port de Cette; 2 vol. in-8°, Montpellier, J. Martel aîné, 1861.

Fréville (**E.** de) 211
Mémoire sur le Commerce maritime de Rouen, depuis les temps les plus reculés jusqu'à la fin du XVIe siècle ; 2 vol. in-8°, Rouen, Le Brument, 1857.

.... 838
Exposé de la situation des industries du coton et des produits chimiques dans la Seine-Inférieure et l'Eure, 1859-1860 ; 1 vol. gr. in-8°, Rouen, Lapierre et Cie, 1869.

Hippeau, C. 221
L'Industrie, le Commerce et les Travaux publics en Normandie au XVIIe et au XVIIIe siècle ; 1 vol. gr. in-8°, Paris, Aug. Aubry, 1870.

Barbier, V. 228
La Savoie industrielle ; 2 vol. in-8°, Chambéry, d'Albert Bottero, 1875.

Fagniez, G. 220.
Etudes sur l'Industrie et la classe industrielle à Paris au XIIIe et au XIVe siècle ; 1 vol. gr. in-8°, Paris, F. Wieweg, 1877.

. . . . 439.
Exposition universelle de 1878. — Exposition spéciale des ressources des ports de commerce français ; 2 vol. in-8°, Paris, 1878.

Faure, Félix 440
Exposition universelle de 1878. — Chambre de Commerce du Havre. — Le Havre en 1878 ; 1 vol. gr. in-8°, Havre, Lemale aîné, 1878.

Garnault, E. 256
Le Commerce rochelais au XVIIIe siècle ; 2 vol. gr. in-8°, La Rochelle, Mareschal et Martin, 1887-88.

. . . . 822
Chambre de Commerce de Saint-Etienne. — La Loire industrielle. — 1897 ; 1 vol. gr. in-8°, Saint-Etienne, J. Thomas, 1897.

Dessaux, G. 255
Le Loiret à l'Exposition universelle de Paris en 1900 ; 1 vol. in-8°, Orléans, Hôtel de la Chambre de Commerce, 1902.

Commerce. — Asie

Feburier, Gme. 1147
Mémoire sur le Commerce des Indes Orientales ; manuscrit, in-f°, 1738.

Raynal, G.-T. 151
Histoire philosophique et politique des Établissements et du Commerce des Européens dans les deux Indes ; 10 vol. in-8° et un atlas in-4°, Genève, J.-L. Pellet, 1780.

Blancard, P. 1103
Manuel du Commerce des Indes Orientales et de la Chine ; 1 vol. in-4°, Paris, Bernard, 1806.

Montigny, C. (de) 820
Manuel du Négociant français en Chine au point de vue français; 1 vol. gr. in-8°, (extrait des Annales du Commerce extérieur), 1846.

.... 18
General view of Commerce and Industry in the Empire of Japan ; 2 vol. in-12, Tokyo et Paris, 1897-1900.

Commerce. — Afrique

Raynal, G.-T. 152
Histoire philosophique et politique des Établissements et du Commerce des Européens dans l'Afrique Septentrionale ; 2 vol. in-8°, Paris, Amable Costes, 1826.

Mauroy, M. 816
Précis de l'Histoire et du Commerce de l'Afrique Septentrionale depuis les temps anciens jusqu'aux temps modernes ; 1 vol. gr. in-8°, Paris, Ledoyen, 1852.

Mas-Latrie. 110
Relations et Commerce de l'Afrique Septentrionale au Magreb avec les nations chrétiennes au moyen-âge ; 1 vol. in-12, Paris, F. Didot, 1886.

Masson, Paul 944
Histoire des Établissements et du Commerce français dans l'Afrique barbaresque, 1760-1793 (Algérie, Tunisie, Tripolitaine, Maroc) ; 1 vol. gr. in-8°, Paris, Hachette, 1903.

Laujoulet, Th. 190
Le Commerce en Algérie, essai sur le peuplement utile de l'Afrique française ; 1 vol. gr. in-8°, Paris, Challamel aîné, 1860.

Elie de la Primaudaie, F. 191
Le Commerce et la Navigation de l'Algérie, avant la conquête française ; 1 vol. gr. in-8°, Paris, Ch. Lahure, 1861.

Guy, C. 192
L'Algérie: Agriculture, Industrie, Commerce ; 1 vol. gr. in-8°, Alger, Chéniaux-Franville, 1876.

Commerce. — Amérique

.... 807
Le Commerce de l'Amérique par Marseille, par un citadin; 2 vol. in-4°, Avignon, 1764.

Tenré, L. 205
Les États américains, leurs produits, leur commerce en vue de l'exposition universelle de Paris ; 1 vol. in-8°, Paris, Henri Plon, 1867.

Prince A. 819
Le Congrès des trois Amériques, 1889-1890 ; 1 vol. gr. in-8°, Paris, Guillaumin, 1891.

Ricardot de Maria Campos 206
Renseignements commerciaux sur les Etats-Unis mexicains ; 1 vol. in-8°, Mexico, Imp. du Ministère de Fomento, 1899.

.... 1240
Le Mexique. — Revue bi-mensuelle illustrée, 1898 à ... ; vol. in-4°, Mexico (en cours de publication.)

Produits Commerciaux

Régis, M. 230
Connaissance commerciale des produits utiles de la nature; 1 vol. in-8°, Paris, 1828.

Roussel, J.-B. 231
Connaissance des marchandises ou Dictionnaire analytique et raisonné des articles indigènes et exotiques ; 5 vol. in-8°, Bordeaux. Typ. de Swdernick, 1847.

Duboc, E. 232
Manuel du Négociant pour la connaissance des marchandises ; 1 vol. gr. in-8°, Le Havre, Costey frères, 1854.

Lavello, J. 233
Manuel commercial ou Recueil de notes et renseignements sur le Commerce général des céréales, huiles, graines oléagineuses, soies, laines, cotons, denrées coloniales, etc. ; 1 vol. in-8°, Marseille, 1859.

Société Impériale d'Acclimatation. 283
La production animale et végétale. — Etudes faites à l'exposition universelle de 1867 ; 1 vol. in-8°, Paris, E. Dentu, 1867.

Joubert, Ch. 20
Guide du Commerçant et du Producteur. — Dictionnaire des principales marchandises du Commerce français ; 1 vol. in-12, Paris, Alfred Duquesne, 1869.

Bitard, A. 854
Les Arts et Métiers illustrés ; 2 vol. in-4°, Paris, Jules Rouffet et Cie.

Bayles, W.-E. 264
Les Produits commerciaux et industriels ;
1° Description, emploi, provenances et débouchés.
2° Nomenclature de chaque produit avec ses variétés en français, en anglais, en allemand, en italien et en espagnol ; 1 vol. in-8°, Paris, veuve J. Boyveau.

Janville, P. (de) 51
Atlas de poche des plantes utiles des pays chauds les plus importants pour le Commerce ; 1 vol. in-12, Paris, Klincksieck, 1902.

Produits alimentaires

Petit, C. J. 263
Guide du Commerce de l'Epicerie relativement à la France ; 2 vol. in-8°. Paris, Smith, 1823.

Lunel, B. 24
Guide pratique pour reconnaître les falsifications et altérations des substances alimentaires ; 1 vol. in-12, Paris, Lacroix.

Robert de Massy, J. 266
Des halles et marchés et du commerce des objets de consommation à Londres et à Paris ; 2 vol. in-8°, Paris, Imp. Impériale, 1861.

Payen, A. 265
Précis théorique et pratique des substances alimentaires ; 1 vol. in-8°, Paris, Hachette, 1865.

Soubeiran, J. L. 452
Nouveau Dictionnaire des falsifications et des altérations des aliments, des médicaments, etc. ; 1 vol. gr. in-8°, Paris, Baillière, 1874.

Chevallier, A. 451
Dictionnaire des altérations et falsifications des substances alimentaires, médicamenteuses et commerciales ; 1 vol. gr. in-8°, Paris, Asselin, 1882.

. . . . 824
Préfecture de police. — Documents sur les falsifications des substances alimentaires et des travaux du laboratoire municipal ; 1 vol. in-4°, Paris, Masson, 1882.

Dubois, Emile. 29
Les produits végétaux alimentaires ; 1 vol. in-12, Paris, O. Doin, 1892.

Céréales. — Grains. — Farine. — Boulangerie. — Minoterie.

Parmentier, M. 826
Mémoire sur les avantages que la province du Languedoc peut retirer de ses grains ; 1 vol. in-4°, Paris, 1786.

Lecouteux, E. 28
Le Blé, sa culture intensive et extensive. — Commerce. — Prix de revient. — Tarifs et législations des céréales ; 1 vol. in-12, Paris, lib. agricole de la Maison rustique, 1883.

Risler, E. 27
Physiologie et culture du blé, principes à suivre pour en diminuer le prix de revient ; 1 vol. in-18, Paris, Hachette, 1886.

Billaud, P. 26
Céréales. — Usages de la place de Marseille ; 1 vol. in-18, Marseille, Marius Olive, 1870.

Louvel (D[r]) 270
Système de la conservation des grains, graines et farines au moyen du vide ; 1 vol. in-8°, Saint-Denis, A. Moulin, 1870.

Serand, E. 271
Les Avoines. — Culture. Usages. Géographie. Trafic. Spéculation ; 1 vol. in-8°, Paris, P. Dupont, 1890.

Piot, A. 827
Traité historique et pratique sur la Meulerie et la Meunerie ; 1 vol. gr. in-8°, Paris, Lacroix, 1860.

Moricelly, J. (aîné) 274
Industrie semoulière. — Blés durs, leur trituration ; 1 vol. in-8°, Marseille, J. Guiraud, 1878.

Maurel, Jh. 275
Réponse à la brochure de M. Moricelly sur la fabrication des Semoules ; 1 broch. in-12, Marseille, E. Chatagnier aîné, 1878.

.... 825
Enquête sur la Boulangerie du département de la Seine ; 2 vol. in-4°, Paris, Imp. Impériale, 1859.

Touaillon, Ch. (fils) 273
Meunerie, Boulangerie, Biscuiterie; 1 vol. in-8°, Paris, lib. agricole de la Maison rustique, 1879.

Rigaud, E. 272
Guide du Boulanger ou Manuel à l'usage des ouvriers et patrons boulangers ; 1 vol. in-12, Marseille, A. Thomas, 1881.

Dubief, L.-F. 52
Guide pratique du Féculier et de l'Amidonnier ; 1 vol. in-12, Paris, lib. J. Hetzel.

Boucherie. — Bétail

Tessier, M. 279
Instruction sur les bêtes à laine et particulièrement sur la race des mérinos ; 1 vol. in-8°, Paris, Imp. Impériale, 1810.

Bizet, L.-Ch. 281
Du commerce de la Boucherie et de la Charcuterie de Paris et des commerces qui en dépendent, tels que la fonte des suifs, la triperie, etc. ; 1 vol. in-8°, Paris, Dupont, 1847.

Moll, L. et Gayot, G. 280
La connaissance générale du Bœuf et du Mouton ; 2 vol. et un atlas in-8°, Paris, Firmin Didot, 1860-67.

Robiou. 39
Lard et Jambon. — Manuel de la Porcherie ; 1 vol. in-12, Paris, A. Sagnier, 1868.

Baillet, L. 282
Traité de l'inspection des viandes de boucherie ; 1 vol. in-8°, Paris, Asselin, 1880.

Sucre

.... 1235
La Sucrerie indigène et coloniale. — Organe des intérêts de la sucrerie et de la distillerie, de 1880 à .... ; vol. gr. in-8° (en cours de publication).

Poutet (aîné) 38
Nouveau manuel du Raffineur de sucre ; 1 vol. in-12, Marseille, Ant. Ricard, 1826.

Dureau, B. 285
De la fabrication du sucre de betterave ; 1 vol. in-8°, Paris, Bouchard-Huzard, 1858.

.... 1140
Enquête sur les sucres en Angleterre, ordonnée par la Chambre des Communes (session 1862) ; 1 vol. in-folio, Strasbourg, Vve Berger Levrault et fils, 1863.

Aymar-Bression. 37
L'Industrie sucrière indigène et son véritable fondateur ; 1 vol. in-12, Paris, 1864.

Basset, N. 287
Guide pratique du Fabricant de sucre ; 2 vol. in-8°, Paris, libr. du Dictionnaire des arts et manufactures, 1872.

Maumené, E.-J. 288
Traité de la fabrication du sucre comprenant la culture des plantes saccharines, etc. ; 1 vol. gr. in-8°, Paris, Dunod, 1876.

Boname, Ph. 286
Culture de la canne à sucre à la Guadeloupe et culture du cacaoyer, bananier, etc. ; 1 vol. gr. in-8°, Paris, Challamel, 1888.

Café. — Thé. — Cacao. — Chocolat. Vanille. — Tabac

Mangin, A. 32
Le Cacao et le Chocolat considérés au point de vue botanique, chimique, physiologique, agricole, commercial, industriel et économique ; 1 vol. in-12, Paris, Guillaumin, 1860.

Pelletier, E. et A. 34
Le Thé et le Chocolat dans l'alimentation publique ; 1 vol. in-12, Paris, 1861.

Debey, A. 33
Les influences du Chocolat, du Thé et du Café sur l'économie humaine ; 1 vol. in-12, Paris, E. Dentu, 1864.

Welter, H. 35
Histoire du Café ; 1 vol. in-12, Paris, C. Reinwald, 1868.

Hewitt, R. 278
Coffee, its history, cultivation and uses ; 1 vol. in-8°, New-York, D. Appleton and C°, 1872.

Jardin, E. 36
Le Caféier et le Café ; 1 vol. in-12, Paris, E. Leroux, 1895.

Lecomte, H. 277
Le Café : Culture, manipulation, production ; 1 vol. in-8°, Paris, Carré et Naud, 1899.

Guigon, C.-A. 289
Le Thé ; 1 vol. in-8°, Paris, Challamel, 1901.

Boutilly 260
Le Thé : Sa culture et sa manipulation ; 1 vol. in-8°, Paris, Naud, 1902.

Lecomte, H. et Chalot, C. 261
Le Cacaoyer et sa culture ; 1 vol. in-8°, Paris, Naud, 1902.

Lecomte, H. et Chalot, C. 262
Le Vanillier : Sa culture, préparation et commerce de la vanille ; 1 vol. in-8°, Paris, Naud, 1902.

.... 1113
Enquête sur les Tabacs, Chambre des Députés, session 1837 ; 1 vol. gr. in-4°, Paris, Henry, 1837.

Laurent, L. 310
Le Tabac : Sa culture et sa préparation ; 1 vol. gr. in-8°, Paris, Challamel, 1901.

Lait. — Beurre. — Fromage

Pouriau, A.-F. 31
La Laiterie. — Art de traiter le lait, de fabriquer le beurre et les principaux fromages français et étrangers ; 1 vol. in-12, Paris, Audot, 1872.

Ferville, E. 30
L'Industrie laitière. — Le lait, le beurre, le fromage ; 1 vol. in-12, Paris, Baillière, 1888.

Martin, Ch.-J. 284
L'Industrie du Gruyère ; 1 vol. in-8°, Paris, Société d'éditions scientifiques, 1894.

Boissons

Ratier, H. (fils) 293
Manuel du négociant en spiritueux ; 1 vol. in-8°, Paris, Savy, 1863.

Duplais, P. 290
Traité de la fabrication des liqueurs et de la distillation des alcools ; 2 vol. in-8°, Paris, Gauthier-Villars, 1866.

Basset, N. 291
Guide théorique et pratique du fabricant d'alcools et du distillateur ; 3 vol. in-8°, Paris, Lacroix, 1868.

Taquet, Paul. 45
Les Boissons dans le monde entier. — Production. — Consommation. — Exportation. — Importation ; 1 vol. in-12, Paris, Carpentier, 1889.

Lavalle, J. 829
Histoire et Statistique de la vigne et des grands vins de la Côte d'Or; 1 vol. in-4°, Paris, Dusacq, 1855.

Jullien, A. 292
Topographie de tous les vignobles connus ; 1 vol. in-8°; Paris, Bouchard-Huzard, 1866.

Pasteur, L. 296
Etudes sur le vin. — Ses maladies. — Causes qui les provoquent. — Procédés nouveaux pour le conserver et pour le vieillir; 1 vol. gr. in-8°, Paris, Savy, 1873.

Boireau, R. 43
Traitement pratique des vins; 1 vol. in-12, Bordeaux, Chaumas, 1876.

Maurial, L. 40
L'Art de boire, connaître et acheter le vin et toutes les boissons; 1 vol. in-18, Paris, Lemerre, 1881.

.... 42
Manuel pratique des négociants en vins et spiritueux, des propriétaires-vignerons et tonneliers; 1 vol. in-12, Paris, 1886.

Berniard, L. 41
L'Algérie et ses vins. — I. Oran; II. Alger; 2 vol. in-12, Paris, Masson, 1888-1890.

Cambon, V. 44
Le Vin et l'art de la vinification; 1 vol. in-12, Paris, J.-B. Baillière, 1892.

Mayet, Ch. 294
Le Vin de France; 1 vol. in-8°, Paris, Jouvet, 1894.

Sempé, H. 295
Régime économique du vin, production, consommation, échanges; 1 vol. gr. in-8°, Paris, Guillaumin, 1898.

Malvezin, F. 828
Manuel de pasteurisation des vins et traitement de leurs maladies; 1 vol. gr. in-8°, Paris, Bernard Tignol,

.... 933
Exposition universelle de 1900. Congrès international du commerce des vins, spiritueux et liquides, tenu à Paris du 16 au 21 juillet 1900; 1 vol. in-4°, Paris, Imp. Ch. Bivort, 1901.

Paul de Sorgues et Berthault, R. 297
Les Raisins secs, leur rôle et leur importance dans l'alimentation; 1 vol. gr. in-8°, Paris, Carpentier, 1890.

Rohart, F. 298
Traité théorique et pratique de la fabrication de la bière; 2 vol. in-8°, Paris, lib. agricole. 1848.

Lacambre, G. 830
Traité complet de la fabrication des bières et de la distillation des grains, pommes de terre, vins, betteraves, mélasses, etc.; 2 vol. gr. in-8°, Bruxelles. A. Decq, 1851.

Muller, P. 300
Manuel du Brasseur; 1 vol. gr. in-8°, Paris, Lemoine, 1861.

Pasteur, L. 299
Études sur la Bière, ses maladies, causes qui les provoquent, procédés pour la rendre inaltérable; 1 vol. gr. in-8°, Paris, Gauthier-Villars, 1876.

Marx, L. 301
Le Laboratoire du Brasseur; 1 vol. gr. in-8°, Valence, Jules Céas et fils, 1889.

Hermann-Lachapelle. 831
Des boissons gazeuses. Guide pratique du fabricant et du consommateur; 1 vol. gr. in-8°, Paris, Lacroix, 1867.

Huilerie. — Savonnerie. — Graines oléagineuses

Baudoin, D.-F. 303
Traité théorique de l'art du Savonnier; 1 vol. in-8°, Marseille, Bertrand, 1808.

Chateau, Th. 55
Traité complet des Corps gras industriels; 1 vol. in-12, Paris, J. Hetzel et Cie, 1863.

Mazière, P. 53
L'Industrie de la Savonnerie à Marseille ; 1 vol. in-12, Marseille, Marius Olive, 1876.

Chabaud, L. 307
Marseille et ses industries. — La Savonnerie ; 1 vol. in-8°, Marseille, Barlatier-Feissat, 1880.

Lormé, G.-E. 54
Nouveau manuel complet du Savonnier ou théorie pratique de la fabrication des savons ; 3 vol. in-12, Paris, Roret, 1883.

Moride, E. 304
Traité pratique de la Savonnerie ; 1 vol. gr. in-8°, Paris, Baudry, 1888.

Moride, E. 305
Annuaire de la Savonnerie et de la Parfumerie, 1892 ; 1 vol. in-8°, Paris, Baudry.

Davillé, E. (Dr) 47
La Culture du Cocotier ; 1 vol. in-12, Paris, André, 1899.

Heckel, E. (Dr) 307
Les Graines grasses nouvelles ou peu connues des colonies françaises ; 1 vol. in-8°, Paris, Challamel, 1902.

Cuirs. — Peaux. — Tannerie

Lacroix, P. 841
Histoire de la Chaussure depuis l'antiquité jusqu'à nos jours ; 1 vol. in-4°, Paris, Delahays, 1862.

Chabaud, L. 308
Marseille et ses industries : Les Cuirs et les Peaux ; 1 vol. in-8°, Marseille, Barlatier-Feissat, 1881.

Engrais et Résidus industriels

Paulet, M. 349
L'Engrais humain, avec description des plus anciens procédés de vidanges et des nouvelles réformes ; 1 vol. in-8°, Paris, Vve Comon, 1853.

Décugis, B. 306
Les Tourteaux de graines oléagineuses et leurs applications théoriques et pratiques ; 1 vol. in-8°, Toulon, 1876.

Larbalétrier, A. 57
Les Tourteaux de graines oléagineuses comme aliments et engrais ; 1 vol. in-12, Paris, Masson.

Larbalétrier A. 56
Les Résidus industriels employés comme engrais ; 1 vol. in-12, Paris, Masson.

Produits chimiques. — Éclairage

...... 932
Exposition universelle de 1900. — 1er Congrès intertional de l'industrie et du commerce des Spécialités pharmaceutiques, tenu à Paris les 3 et 4 septembre 1901 ; 1 vol. gr. in-8°, Paris, Imp. Jourdan.

Tellier, Ch. 348
L'Ammoniaque dans l'industrie ; 1 vol. in-8°, Paris, J. Rothschild, 1867.

Champion, P. 58
La Dynamite et la Nitroglycérine; 1 vol. in-12, Paris, Baudry, 1872.

Girard, Ch. et Laire, G. (de) 339
Traité des dérivés de la Houille applicables à la production des matières colorantes; 1 vol. gr. in-8°, Paris, Masson, 1873.

Delahaye, Ph. 843
L'Éclairage dans la ville et dans la maison; 1 vol. in-8°, Paris, Masson, 1886.

Maréchal, H. 844
L'Eclairage à Paris ; 1 vol. in-8°, Paris, Baudry, 1894.

Papier

Fontenelle, J. (de) 66
Papetier et régleur ; 1 vol. in-18, Paris, Roret, 1853.

Payen, A. 338
La fabrication du Papier et du Carton ; 1 vol. gr. in-8°, Paris, Lacroix, 1881.

Forêts. — Bois. — Liège. — Caoutchouc. Gutta-Percha

Duhamel du Monceau. 839
Du transport, de la conservation et de la force des bois; 1 vol. in-4°, Paris, Delatour, 1767.

Varenne-Fenille, P.-C. 315
Mémoires sur l'administration forestière et sur les qualités individuelles des bois indigènes ou qui sont acclimatés en France; 1 vol. in-8°, Paris, A.-J. Marchant, 1807.

Baudrillart, J.-J. 313
Nouveau manuel forestier; 2 vol. in-8°, Paris, Arthus-Bertrand, 1808.

Thomas, J.-B. 316
Traité général de statistique, culture et exploitation des bois; 2 vol. in-8°, Paris, Bouchard-Huzard, 1840.

Breton. 68
Nouveau guide forestier ou moyen d'obtenir un quart en sus de produits des propriétés boisées en France et en Belgique; 1 vol. in-18, Paris, Lacroix, 1844.

.... 840
Instruction sur les bois de la marine et leur application aux constructions navales; 1 vol. in-4°, Paris, Arthus-Bertrand, 1858.

Garraud, L. 67
Etudes sur les bois de constructions; 1 vol. in-12, Paris, Arthus-Bertrand, 1863.

Nanquette, H. 317
Exploitation, débit et estimation des bois; 1 vol. in-8°, Nancy, Vve Raybois, 1868.

Paulet, M. 311
Traité de la conservation des bois, des substances alimentaires et de diverses matières organiques; 1 vol. gr. in-8°, Paris, J. Baudry, 1874.

Dupont, A.-E., et Bouquet de la Grye. 312
Les bois indigènes et étrangers ; 1 vol. in-8°, Paris, J. Rothschild, 1875.

Coutance, A. 842
L'Olivier ; 1 vol. gr. in-8°, Paris, J. Rothschild, 1877.

Graffigny, H. (de). 69
Le Liège et ses applications ; 1 vol. in-12, Paris, Jouvet, 1888.

Seeligmann, Th. 318
Le Caoutchouc et la Gutta-Percha ; 1 vol. gr. in-8°, Paris, J. Fritsch, 1896.

Anthonay, L. (d') **et Valran, G.** 319
Le Caoutchouc au Soudan français ; 1 vol. in-8°, Paris, A. Rousseau, 1900.

Fleurs et Parfums

Debay, A. 49
Histoire des Parfums et des Fleurs ; 1 vol. in-12, Paris, Garnier, 1851.

Lunel, A.-B. 48
Guide pratique du Parfumeur ; Dictionnaire raisonné des cosmétiques et parfums ; 1 vol. in-12, Paris, Lacroix.

Vilmorin, P. (de) 50
Les Fleurs à Paris, culture et commerce ; 1 vol. in-12, Paris, J.-B. Baillière, 1892.

Produits textiles. — Coton. — Soie

Ure, A. 63
Philosophie des manufactures ou économie industrielle de la fabrication du coton, de la laine, du lin et de la soie ; 2 vol. in-12, Bruxelles, Hauman, Cattoir, 1836.

.... 811
Conseil supérieur du Commerce. Enquête sur les fils et tissus de lin et de chanvre ; 1 vol. in-4°, Paris, Imprim. Royale, 1838.

Michel Alcan. 323
Essai sur l'Industrie des matières textiles ; 1 vol. in-8°, Paris, L. Mathias, 1847.

Bezon, M. 322
Dictionnaire général des tissus anciens et modernes ; 2 vol. in-8°, Lyon, Th. Lépagnez, 1856.

Vétillard, M. 336
Études sur les fibres végétales textiles employées dans l'industrie ; 1 vol. gr. in-8°, Paris, Firmin Didot, 1876.

Pinchon, A. 337
Chambre de Commerce d'Elbeuf. Études sur les fibres textiles et leur traitement, 1 vol. gr. in-8°, Elbeuf, Levasseur, 1880.

Chabaud, L. 324
Marseille et ses industries. Les tissus, la filature et la teinturerie ; 1 vol. in-8°, Marseille, Barlatier-Feissat, 1883.

Rey, J. 331
Etudes pour servir à l'histoire des châles ; 1 vol. in-8°, Paris, 1823.

.... 59
Mémoire des négociants de Marseille sur le commerce des fils de chèvre d'Angora ; 3 vol. in-12, Marseille, Imp. de Sibié, 1760-61.

Reybaud, L. 329
La Laine ; 1 vol. in-8°,, Paris, Michel Lévy, 1867.

Lasteyrie, C.-P. (de) 320
Du Cotonnier et de sa culture ; 1 vol. in-8°, Paris, Arthus Bertrand, 1808.

Reybaud, L. 321
Le coton ; 1 vol. in-8°, Paris, Michel Lévy, 1863.

Devincenzi, G. 314
La coltivazione del Cotone ; 2 vol. in-8°, Torino, Enrico Dalmazzo, 1864.

Jardin, E. 61
Le Coton : son histoire, son habitat, son emploi et son

importance chez les différents peuples avec l'énumération de ses succédanés ; 1 vol. in-12, Genève, H. Trembley, 1881.

Lecomte, H. 259
Le Coton ; 1 vol. in-8°, Paris, Naud, 1902.

Teste, L. (de) 325
Du commerce des Soies et Soieries en France ; 1 vol. in-8°, Avignon, Vve Guichard aîné, 1830.

Gérard, Jh. 62
Lettres sur l'exposition des soieries à Lyon ; 1 vol. in-12, Lyon, Imp. de Chanoine, 1855.

Pariset, C. 326
Histoire de la Soie ; 2 vol. in-8°, Paris, A. Durand, 1862.

Gobin, A. 65
Mûriers et Vers à soie, productions, industrie, commerce de la soie ; 1 vol. in-12, Paris, Audot, 1874.

Duseigneur-Kléber 835
Le Cocon de soie ; 1 vol. in-4°, Paris, J. Rothschild, 1875.

Clugnet, L. 327
Géographie de la Soie ; 1 vol. gr. in-8°, Lyon, 1877.

Rondot, N. 832
L'enseignement nécessaire à l'industrie de la soie. — Ecoles et Musées ; 1 vol. gr. in-8°, Lyon, Pitrat aîné, 1877.

Malpighi 1125
Traité du Ver à soie ; 1 vol. in-4°, Montpellier, C. Coulet, 1878.

Rondot, N. 833
L'art de la soie ; 1 vol. in-8,° Paris, Imp. Nationale, 1887.

Cambassédès (D[r]) 64
Les Usines de déchets de soie, au point de vue industriel, hygiénique et social ; 1 vol. in-12, Paris, Lecrosnier et Babé, 1889.

.... 1114
Exposition Universelle de Paris, 1889. La Fabrique lyonnaise de Soieries et l'Industrie de la Soie (1789-1889) ; 1 vol. gr. in-4°, Lyon. Pitrat aîné, 1889.

...... 834
Laboratoire d'études de la Soie, fondé par la Chambre de Commerce de Lyon. Rapport 1889-1890 ; 1 vol. gr. in-8°, Lyon. Pitrat aîné.

Pariset, E. 328
Les Industries de la Soie ; 1 vol. gr. in-8°, Lyon, Pitrat, aîné, 1890.

Chabrières, A. 836
Les Soies et les Soieries à l'exposition de Chicago, rapport; 1 vol. gr. in-8°, Lyon, A. Rey, 1894.

Pariset, E. 837
Histoire de la fabrique lyonnaise. — Etude sur le régime social et économique de l'industrie de la soie à Lyon, depuis le XVIe siècle ; 1 vol gr. in-8°, Lyon, A. Rey, 1901.

Cox, R. 330
Le Musée historique des Tissus de la Chambre de Commerce de Lyon ; 1 vol. in-8°, Lyon, A. Rey, 1902.

Teinturerie

Rondot, N. 849
Notice du vert de Chine et de la teinture en vert chez les Chinois ; 1 vol. gr. in-8°, Paris, Ch. Lahure, 1858.

Fol, F. 60
Guide du Teinturier ; 1 vol. in-12, Paris, J. Hetzel.

Schützenberger, M.-P. 332
Traité des matières colorantes ; 2 vol. in-8°, Paris, Masson, 1867.

Michel de Vinant. 333
Traité pratique de la Teinturerie, l'impression sur étoffes et du blanchissage ; 1 vol. in-8°, Paris, Roret, 1872.

Gillet, A. 334
Traité pratique du dégraissage et du blanchiment, du nettoyage et du détachage des vêtements et tentures; 1 vol. in-8°, Paris, Baudry, 1883.

Villon, A.-M. 335
Traité pratique des matières colorantes artificielles, dérivées du goudron de houille; 1 vol. gr. in-8°, Paris. Baudry, 1890.

Céramique. — Verrerie

Salvetat, A. 70
Leçons de Céramique professées à l'Ecole Centrale des Arts et Manufactures; 2 vol. in-12, Paris, Mallet-Bachelier, 1857.

Lejeune, E. 344
Guide du Briquetier, produits en terre cuite ; 1 vol. in-8°, Paris, lib. du Dictionnaire des Arts et Manufactures, 1870.

Grand, V. 71
La Céramique de Saint-Henri, les usines Arnaud-Etienne; 1 vol. in-12°, Aix, Makaire, 1878.

Cochin, A. 347
La Manufacture des glaces de Saint-Gobain de 1665 à 1865; 1 vol. gr. in-8°, Paris, Ch. Douniol, 1866.

Bontemps, G. 346
Guide du Verrier ; 1 vol. in-8°, Paris, lib. du Dictionnaire des Arts et Manufactures, 1868.

Mines — Métallurgie. — Pétrole

Jars, M. 845
Voyages métallurgiques ou recherches et observations, en Allemagne, Suède, Norwège, Angleterre et Ecosse ; 1 vol. in-4°, Lyon, Gabriel Regnault, 1774.

Reybaud, L. 341
Le Fer et la Houille; 1 vol. in-8°, Paris, Michel Lévy, 1874.

Meugy, M.-A. 350
Historique des Mines de Rive-de-Gier (Loire); 1 vol. in-8°, Paris, lib. Carilian et veuve Dalmont, 1848.

Burat, A. 846

Comité des Houillères françaises. Situation de l'industrie houillère, 1865-1872 ; 6 vol. gr. in-8° et 3 atlas, in-4°, Paris, J. Baudry

Ruolz, M. (de) 848

Question des houilles. Mission en France et en Angleterre; 3 vol. gr. in-8°, Paris, Imp. Nationale, 1872-1873.

.... 847

Commission de recherches des gisements houillers. Rapports sur les mines de charbon de la Nouvelle-Calédonie ; 1 vol. lith. in-4°, Montravel, 1887.

Landrin, M. 73

Traité de l'Or ; monographie, histoire naturelle, exploitation, statistique, son rôle en économie politique et ses divers emplois ; 1 vol. in-12, Paris, Guillaumin, 1863.

Minet, A. 74

L'Aluminium. Fabrication, emploi, alliages ; 1 vol. in-12, Paris, B. Tignol, 1893.

Deshayes, V. 340

Classement et emploi des Aciers ; 1 vol. gr. in-8°, Paris, Dunod, 1880.

Tommasi, D. 72

Dorure. Argenture. Cuivrage. Nickelage. Galvanoplastie ; 1 vol. in-12, Paris, B. Tignol, 1893.

Jacobs, H. et Chatrian, N. 345

Monographie du Diamant ; 1 vol. in-8°, Anvers, L. Legros, 1880.

Deutsch, H. 343

Le Pétrole et ses applications ; 1 vol. in-8°, Paris, lib. Imp. Réunies.

Orfèvrerie. — Horlogerie

Havard, H. 342

L'Orfèvrerie ; 1 vol. in-8°, Paris, Charles Delagrave.

Dubois, P. 851

Histoire de l'Horlogerie ; 1 vol. in-4°, Paris, Administration du Moyen-Age, 1849.

Construction. — Métiers manuels. — Mécanique

Nicholson, J. 856

Le mécanicien anglais ou description pratique des arts mécaniques de la Grande-Bretagne ; 2 tomes en 1 vol. gr. in-8°, Paris, Le Dentu, 1842.

Felkin, W. 855

A History of the Machine-Wrought hosiery and Lace manufactures ; 1 vol. gr. in-8°, London, 1867.

With, E. 352

Les Machines ; 2 vol. in-8°, Paris, J. Baudry, 1870-1873.

Gerardin, H. 359

Théorie des moteurs hydrauliques, applications et travaux exécutés pour l'alimentation du Canal de l'Aisne à la Marne par des machines ; 1 vol. in-8° et 1 atlas, Paris, Gauthier-Villars, 1872.

Sauvage, P.-C.-M. 351

Le travail et l'industrie de la Construction ; 1 vol. gr. in-8°, Paris, Vve A. Morel et Cie, 1875.

Demeule, G. 858

Chambre de Commerce d'Elbeuf. La Mécanique générale à l'Exposition Universelle de 1878 ; 1 vol. gr. in-8°, Elbeuf, Imp. Levasseur, 1880.

Reuleaux, F. 857

Le Constructeur. Tables, formules, règles, calculs, tracés et renseignements pour la construction des organes des machines ; 1 vol. gr. in-8°, Paris, F. Savy, 1881.

Ortolan, A. 75

Guide pratique de l'ouvrier mécanicien ; 1 vol. et 1 atlas in-12, Paris, J. Hetzel, 1881.

...... 356

Exposition Universelle de 1889 à Paris. Associations françaises des propriétaires d'appareils à vapeur. Exposition collective de défauts de tôles. Corrosions. Incrustations ; 1 vol. gr. in-8°, Lille, L. Daniel, 1889.

Dejonc, E. 77

La Mécanique pratique, guide du mécanicien ; 1 vol in-12, Paris, J. Rothschild, 1894.

Picou, R.-V. 353

Traité théorique et pratique des machines dynamo-électriques ; 1 vol. gr. in-8°, Paris, Baudry, 1889.

Arizpe, R. 354

El alumbrado publico en la ciudad de Mexico ; 1 vol. in-8°, Mexico, « La Europea », 1900.

Arizpe, R. 355

Estadistica de las aplicaciones de la electricidad en la Republica Mexicana ; 1 vol. in-8°, Mexico, « La Europea », 1900.

Bouniceau, M. 76

Etudes et notions sur les constructions à la mer ; 1 vol. et 1 atlas in-12, Paris, J. Hetzel.

Garnier, F. 852

De l'Art du fontenier sondeur et des puits artésiens ; 1 vol. in-4°, Paris, Huzard, 1822.

Arrault, P. 358

Outils et procédés de sondages ; 1 vol. in-8°, Paris, 1890.

Manufactures Nationales

Havard, H. et Vachon, M. 823

Les Manufactures nationales. — Les Gobelins. — La Savonnerie. — Sèvres. — Beauvais : 1 vol. in-4°, Paris, Georges Decaux, 1889.

Monnaies. — Poids. — Mesures

Deparcieux, M. 879

Essai sur les probabilités de la durée de la vie humaine ; 1 vol. in-4°, Paris, Guérin, 1746.

Frochot, A. 93

Cubage et estimation des bois ; 1 vol. in-12, Paris, Eug. Lacroix.

Tillet 878

Essai sur le rapport des poids étrangers avec le marc de France ; 1 vol. in-4°, Paris, Imp. Royale, 1766.

Altès, F. 389

Traité comparatif des Monnaies, Poids, Mesures, Changes, Banques et Fonds publics entre la France, l'Espagne et l'Angleterre ; 1 vol. in-8°, Marseille, J. Barile, 1832.

Chailan, F. 91

Tables pratiques des capacités des tonneaux destinés au transport des liquides sur les principales places de commerce du monde ; 1 vol. in-18, Marseille, Camoin, 1834.

.... 1134

Ministère de l'Agriculture et du Commerce. — Recueil officiel des ordonnances et instructions publiées sur la fabrication et la vérification des poids et mesures ; 1 vol. in-8° et 1 atlas in-4°, Paris, Dupont 1839.

Doursther, H. 390

Dictionnaire universel des poids et mesures ; 1 vol. gr. in-8°, Bruxelles ,H. Hayez, 1840.

Rolland, A. 881

Système métrique et décimal appliqué à toutes les nations ; 1 vol. in-8°, Nîmes, 1841.

Bonnafoux, J. 391

Livre du Calculateur ou Tableaux synoptiques représentant les produits, par jour et par mois, de tous les nombres, depuis 1 centime jusqu'à 12 000.000 francs ; 1 vol. in-8°, Marseille, J. Barile, 1842.

Violeine, P.-A. 877

Nouvelles tables pour les calculs d'intérêts simples et composés ; 1 vol. in-4°, Vaugirard, 1854.

Puille, D. 94

Traité complet de la division des champs dans tous les cas. — Géodésie usuelle : 1 vol. in-12, Paris, Fouraut, 1857-58.

Peigné M.-A. 92

Conversion des mesures, monnaies et poids de tous les pays étrangers en mesures, monnaies et poids de la France ; 1 vol. In-12, Paris, Gauthier-Villars, 1867.

Nelkenbrecher 175
Nouveau manuel des monnaies, poids et mesures ; 1 vol. in-8°, Paris, Guillaumin, 1867.

Sergent, E. 882
Traité pratique et complet de tous les mesurages, métrages, jaugeages de tous les corps ; 2 vol. gr. in-8°, et 1 atlas, Paris, Vve A. Morel, 1874.

Cavalli, H. 392
Tableaux comparatifs des mesures, poids et monnaies modernes et anciens ; 1 vol. in-8°, Paris, Paul Dupont, 1874.

Bienaimé, A. 880
Tableaux des intérêts calculés pour tous les taux et pour toutes les sommes ; 1 vol. gr. in-8°, Paris, A. Lévy, 1877.

Guibert, A.-B. 1124
Tarif de quadrature pour le mesurage du sciage des bois ; 1 vol. in-4°, Paris, L. Guérin, 1881.

Masselin, O. 883
Dictionnaire du Métré ; 1 vol. gr. in-8°, Paris, Bigot, 1890.

Lejeune A. 393
Monnaies, poids et mesures des principaux pays du Monde ; 1 vol. in-8°, Paris, Berger-Levrault, 1894.

Pratique commerciale. — Comptabilité

Lefèvre, H. 885
Le Commerce, théorie, pratique et enseignement ; 1 vol. gr. in-8°, Paris, lib. Illustrée.

Marie, L. 884
Traité mathématique et pratique des opérations financières, 1 vol. gr. in-8°, Paris, Gauthier-Villars, 1890.

Dany, A. 400
Manuel pratique des opérations commerciales ; 1 vol. in-8°, Paris, Berger-Levrault, 1894.

Page, H. 394
Nouveau guide de la correspondance commerciale ; 1 vol. in-8°, Paris, Garnier frères.

L'Hermitte, J.-B. 97
La clef de la correspondance commerciale, anglaise, française et espagnole ; 1 vol. in-12, Paris, Baudry, 1881.

Donne, J. 96
Nouveau manuel du Négociant (en français et en anglais) ; 1 vol. in-12, Paris, A. Xavier, 1893.

Giraudeau. 887
Le Flambeau des Comptoirs. — Contenant toutes les écritures et opérations du Commerce de Terre, de Mer et de Banque ; 1 vol. in-4°, Marseille, Ant. Favet, 1764.

Gérard, J. 886
Tenue de Livres en parties doubles ; 1 vol. in-4°, Marseille, Bertrand, 1816.

Guilbaut, C.-A. 888
Traité de comptabilité et d'administration industrielles ; 1 vol. et 1 atlas, gr. in-8°, Paris, Guillaumin, 1865.

Granges, E. (de) 395
La Tenue des Livres ou nouveau traité de comptabilité générale ; 1 vol. in-8°, Paris, Hachette, 1867.

Deplanque, L. 396
La Tenue des Livres en partie simple et en partie double ; 1 vol. in-8°, Paris, E. Dutertre, 1872.

Lefèvre, H. 889
La Comptabilité ; 1 vol. in-8°, Paris, lib. Illustrée, 1884.

Chevallier, Jh. 891
La Comptabilité moderne ; 1 vol. gr. in-8°, Arras 1896.

Léautey, E. 890
La Science des Comptes mise à la portée de tous ; 1 vol. gr. in-8°, lib. Comptable et Administrative.

Léautey, E. 892
Traité de Comptabilité industrielle de précision ; 1 vol. gr. in-8°, Paris, lib. Comptable et Administrative.

Vernet, A. 893
Etude théorique et pratique des Comptes-Courants et d'Intérêts, 1 vol. in-8°, Marseille, Samat et Cie, 1900

Lagout, E. 397
Méthode Takimétrique ; 1 vol. in-8°, Paris, Paul Dupont et Dentu, 1878.

Lagout. E. 398
Takitechnie ; 1 vol. in-8°, Paris, lib. scolaires, 1881.

Enseignement technique

.... 1127
Commission de l'enseignement. — Enquête sur l'enseignement professionnel et technique. — Dépositions, Rapports Documents et Notes ; 3 vol. gr. in-4°, Paris, Imp. Impériale, 1864.

Guettier, A. 401
Histoire des écoles impériales d'arts et métiers ; 1 vol. in-8°, Paris, Lacroix, 1865.

Tresca, M. 1126
Conseil supérieur de l'enseignement technique. — Rapport sur l'organisation de l'Enseignement technique ; 1 vol. gr. in-8°, Paris, Imp. Nationale, 1885.

Jourdan, Ed. et Dumont G. 894
Étude sur les écoles de commerce ; 1 vol. gr. in-8°, Paris, H. Le Soudier, 1886.

Société philomathique de Bordeaux. 895
Congrès international ayant pour objet l'enseignement technique, commercial et industriel. — Compte rendu des travaux du 20-25 septembre 1886 ; 1 vol. gr. in-8°, Paris, Guillaumin, 1887.

Léautey, E. 896
L'Enseignement Commercial et les Écoles de Commerce en France et dans le monde entier ; 1 vol. gr. in-8°, Paris, lib. Comptable et Administrative, 1887.

Paulet, G. 95
Annuaire de l'Enseignement Commercial et Industriel ; 4 vol. in-16, Paris, Berger-Levrault, 1892-95.

.... 898
Notice sur l'Enseignement Commercial organisé par la

Chambre de Commerce de Paris ; texte et planches ; 2 vol. gr. in-8°, Paris, Chaix, 1893.

Société philomathique de Bordeaux. 897

IIIe Congrès international de l'Enseignement technique, commercial et industriel. — Compte rendu des travaux ; 16-21 septembre 1895 ; 1 vol. gr. in-8°, Paris, Guillaumin, 1896.

.... 899

Notice sur le fonctionnement de l'École Supérieure de Commerce de Marseille, de 1872 à 1900, sous le patronage de la Chambre de Commerce ; 1 vol. gr. in-8°, Marseille, Barlatier, 1900.

Ministère du Commerce. 900

L'Enseignement Technique en France. — Etude publiée à l'occasion de l'Exposition de 1900 ; 5 vol. in-8°, Paris, Imp. Nationale, 1900.

Drincourt, E. et **Deville, V.** 399

Manuel de préparation aux concours d'entrée des Écoles Supérieures de Commerce ; 2 vol. in-8°, Paris, Berger-Levrault, 1892.

Institutions commerciales

Ministère de l'Instruction Publique. 1132

Conseil de Commerce et bureau de Commerce, 1700-1791. — Inventaire analytique des procès-verbaux ; 1 vol. gr. in-4°, Paris, Imp. Nationale, 1900.

Foulon, A. 197

Etude sur la représentation légale du commerce en France ; 1 vol. in-8°, Nantes, Charpentier, 1876.

Macary, S. 1131

Tribunal de Commerce de Toulouse. — Inventaire des archives de la Bourse des marchands de Toulouse antérieures à 1790 ; 1 vol. in-4°, Toulouse, P. et G. Arnauné frères, 1903.

.... 1221

Assemblée des présidents de Chambres de Commerce de

France, de 1899 à .... ; vol. gr. in-8° (en cours de publication).

Teissier, O. 941

La Chambre de Commerce de Marseille. — Son origine.— Sa mission. — Création des premiers comptoirs français dans les échelles du Levant. — Développement du commerce général et de la richesse nationale ; 1 vol. in-8°, Marseille, Barlatier et Barthelet, 1892.

Teissier, O. 1129

Inventaire des archives historiques de la Chambre de Commerce de Marseille antérieures à 1800 ; 1 vol. gr. in-4°, Marseille, Barlatier-Feissat, 1878.

Teissier, O. 1130

Inventaire des archives modernes de la Chambre de Commerce de Marseille ; 1 vol. gr. in-4°, Marseille, Barlatier-Feissat, 1882.

Chambre de Commerce de Marseille. 1222

Comptes-rendus de la situation industrielle et commerciale de la circonscription de Marseille, de 1862 à .... ; vol. gr. in-8° (en cours de publication).

Chambre de Commerce de Marseille. 1223

Comptes-rendus des travaux, de 1866 à .... ; vol. gr. in-8° (en cours de publication).

.... 940

La Chambre de Commerce de Paris à l'Exposition universelle de 1900 ; 1 vol. gr. in-8°, Paris, Hôtel de la Chambre de Commerce, 1900.

Chambre de Commerce de Paris. 939

Office public de renseignements commerciaux de la Chambre de Commerce de Paris ; 1 vol. gr. in-8°, Paris, Libr. Imp. réunies, 1896.

.... 943

Centenaire de la Chambre de Commerce de Paris (1803-1903) ; 1 vol. in-8°, Paris, 1903.

.... 1224

Bulletin de la Chambre de Commerce de Paris, de 1895 à .... ; vol. gr. in-8° (en cours de publication).

.... 942
Chambre de Commerce du Havre. — Centenaire 1802-1902 ; 1 vol. gr. in-8°, Le Havre, Godefroy, 1903.

Chambres de Commerce de France. 1225

Comptes-rendus.

Abbeville
Agen
Alençon
Amiens
Angers
Angoulème
Annecy
Annonay
Armentières
Arras
Aubenas
Aurillac
Auxerre
Avesne
Avignon
Bayonne
Beaune
Beauvais
Belfort
Besançon
Blois
Bolbec
Bordeaux
Boulogne-sur-Mer
Bourges
Brest
Caen
Cahors
Calais
Cambrai
Carcassonne
Castres
Cette
Châlons-sur-Marne
Chalon-sur-Saône
Chambéry
Charleville
Chartres
Châteauroux
Cherbourg
Cognac
Corbeil
Dieppe
Dijon
Douai
Dunkerque
Elbeuf
Epinal
Evreux
Fécamp
Flers
Foix
Gap
Granville
Gray
Grenoble
Guéret
Le Havre
Honfleur
Lille
Limoges
Lorient
Lyon
Mâcon-Charolles
Le Mans
Mazamet
Montauban
Meaux
Melun
Mont-de-Marsan
Montluçon
Montpellier
Morlaix
Moulins-Lapalisse
Nancy
Nantes
Nevers
Nice
Nîmes
Niort
Orléans
Paris
Périgueux
Perpignan
Poitiers
Pont-Audemer
Quimper
Reims
Rennes
Roanne
Roche-sur-Yon
Rochefort
La Rochellle
Roubaix
Rouen
Saint-Brieux
Saint-Dizier
Saint-Etienne
Saint-Girons
Saint-Nazaire
Saint-Omer
Saint-Quentin
Saumur
Sedan
Sens ....

.... (*suite*) 1225

Tarare
Tarbes
Toulon
Toulouse
Tourcoing
Tours
Troyes
Tulle
Valence
Valenciennes
Versailles
Vienne
Villefranche

Chambres de Commerce des colonies. 1226

Comptes-rendus.

Alger
Bône
Bougie
Constantine
Oran
Philippeville
Tunis
Sousse
Sfax
Saint-Denis
Saint-Louis
Nouméa
Papeete
Pondichéry
Phnom-Penh
Haïphong
Hanoï

Chambres de Commerce françaises à l'étranger. 1227

Bulletins.

Alexandrie
Anvers
Asuncion
Athènes-Pirée
Barcelone
Bruxelles
Buenos-Aires
Charleroi
Constantinople
Galatz
Genève
Liège
Lisbonne
Londres
Madrid
Milan
Montévidéo
Montréal
Naples
New-York
Port-Louis
Rome
Rio-de-Janeiro
Rosario de Santa Fé
Santiago
Smyrne
Sydney
Valence
Valparaiso

Chambres de Commerce étrangères. 1228

Comptes-rendus.

Hambourg
Leipzig
Mannheim
Metz
Strasbourg
Birminghan
Cardiff
Edimbourg
Glascow
Liverpool
Londres
Manchester
Newport
Malte
Brünn
Buda-Pest
Fiume
Trieste
Anvers
Arlon
Bruxelles
Courtrai
Gand
Liège
Amsterdam
Rotterdam
Lisbonne
Porto
Messine
Milan
Livourne
Naples
Turin

.... *(suite).* 1228

Venise	Cincinnati	Bombay
Berne	New-York	Hongkong
Genève	Zaragoza	Yokohama
Barracas al Sud	Caracas	Adélaïde
Buenos-Aire	Asuncion	Geelong
Montréal	Montévidéo	Melbourne
Panama	Aden	Perth

Chambres de Commerce étrangères en France. 1229

Bulletins.

Anglaise à Paris
Austro-Hongroise à Paris
Américaine à Paris
Russe à Paris
Italienne à Paris
Italienne à Marseille

Lantz, L. 1105

Notice sur le Syndicat industriel du Haut-Rhin, siégeant à Mulhouse ; 1 vol. in-4°, veuve Bader, 1873.

Transports

Pillet-Will (Comte) 863

De la dépense et du produit des Canaux et des Chemins de fer ; 2 vol. et 1 atlas in-4°, Paris, P. Dufort, 1837.

Chevalier, Michel. 360

Des intérêts matériels en France: Travaux publics, Routes, Canaux, Chemins de fer ; 1 vol. in-8°. Paris, Gosselin et Coquebert, 1838.

Berthault-Ducreux. 361

Comparaison des Routes, des Voies Maritime et Fluviale, des Canaux et des Chemins de Fer ; 1 vol. in-8°, Paris, Carillan-Gœury, 1839.

Chevalier, Michel. 864

Histoire et Description des Voies de communication aux États-Unis et des travaux d'art qui en dépendent ; 2 tomes en 3 parties in-4° et 1 atlas in-f°, Paris, Ch. Gosselin, 1840.

Teisserenc, C. 362
Études sur les voies de communication perfectionnées ; 1 vol. in-8°, Paris, L. Mathias, 1847.

Ministère des Travaux Publics. 865
Conseil Supérieur des Voies de communication (1878) ; 2 vol. in-4°, Paris, Imp. Nationale.

Foville, A. (de). 242
La Transformation des Moyens de Transports ; 1 vol. in-8°, Paris, Guillaumin, 1880.

Hélène, M. 369
Les Nouvelles Routes du Globe ; 1 vol. gr. in-8°, Paris, Masson, 1882.

Navigation intérieure

Riquet de Bonrepos. 363
Histoire du Canal de Languedoc ; 1 vol. in-8°, Paris, Deterville, 1805.

Flachat M.-S. et **Bayard de la Vintgrie, E.** 364
Canal maritime de Paris à Rouen ; 2 vol. in-8°, Paris, 1829.

Galabert, L. 862
Canal des Pyrénées, joignant l'Océan à la Méditerranée ; 1 vol. in-4°, Paris, Félix Locquin, 1830.

Grangez, E. 365
Précis historique et statistique des Voies navigables de la France et d'une partie de la Belgique ; 1 vol. gr. in-8°, Paris, Chaix, 1855.

Font-Réaulx, H. (de). 79
Les Canaux ; 1 vol. in-12, Paris, J. Hetzel.

Molinos, L. 366
La Navigation intérieure de la France, son état actuel, son avenir ; 1 vol. gr. in-8°, Paris, Baudry, 1875.

Larue, A. 367
Manuel des voies Navigables de la France avec leur prolongement au-delà des frontières ; 1 vol. gr. in-8°, Creusot, Pautet, 1877.

.... 867
Vme Congrès de la Navigation Intérieure (Paris 1892). Procès-verbaux et Rapports ; 10 vol. in-8°, et 1 atlas, Paris, Lahure.

Mahaut, A. 368
Des Transports. Fleuves et Canaux ; 1 vol. in-8°, Paris, lib. de la Société du Recueil Général, 1900.

Bellecroix, M. 180
Rapports entre la Batellerie et les Ports de Commerce maritimes ; 1 vol. in-8°, Nantes, Schwob, 1902.

.... 80
Guide Officiel de la Navigation Intérieure, avec une carte des voies navigables de la France ; 1 vol. in-12 et 1 carte, Paris, C. Bernard, 1903.

Sekutowicz, L. 193
La Seine maritime. Étude sur l'importance économique du port de Rouen ; 1 vol. in-8°, Paris, 1903.

Chemins de Fer

Teisserenc, C. 373
De la politique des Chemins de Fer et de ses applications diverses ; 1 vol. in-8°, Paris, L. Mathias, 1842.

Bourgoing, P. (de) 374
Tableau des Chemins de Fer de l'Allemagne et du Continent européen ; 1 vol. in-8°, Paris, Carilian-Gœury et V. Dalmont, 1842.

Joanne, A. 1119
Atlas des Chemins de Fer français, historique et statistique ; Paris, L. Hachette, 1859.

Villiaumé. 81
De l'Espagne et de ses chemins de fer ; 1 vol. in-12, Paris, Garnier, 1861.

Guillemin, A. 86
Simple explication des chemins de fer ; 1 vol. in-12, Paris, L. Hachette, 1862.

.... 1142

Enquête sur l'exploitation de la construction des chemins de fer ; 1 vol. in-f°, Paris, Imp. Impériale, 1863.

Marqfoy, G. 871

De l'abaissement des tarifs de chemins de fer en France ; 1 vol. gr. in-8°, Paris, lib. Nouvelle, 1863.

Sciard, Th. 375

Les Chemins de Fer en Italie ; 1 vol. in-8°, Paris, Guillaumin, 1867.

Smiles, S. 82

La Vie des Stephenson, comprenant l'histoire des chemins de fer et de la locomotive ; 1 vol. in-12, Paris, Plon, 1868.

Level, E. 376

De la construction et de l'exploitation des chemins de fer d'intérêt local ; 1 vol. in-8°, Paris, Dunod, 1873.

Clavier, A. 1120

Atlas des Chemins de Fer français ; Marseille, Cayer et Cie, 1873.

.... 1121

Convention entre l'État et le Chemin de Fer de l'Est ; 1 vol. gr. in-8°, Paris; Wittersheim, 1873.

Baclé, L. 377

Les Voies ferrées, 1 vol. gr. in-8°, Paris, G. Masson, 1882.

.... 872

Extraits du Rapport de la Commission d'enquête parlementaire sur l'exploitation des chemins de fer italiens (Parlement italien, session 1880/81) ; 1 vol. gr. in-8°, Paris, Dentu, 1882.

Ministère des Travaux Publics. 1141

Enquête sur les moyens de prévenir les accidents de chemins de fer, 1879-80, 1 vol. in-4°, Paris, Imp. Nationale, 1882.

Malo, L. 84

La sécurité dans les chemins de fer ; 1 vol. in-12, Paris, Dunod, 1883.

4

Limousin, Ch.-M. 83

Le Commerce et les Chemins de Fer. — Rapport présenté au Syndicat général de l'Union nationale du Commerce et et de l'Industrie ; 1 vol. in-12, Paris, Guillaumin, 1883.

Picard, A. 378

Les Chemins de Fer Français. — Étude historique sur la constitution et le régime du réseau ; 6 vol. gr. in-8°, Paris, J. Rothschild, 1884-1885.

Thoviste, M. 380

Étude sur les Conventions Financières conclues entre l'Etat et les Compagnies de Chemins de Fer ; 1 vol. gr. in-8°, Paris, Larose et Forcel, 1886.

Duverger, Véron. 379

Le Régime des Chemins de fer français devant le Parlement, 1871-1887 ; 1 vol. in-8°, Paris, Guillaumin, 1887.

Pendrié, H. 381

Nos Chemins de fer et leur réforme radicale ; 1 vol. in-8°, Paris, A. Ghio, 1887.

Ulrich, F. 382

Traité général des Tarifs de Chemins de fer ; 1 vol. gr. in-8°, Paris, Baudry, 1890.

Delebecque, G. 85

Manuel de statistique des Chemins de fer français ; 3 vol. in-12, Paris, Imp, Chaix, 1896-1898.

.... 1122

Compte général au 31 décembre 1897 des opérations se rattachant à l'exécution des conventions du 20 novembre 1883 et compte des travaux complémentaires exécutés en 1897 par les six grandes Compagnies de Chemins de Fer ; 1 vol. in-4°, Paris, Imp. Nationale, 1899.

Ministère des Travaux Publics. 1123

Comité consultatif des Chemins de fer. — Commission des frais accessoires ; 1 vol. in-4°, Paris, Imp. Nationale, 1899.

.... 383

Le Rachat des Chemins de fer devant les Chambres de

Commerce et les Chambres consultatives des Arts et Manufactures ; 1 vol. in-8°, Paris, Hugelmann, 1900.

Richard de Kaufmann. 384
La Politique française en matière de Chemins de fer ; 1 vol. gr. in-8°, Paris, Ch. Bérenger, 1900.

Canaux Maritimes

Lesseps, F^d (de) 370
Percement de l'Isthme de Suez. Documents ; 4 vol. in-8°, Paris, Henri Plon, 1855-57.

Ritt, O. 371
Histoire de l'Isthme de Suez ; 1 vol. in-8°, Paris, L. Hachette, 1869.

Monteil, L. 1149
Percement de l'Isthme de Suez ; texte et atlas, gr. in-f°.

.... 859
La question du tonnage de capacité des navires au point de vue de la perception des droits de navigation dans le Canal maritime de Suez. — 1 vol. gr. in-8°, Paris, Chaix, 1874.

Wyse, N.-B. — Reclus, A. — Sosa, P. 869
Canal Intérocéanique 1877/78. — Rapport sur les études de la Commission internationale d'exploration de l'isthme Américain ; 1 vol. gr. in-8°, Paris, Lahure, 1879.

Wyse, N.-B. 868
Le Canal de Panama ; 1 vol. gr. in-8°, Paris, Hachette, 1886.

Roux, J.-Charles. 1116
Chambre de Commerce de Marseille. — Le Canal de Panama en 1886. — Rapport ; 1 vol. gr. in-4° et une carte (profil en long) géologique, Marseille, Barlatier-Feissat, 1886.

Guillemain 372
Canal intérocéanique de Panama. — Commission d'études institué par le Liquidateur de la Compagnie Universelle. — Rapports ; 1 vol. in-8°, Paris, Siège de la Liquidation, 1890.

Wyse, N.-B. 870
Canal interocéanique de Panama. — Mission de 1890-91 en Colombie. — Rapport général ; 1 vol. gr. in-8°, Paris, Achille Heymann, 1891.

.... 1118
Cie Universelle du Canal interocéanique de Panama (en liquidation). — Rapports présentés au Tribunal civil de la Seine ; ... broch. in-4°, Paris, P. Mouillot, 1890-97.

.... 1117
Cie Nouvelle du Canal de Panama. — Notes techniques et Rapports ; 3 broch. in-4° et 1 atlas in-f°, Paris, 1899.

Poste. — Télégraphe. — Téléphone

Ternant, A.-L. 90
Manuel pratique de Télégraphie sous-marine ; 1 vol. in-12, Paris, Paul Dupont, 1869.

Etenaud, A. 388
La Télégraphie électrique en France et en Algérie depuis son origine jusqu'au 1er janvier 1872 ; 2 vol. in-8°, Montpellier, Ricateau-Hamelin, 1872.

Mamert Galliaus, H. 87
Dictionnaire télégraphique, économique et secret ; 1 vol. in-12, Paris, E. Plon, 1874.

Steenackers, F. F. 89
Les Télégraphes et les Postes pendant la guerre de 1870-1871 ; 1 vol. in-12, Paris, G. Charpentier, 1883.

Belloc, A. 873
Les Postes Françaises ; 1 vol. gr. in-8°, Paris, Firmin Didot, 1886.

Gallois, E. 88
La Poste et les moyens de communication des peuples à travers les siècles ; 1 vol. in-12, Paris, Baillière, 1894.

Carles, C. (Dr) 385
Republica Argentina. — Códigos postal y telegrafica ; 3 vol. in-8°, Buenos-Aires, Compañia Sud-Americana de Billetes de Banco, 1895.

Bahia, M.-B. 386
Republica Argentina. — Curso de Electrotécnica ; 1 vol. in-8°, Buenos-Aires, Compañia Sud-Americana de Billetes de Banco, 1894.

Carles, C. (Dr). 387
Republica Argentina. — Jurisprudencia postal y telegrafica 1894-1895 ; 2 vol. in-8°, Buenos-Aires, Compañia Sud Americana de Billetes de Banco, 1895.

.... 1150
Album des Services Maritimes Postaux Français et Étrangers. — Lignes télégraphiques internationales. — Câbles sous-marins. — Colis-postaux. — Réseaux-téléphoniques ; 1 vol. gr. in-4°, Paris, Delagrave.

Ministère du Commerce. 1151
Carte du réseau télégraphique international ; 1 vol. in-4°, Paris, 1903.

.... 876
Vocabulaire officiel pour la rédaction des télégrammes en langage convenu dressé conformément aux décisions de la conférence télégraphique internationale de Paris ; 1 vol. in-4°, Berne, Imp. S. Collin, 1894.

.... 875
Breviator A. — Code télégraphique du commerce universel des Boissons ; 1 vol. gr. in-8°, Paris, Bibliothèque des Bréviators télégraphiques, 1900.

.... 874
The A. B. C. Universal Commercial Electric Telegraphic Code. — Ve édition ; 1 vol. in-8°, London, Eden Fischer and Co Led 1901.

Propriété industrielle

.... 1201
Description des Machines et Procédés consignés dans les Brevets d'invention, de perfectionnement et d'importation (pris sous le régime de la loi du 7 janvier 1791) dont la durée est expirée, et dans ceux dont la décheance a été prononcée ; 93 vol. in-4°,

.... 1202
Description des Machines et Procédés pour lesquels des Brevets d'invention ont été pris sous le régime de la loi du 5 juillet 1844 (de 1844 à 1893) ; 22 vol. in-4°.

.... 1203
Catalogue des Brevets d'invention pris du 1er juillet 1791 au 31 décembre 1883 ; 45 vol. in-8°.

.... 1204
Description des Machines et Procédés consignés dans les Brevets d'invention, de perfectionnement et d'importation pris sous le régime de la loi de 1791. Tables des tomes, 1 à 93 ; 2 vol. in-4°.

.... 1205
Description des Machines et Procédés pour lesquels des Brevets d'invention ont été pris sous le régime de la loi du 5 juillet 1844. Tables générales des tomes 1 à 79; 4 vol. in-4°.

.... 1206
Description des Machines et Procédés pour lesquels des Brevets d'invention ont été pris sous le régime de la loi du 5 juillet 1844 (publication in-extenso) de 1894 à .... ; vol. gr. in-8°.

Ministère du Commerce. 1236
Bulletin officiel de la Propriété industrielle et commerciale de 1884 à .... I. Brevets d'invention ; II. Marques de fabrique ; vol. gr. in-4° (en cours de publication).

.... 1237
La Propriété industrielle, organe du Bureau international de l'Union pour la protection de la propriété industrielle de 1894 à .... ; vol. gr. in-4° (en cours de publication).

Travaux Publics

Vuigner, E. 1108
Docks et Entrepôts de la Villette. — Détails pratiques sur les diverses constructions de cet établissement, texte et atlas, 1 vol. in-4°, Paris, Dunod, 1861.

Léger, A. 860

Les Travaux publics, les Mines et la Métallurgie au temps des Romains, texte et atlas ; 1 vol. gr. in-8°, Paris, J. Dejey, 1875.

Dumont, J.-B. 861

Les grands Travaux du siècle ; 1 vol. gr. in-8°, Paris, Hachette, 1891.

.... 1107

Pont sur la Manche. — Documents, cartes et planches, 1889-1892.

Ministère des Travaux Publics. 1106

Commission des méthodes d'essai des matériaux de construction, 1re session. Documents généraux ; 1 vol. in-4°, Paris, Imp. Nationale, 1894.

Campredon, E. 98

Organisation des Services de Travaux publics en France ; 1 vol. in-12, Paris, Vve Ch. Dunod et P. Vicq, 1896.

Agriculture.

.... 406

Actes du Congrès des Vignerons, 3me session, tenue à Marseille en août 1844 ; 1 vol. in-8°, Marseille, L. Mossy, 1844.

Block, M. 409

Des charges de l'Agriculture dans divers pays de l'Europe ; 1 vol. in-8°, Paris, Vve Bouchard-Huzard, 1851.

Thünen, Henri (de) 267

Recherches sur l'influence que le prix des grains exerce sur les systèmes de culture ; 1 vol. in-8°, Paris, Guillaumin, 1851.

Dareste, C. 402

Histoire des classes agricoles en France, depuis saint Louis jusqu'à Louis XVI ; 1 vol. in-8°, Paris, Guillaumin, 1854.

Ministère de l'Agriculture. 813

Enquête agricole ; 29 vol. in-4°, Paris, Imp. Nationale, 1869-1872.

Heuzé, G. 1101
La France agricole. — Notice sur les régions agricoles ; 1 vol. in-f°, Paris, Imp. Nationale, 1875.

Société des Agriculteurs de France. 904
L'Agriculture de L'Angleterre, de l'Écosse, de l'Irlande et de l'Australie ; 2 vol. gr. in-8°, Paris, 1878.

Grandeau, L. 21
Études agronomiques, 1885-87 ; 2 vol. in-12, Paris, Hachette, 1887.

Latzina, F. 906
L'Agriculture et l'élevage dans la République Argentine ; 1 vol. gr. in-8°, Paris, P. Mouillot, 1889.

Le Barbier, E. 903
Le Crédit agricole en Allemagne ; 1 vol. gr. in-8°, Paris, Berger-Levrault, 1890.

Durand, L. 410
Le Crédit agricole en France et à l'étranger ; 1 vol. in-8°, Paris, Marescq aîné, 1891.

Baudrillart, H. 403
Les populations agricoles de la France. Les populations du Midi ; 1 vol. in-8°, Paris, Guillaumin, 1893.

Zolla, M-D. 905
Etudes d'économie rurale ; 1 vol. gr. in-8°, Paris, G. Masson, 1896.

Blondel, G. 404
Etudes sur les populations rurales de l'Allemagne et la Crise agraire : 1 vol. in-8°, L. Larose, 1897.

Heuzé, G. 405
Les plantes alimentaires ; 2 vol. in-8° et 1 atlas, Paris, lib. agricole, 1872.

Rivière, A. et C. 907
Les Bambous dans tout le bassin méditerranéen ; 1 vol. gr. in-8°, Paris, 1878.

Cavaillon, E. 99
Les Haras de France. — Les haines contre les courses ; 1 vol. in-12, Paris, E. Dentu, 1886.

Larbalétrier, A. 407

Les grandes cultures de la France. — Plantes alimentaires industrielles et fourragères ; 1 vol. in-8°, Paris, Société d'éditions scientifiques, 1893.

Cornevin, Ch. 408

Des plantes vénéneuses et des empoisonnements qu'elles déterminent ; 1 vol. in-8°, Paris, Didot, 1893.

Baltet, C. 908

L'Horticulture dans les cinq parties du monde ; 1 vol. gr. in-8°, Paris, Octave Doin, 1895.

Delacroix, M.-S.-C 901

Défrichement des terrains incultes dans la Campine Belge et les autres contrées de la Belgique ; 1 vol. gr. in-8°, Paris, Imp. Impériale, 1860.

Barral, J.-A. 1135

Les irrigations dans le département des Bouches-du-Rhône. — Rapports 1875-76 ; 2 vol. in-4°, Paris, Imp. Nationale.

Barral, J.-A. 1136

Les irrigations dans le département de Vaucluse. — Rapports 1876-77 ; 2 vol. in-4°, Paris, Imp. Nationale.

Hérisson, A. 902

Rapport sur les irrigations de la vallée du Pô (extrait des Annales de l'Institut national agronomique) ; 1 vol. gr. in-8°, Paris, Berger-Levrault, 1883.

Martin, F. 866

M. de Mont-Richer et le Canal de Marseille ; 1 vol. gr. in-8°, Paris, Gallet et Beaud, 1878.

Expositions

...... 411

Exposition de 1806. — Rapport du Jury sur les produits de l'Industrie française ; 1 vol. in-8°, Paris, Imprimerie Impériale, 1806.

...... 412

Exposition de 1819. — Rapport du Jury Central sur les

produits de l'Industrie française ; 1 vol. in-8°, Paris, Imp. Royale, 1819.

.... 413

Exposition de 1823. — Rapport du Jury Central sur les produits de l'Industrie française ; 1 vol. in-8°, Paris, Imp. Royale, 1824.

...... 414

Exposition publique de 1827. — Rapport du Jury Départemental de la Seine sur les produits de l'Industrie ; 2 vol. in-8°, Paris, Crapellet, 1829.

...... 100

Voyage dans la cour du Louvre ou guide de l'observateur à l'exposition des produits de l'Industrie française. (Année 1827) ; 1 vol. in-8°, Paris, Dauvin, 1827

.... 415

Exposition de 1834. — Rapport du Jury Central sur les produits de l'Industrie française en 1834 ; 3 vol. in-8°, Paris, Imp. Royale, 1836.

.... 1211

Musée Industriel. — Description complète de l'exposition des produits de l'Industrie française faite en 1834 ; 4 vol. in-8°, Paris, 1834.

Flachat, S. 909

L'Industrie. — Exposition de 1834 ; 1 vol. in-4°, Paris, L. Teuré, 1835.

.... 416

Exposition de 1839. — Rapport du Jury Central sur les produits de l'Industrie française ; 3 vol. in-8°, Paris, Bouchard-Huzard, 1839.

.... 417

Exposition de 1844. — Rapport du Jury Central sur les produits de l'Industrie française ; 3 vol. in-8° Paris, Fain et Thunot, 1844.

Halphen, G. 1109

Rapport sur l'Exposition publique des produits de l'Industrie française de 1844 ; 1 vol. in-4°, Paris, 1845.

.... 418
Exposition de 1849. — Rapport du Jury Central sur les produits de l'Agriculture et de l'Industrie ; 3 vol. in-8°, Paris, Imp. Nationale, 1850.

.... 419
Exposition Universelle de 1851. — Travaux de la Commission française sur l'Industrie des nations ; .. vol. in-8°, Paris, Imp. Impériale, 1854-1873.

.... 913
Official descriptive and illustrated catalogue of the great exhibition 1851 ; 3 vol. gr. in-8°, London, W. Clowes and sons, 1851.

.... 914
Exhibition of the Works of Industry of All Nations, 1851. — Reports by the Juries ; 1 vol. gr. in-8°, London, Clowes and sons, 1852.

.... 916
Exposition Universelle de 1855. — Rapports du Jury mixte International ; 1 vol. gr. in-8°, Paris, Imp. Impériale, 1856.

.... 917
Exposition Universelle de 1855. — Histoire illustrée par catégories d'Industries avec notices sur les exposants ; 1 vol. gr. in-8°, Paris, Furne, 1856.

.... 101
Exposition de 1855. — Visites et études du prince Napoléon au palais de l'Industrie ; 1 vol. in-12, Paris, Perrotin, 1855.

.... 915
Exposition Universelle de 1855. — Rapport présenté à l'Empereur par S. A. I. le prince Napoléon ; 1 vol. gr. in-8°, Paris, Imp. Impériale, 1857.

.... 102
Exposition de 1855.— Visites et études du Prince Napoléon au Palais des Beaux-Arts ; 1 vol. in-12, Paris, Noblet, 1856.

Girardin, Cordier, Burel. 420
Rapport sur l'Exposition Universelle de 1855 ; 1 vol. in-8°, Rouen, Imp. A. Péron, 1856.

.... 919

Exposition Universelle de Londres de 1862. Rapport de la Commission Impériale sur la Section Française ; 1 vol. gr. in-8°, Paris, Imp. Claye, 1864.

.... 421

Exposition Universelle de Londres de 1862. Rapports des membres de la Section Française du Jury international sur l'ensemble de l'Exposition ; 6 vol. in-8°, Paris, Chaix, 1862.

.... 422

Esposizione Internazionale di Londra en 1862. Relazioni dei Commissari speciali ; 3 vol. in-8°, Torino, Enrico Dalmazzo, 1864-65.

.... 920

International Exhibition, 1862. Reports by the Juries ; 1 vol. gr. in-8°, London, W. Clowes and sons, 1862.

.... 423

Exposition Universelle de 1867, à Paris. Rapports du Jury international ; 13 vol. in-8°, Paris, Paul Dupont, 1868.

.... 424

Revue de l'Exposition de 1867 ; 4 vol. in-8°, Paris, E. Noblet.

.... 426

Exposition Universelle de Paris en 1867. Catalogue des Produits des Colonies françaises ; 1 vol. gr. in-8°, Paris, Challamel, 1867.

.... 921

Revue Illustrée de l'Exposition Universelle de 1867 ; 1 vol. gr. in-8°.

Schmidt, V. 425

Le Danemark à l'Exposition Universelle de 1867 ; 1 vol. in-8°, Paris, C. Remwald, 1868.

Ribeyre, F. 427

Exposition Maritime du Havre en 1868. Les Annales de l'Exposition du Havre, 1 vol. gr. in-8°, Le Havre, 1868.

.... 922

Exposicion Nacional en Cordoba. Boletin oficial (1871) ; 7 vol. in-8°, Buenos-Aires, 1870-1873.

.... 923
Expositions Internationales. Londres 1871. — France. Commission supérieure. Rapports ; 1 vol. gr. in-8°, Paris, Jules Claye, 1872.

.... 924
Expositions Internationales. Londres 1872. — France. Commission supérieure. Rapports ; 1 vol. gr. in-8°, Paris, Imp. Nationale, 1873.

.... 910
Exposition Universelle de Vienne, 1873. — France. Rapports de la Commission supérieure ; 5 vol. gr. in-8° et 1 atlas, Paris, Imp. Nationale, 1875.

.... 428
Exposition Universelle de Vienne, 1873. — Rapport adressé à M. le Gouverneur général civil de l'Algérie par la Commission algérienne ; 1 vol. in-8°, Paris, Imp. Nationale, 1874.

.... 431
Exposition Universelle de Vienne, 1873. — France. Beaux-Arts et Manufactures Nationales ; 1 vol. in-8°, Paris, 1873.

.... 432
Rapports de la Délégation du Ministère de la Marine à l'Exposition Universelle de Vienne en 1873 ; 1 vol. in-8°, Paris, Bertrand.

.... 430
La République Orientale de l'Uruguay à l'Exposition de Vienne 1873 ; 1 vol. in-8°, Montévidéo, Imp. « La Tribuna », 1873.

.... 429
Exposition Universelle de Vienne, 1873. — L'Empire du Brésil à l'Exposition ; 1 vol. in-8°, Rio-de-Janeiro, E. et H. Laemmert, 1873.

.... 911
Exposition Internationale et Universelle de Philadelphie, 1876. — France. Rapports de la Commission supérieure ; 1 vol. gr. in-8°, Paris, Imp. Nationale, 1877.

.... 433
Exposition Universelle de 1878, à Paris. — Rapport administratif ; 2 vol. in-8° et 1 atlas, Paris, Imp. Nationale, 1881.

.... 434
Exposition Universelle de 1878 à Paris. — Rapports du Jury International. ; .. vol. in-8°, Paris, Imp. Nationale, 1880-1885.

.... 435
Exposition Universelle de 1878, à Paris. — Catalogue Officiel. — Liste des récompenses ; 1 vol. in-8°, Paris, Imp. Nationale, 1878.

.... 436
Exposition Universelle à Paris en 1878. — Le Ministère des Travaux publics et le corps des Mines ; 1 vol. in-8°, Paris, Imp. Nationale, 1878.

Lacroix, E. 912
Etudes ou rapports sur l'Exposition de 1878. — Annales et archives de l'Industrie au XIXe siècle ; 1 vol. gr. in-8° et 2 atlas, Paris, Eugène Lacroix.

Laur, F. 103
Mines et usines du bassin de la Loire. — Lettres d'un Stéphanois sur l'Exposition Universelle de 1878 ; 1 vol. in-12, Saint-Etienne, Théolier frères, 1879.

Saint-Foix (de) 925
Rapport sur l'Exposition Internationale Industrielle d'Amsterdam en 1883 ; 1 vol. gr. in-8°, Paris, Imp. Nationale, 1885.

Delahaye, V. 926
Rapport sur l'Exposition Coloniale et Internationale d'Amsterdam, 1883 ; 1 vol. gr. in-8°, Paris, Imp. Nouvelle (association ouvrière), 1886.

.... 104
Catalogue de l'Exposition Coloniale de la République Française à Anvers ; 1 vol. in-12, Paris, Imp. Nationale, 1885.

Picard, A. 927

Exposition Universelle de Paris, 1889. — Rapport général; 10 vol. gr. in-8°, Paris, Imp. Nationale, 1891-1892.

.... 928

Exposition Universelle de 1889, à Paris. — Rapports du Jury International. Groupe de l'Economie sociale ; 2 vol. gr. in-8°, Paris, Imp. Nationale, 1891-1892.

.... 929

Exposition Universelle de Paris, 1889. — Rapports du Jury International ; .. vol. gr. in-8°, Paris, Imp. Nationale.

Monod, E. 1110

Exposition Universelle de Paris, 1889. — Grand ouvrage illustré, historique, encyclopédique ; 2 vol. et un album, gr. in-4°, Paris, E. Dentu, 1890.

Huard, C.-L. 1111

Exposition Universelle de Paris, 1889. — Livre d'Or de l'Exposition ; 2 vol. gr. in-4°, Paris, L. Boulanger, 1889.

.... 1112

Exposition Universelle de Paris, 1889. — Les expositions de l'Etat au Champ-de-Mars et à l'esplanade des Invalides ; 2 vol. gr. in-4°, Paris, Imp. des Journaux Officiels, 1890.

Guérard, A. 449

La Chambre de Commerce et le Port de Marseille à l'Exposition de 1889 ; 1 vol. gr. in-8°, Marseille, Barlatier et Barthelet, 1889.

.... 448

Exposition Universelle de Paris, 1889. — Notices sur les modèles, dessins et documents divers relatifs aux travaux des Ponts et Chaussées et des Mines ; 1 vol. gr. in-8°, Paris, Imp. Nationale, 1889.

.... 930

Exposition Universelle de Paris, 1889. — Mémoires sur les mines, la métallurgie, les lois sur les mines, les ressources, les avantages, etc., de l'exploitation des mines dans la République Argentine ; 1 vol. gr. in-8°, Buenos-Aires, Imp. du *Courrier de la Plata*, 1889.

Vogué, E.-M. (Vte de) 107
Remarques sur l'Exposition du Centenaire ; 1 vol. in-12, Paris, Plon, Nourrit, 1889.

Parville, H. (de) 108
L'Exposition Universelle de 1889 ; 1 vol. in-12, Paris, Rothschild, 1890.

.... 931
Exposition Internationale de Chicago, 1893. — Rapports ; .. vol. gr. in-8°, Paris, Imp. Nationale, 1894-95.

Lourdelet, E. 441
Chambre de Commerce de Paris. — Exposition de Chicago (1893). — Rapport ; 1 vol. in-8°, Paris, Imprimeries-Librairies réunies, 1893.

.... 442
Exposition Nationale du millénaire Budapest, 1896. — Catalogue général ; .. broch. in-8°, Budapest, *Kosmos*, 1896.

.... 443
Exposition Nationale du millénaire Budapest, 1896. — L'Etat hongrois millénaire et son peuple ; 1 vol. in-8°, Budapest, *Kosmos*, 1896.

.... 105
Exposition Internationale de Bruxelles, 1897. — Catalogue spécial de la section hongroise ; 1 vol. in-12, Budapest, Société d'Imprimerie par actions de Pest, 1897.

Corday, M. 109
Comment on a fait l'Exposition ; 1 vol. in-12, Paris, Ernest Flammarion, 1900.

.... 934
Exposition Universelle de Paris, 1900. — Société d'encouragement pour le commerce français d'exportation. Origines de la Société, son but, son fonctionnement, ses opérations ; 1 vol. gr. in-8°, Paris, Libraires-Imprimeries réunies, 1900.

Batard-Razelière. 450
La Chambre de Commerce et le Port de Marseille à l'Exposition de 1900 ; 1 vol. gr. in-8°, Marseille, Barlatier, 1900.

.... 447
Exposition Universelle de 1900. — Chambre de Commerce de Bordeaux. — Notice sur le Port de Bordeaux; 1 vol. in-8°, Bordeaux, G. Gounouilhou, 1900.

.... 444
Exposition Universelle de 1900 à Paris. — Section belge. Catalogue officiel; 1 vol. in-8°, Bruxelles, Charles Buleus, 1900.

.... 445
Exposition Universelle de 1900 à Paris. — Belgique pittoresque et monumentale; 1 vol. (format oblong), Bruxelles, Charles Buleus, 1900.

.... 446
Exposition Universelle de 1900 à Paris. — Catalogue officiel de la section allemande; 1 vol. in-4°, Berlin, J.-R. Stargaredt, 1901.

.... 106
Exposition Universelle de Paris, 1900. — Catalogue officiel spécial de la République des États-Unis du Mexique; 1 vol. in-12, Paris, Lemercier, 1900.

Picard, A. 935
Exposition Universelle de 1900. — Rapport général administratif et technique,; 6 vol. gr. in-4°, Paris, Imp. Nationale, 1902-1903.

.... 936
Exposition Universelle de 1900 à Paris. — Rapports du Jury international; .. vol. gr. in-4°, Paris, Imp. Nationale.

.... 937
Exposition de Hanoï, 1902. — Catalogue officiel métropolitain; 1 vol. in-4°, Bertrand, Paris, 1902.

.... 938
Exposition de Hanoï, 1902; 1 vol. gr. in-8°, Hanoï, Schneider, 1903.

FINANCES-DOUANES

Finances. — Généralités B

Say, Léon. 504
Dictionnaire des Finances ; 2 vol. gr. in-8°, Paris, Berger-Levrault, 1889-94.

Capefigue, M. 159
Histoire des grandes opérations financières. — I. Les fermiers généraux depuis le XVIIe siècle jusqu'à leur mort sur l'échafaud, le 15 mai 1794. — II. Banquiers, fournisseurs, acquéreurs des biens nationaux. Emprunts. Système financier de Pitt et Castelreagh. — III. Emprunts. Bourses. Crédit public. Grands capitalistes de l'Europe, 1814-52.— IV. Compagnies Industrielles et Commerciales. Canaux. Ponts. Chemins de fer. Crédits foncier et mobilier depuis le moyen Age ; 4 vol. in-8°, Paris, Amyot, 1855-60.

Fournier de Flaix, E. 26
Etudes économiques et financières ; 2 vol. in-12, Paris, Guillaumin, 1883.

Raffalovich, A, 400
Le marché financier, 1894 à 1903 ; 9 vol. in-8°, Paris, Guillaumin.

Finances Publiques. — Impôts. — Crédit Public.

.... 162
Particularités et observations sur les Ministres des Finances de France les plus célèbres depuis 1660 jusqu'en 1791 ; 1 vol. in-8°, Paris, Le Normant, 1812.

Ganilh, M. 152
De la Science des finances et du Ministère de M. le comte de Villèle ; 1 vol. in-8°, Paris, C.-J. Trouvé, 1825.

Bailly, M.-A. 164
Histoire Financière de la France depuis l'origine de la Monarchie jusqu'à la fin de 1786; 1 vol. in-8°, Paris, Moutardier, 1830.

Ganilh, Ch. 153
Quatre opuscules sur les Finances de la France (1816-24); 1 vol. in-8°, Paris, Déterville.

Dutens, Jh. 165
Essai comparatif sur la formation et la distribution du revenu de la France en 1815 et 1835; 1 vol. in-8°, Paris Guillaumin, 1842

Nervo (B^{on} de) 411
Les Finances Françaises sous l'ancienne monarchie, la République, le Consulat et l'Empire; 2 vol. gr. in-8°, Paris, Michel Lévy, 1863.

Audiffret (Mis d') 167
Système financier de la France, 1789 à 1848; 5 vol. gr. in-8°, Paris, Guillaumin, 1863-64.

Fasquel, M. 401
Organisation et services de l'administration financière de la France; 1 vol. gr. in-8°, Paris, Dupont, 1866.

Boiteau, P. 166
Fortune publique et Finances de la France; 2 vol. in-8°, Paris, Guillaumin, 1866.

Neymarck, A. 408
Aperçus financiers, 1868-73; 2 vol. gr. in-8°, Paris, E. Dentu, 1872-73.

Vuitry, Ad. 395
Études sur le régime financier de la France avant la Révolution de 1789; 1 vol. gr. in-8°, Paris, Guillaumin, 1878.

Noël, O. 3
Étude historique sur l'organisation financière de la France; 1 vol. in-12, Paris, G. Charpentier, 1881.

Josat, J. 407
Le Ministère des Finances, son fonctionnement, suivi d'une étude sur l'organisation générale des autres Ministères; 1 vol. gr. in-8°, Paris, Berger-Levrault, 1882.

Vuitry, Ad. 396
Études sur le régime financier de la France avant la Révolution de 1789 (nouvelle série) ; 2 vol. gr. in-8°, Paris, Guillaumin, 1883.

Say, Léon. 172
Les Finances de la France ; une année de discussion, du 15 décembre 1881 au 20 décembre 1882 ; 1 vol. in-8°, Paris, Guillaumin, 1883.

Richard de Kaufmann. 168
Les Finances de la France ; 1 vol. in-8°, Paris, Guillaumin, 1884.

Rives, P. 394
Études sur les attributions financières des États provinciaux et en particulier des États de Languedoc au dix-huitième siècle ; 1 vol. gr. in-8°, Paris, Thorin, 1885.

Janzé, A. (V^sse de) 161
Les Financiers d'autrefois. Fermiers généraux ; 1 vol. in-8°, Paris, P. Ollendorff, 1886.

Leroy-Beaulieu, Paul. 155
Traité de la Science des Finances ; 2 vol. in-8°, Paris, Guillaumin, 1888.

Stourm, R. 170
Cours de Finances : le Budget ; 1 vol. in-8°, Paris, Guillaumin, 1891.

Cucheval-Clarigny. 169
Les Finances de la France de 1870 à 1871 ; 1 vol. in-8°, Paris, Perrin, 1891.

Gomel, Ch. 226
Les Causes financières de la Révolution française.— I. Les ministères de Turgot et de Necker.— II. Les derniers contrôleurs généraux ; 2 vol. in-8°, Paris, Guillaumin, 1892-93.

Gomel, Ch. 160
Histoire financière de l'Assemblée constituante, 1789-91 ; 2 vol. in-8°, Paris, Guillaumin, 1896-97.

Say, Léon. 410
Les Finances de la France sous la troisième République (1876-82) ; 2 vol. gr. in-8°, Paris, Calmann Lévy, 1898-99.

Roche, Jules. 171
Les Budgets du XIXe siècle et questions diverses ; 1 vol. in-8°, Paris, E. Flammarion, 1901.

Montcloux, H. (de) 157
La Comptabilité publique en France ; 1 vol. in-8°, Paris, P. Dupont, 1840.

Fasquel. 156
Code manuel des Payeurs ou Recueil des lois et règlements concernant les dépenses publiques ; 1 vol. in-8°, Paris, P. Dupont, 1857.

Ganilh, Ch. 173
Essai politique sur le revenu public des peuples de l'antiquité, du moyen-âge, des siècles modernes, et spécialement de la France et de l'Angleterre, depuis le milieu du XVe siècle jusqu'en 1823 ; 2 vol. in-8°, Paris, Treuttel et Würtz, 1823.

Cohen, F. 413
Etude sur les Impôts et Budgets des principaux Etats de l'Europe ; 1 vol. gr. in-8°, Paris, Guillaumin, 1865.

Dreyfus, F.-C. 14
Les Budgets de l'Europe et des Etats-Unis (correspondance du Cobden-Club) précédée d'un essai sur la politique financière de la France ; 1 vol. in-12, Paris, Marpon et Flammarion, 1882.

Richald, L. 505
Histoire des Finances publiques de la Belgique, depuis 1830 ; 1 vol. in-4°, Bruxelles, F. Hayez, 1884.

Cucheval-Clarigny. 174
Les Finances de l'Italie, 1866-85 ; 1 vol. in-8°, Paris, Guillaumin, 1886.

Clercq, P.-H. 412
Les Finances de l'Empire de Russie ; 1 vol. in-8°, Amsterdam, M. Olivier, 1886.

Skalkovsky, C. 175
Les ministres des Finances de la Russie, 1802-1890 ; 1 vol. in-8°, Paris, Guillaumin, 1891.

Chaubry de la Roche. 177
L'esprit des Impôts et de leur régime ; 1 vol. in-8°, Paris, Pichard, 1789.

Clamageran, J.-J. 178
Histoire de l'Impôt en France, jusqu'à la mort de Louis XV ; 3 vol. in-8°, Paris, Guillaumin, 1867.

Proudhon, P.-J. 5
Théorie de l'Impôt ; 1 vol. in-12, Paris, Lacroix Verboeckhoven, 1868.

Vignes, E. 180
Traité des impôts en France, considérés sous le rapport du droit, de l'économie politique et de la statistique, suivi du mouvement détaillé de la dette publique depuis 1789 ; 2 vol. in-8°, Paris, Guillaumin, 1872.

Bonnet, V. 6
La question des Impôts ; 1 vol. in-12, Paris, Guillaumin, 1879.

Say, Léon. 4
Les solutions démocratiques de la question des impôts ; 2 vol. in-12, Paris, Guillaumin, 1886.

Guyot, Yves. 7
L'Impôt sur le revenu, rapport fait au nom de la Commission du Budget ; 1 vol. in-12, Paris, Guillaumin, 1887.

Houques-Fourcade. 409
Les Impôts sur le revenu en France au XVIIIe siècle. — Histoire du dixième et du cinquantième, leur application dans la généralité de Guyenne ; 1 vol. gr. in-8°, Paris, Guillaumin, 1889.

Sebaut, A. 414
Les réformes démocratiques. — L'Impôt suivi d'un projet de loi ; 1 vol. in-8°, Paris, Larose et Forcel, 1891.

Fournier de Flaix, E. 179
L'Impôt dans les diverses civilisations ; 2 vol. in-8°, Paris, Guillaumin, 1897.

Charton, A.-P. 415
La réforme fiscale en France et à l'étranger ; 1 vol. gr. in-8°, Paris, Guillaumin, 1901.

Augier, M. 158
Du Crédit Public et de son histoire ; 1 vol. in-8°, Paris, Guillaumin, 1842.

Gorges, J.-M. et Bezard, V.-A. 154
Manuel des transferts et mutations de rentes sur l'Etat ; 1vol. in-8°, Paris, O. Doin, 1883.

Gorges, J.-M. 13
La dette publique. — Histoire de la Rente française ; 1 vol. in-12, Paris, Guillaumin, 1884.

Dubu, A. 406
Chambre de Commerce de Tarare. — Révision de la loi des Patentes ; 1 vol. in-8°, Lyon, 1873.

Dufour, G. 8
Traité de l'Impôt Foncier. — Etude de législation financière et de pratique administrative ; 1 vol. in-12, Paris, A. Marescq, 1880.

Ministère des Finances. 530
Nouvelle évaluation du revenu foncier des propriétés non bâties de la France, faite par l'Administration des contributions directes, en exécution de l'art. 1 de la loi du 9 août 1879 ; atlas, gr. in-f°, Paris, Imp. Nationale, 1884.

...... 2
La réforme de la Contribution foncière (loi du 8 août 1890) ; 1 vol. in-12, Paris, P. Dupont, 1890.

Desbats, G. 24
Le Régime des Boissons ; 1 vol. in-12, Paris, Larose, 1894.

...... 176
De l'Impôt du sel. — Du Monopole et de l'impôt du sel. — De l'influence du bas prix du sel sur sa consommation. — Discussion sur la taxe du sel (séances des 15 et 17 avril 1833). — Un dernier mot sur la taxe du sel. — De la capitation saline ; 1 vol. in-8° ; Paris, 1833.

...... 531
Enquête sur les sels. — Dépositions. — Rapports et résumés ; 3 vol. gr. in-4°, Paris, Imp. Impériale, 1868.

Conseil supérieur du Commerce. 532
Enquête sur le régime des sucres ; 1 vol. gr. in-4°, Paris, Imp. Impériale, 1868.

Conseil supérieur du Commerce. 533
Enquête sur la question de l'impôt du sucre à la consommation ; 2 vol. gr. in-4°, Paris, Imp. Nationale, 1872.

Conseil supérieur du Commerce. 534
Examen du règlement d'administration publique sur l'exercice des Raffineries et du projet de loi sur les sucres ; 1 vol. gr. in-4°, Paris, Imp. Nationale, 1875.

Bivort, Ch. 399
Législation et commerce des sucres en France et dans les principaux pays étrangers ; 1 vol. in-8°, Paris, 1885.

Boizard, E. et Tardieu, H. 500
Histoire de la législation des sucres (1664-1891) ; 1 vol. in-4°, Paris, 1891.

.... 190
Code des droits réunis ou Manuel pratique des administrateurs, directeurs, inspecteurs, contrôleurs et employés de la régie ; 1 vol. in-8°, Paris, Rondonneau, 1804.

Faivre, E. 212
Guide pratique du travail des mutations dans les communes ; 1 vol. in-8°, Paris, Berger-Levrault, 1863.

Hermitte, A. 25
Manuel alphabétique des contributions indirectes et des octrois ; 1 vol. in-12, Paris, Larose et Forcel, 1886.

Ministère de l'Intérieur. 502
Notes statistiques sur la situation financière des octrois en 1886 ; 1 vol. in-4°, Melun, Imp. Administrative, 1888.

Monnaies. — Crédit. — Banques.

Garnier (Mis). 188
Histoire de la Monnaie ; 2 vol. in-8°, Paris, Vve Agasse, 1819.

Shaw, W.-A. 191
Histoire de la Monnaie, 1252-1894 ; 1 vol. in-8°, Paris, Guillaumin, 1896.

.... 391
Administration des Monnaies et Médailles. Rapport au Ministre des Finances, 1896 à 1903 ; 8 vol. in-8°, Paris, Imp. Nationale.

Chevalier, Michel. 187
La Monnaie; cours fait au Collège de France ; 1 vol. in-8°, Paris, Capelle, 1850.

Levasseur, E. 227
La question de l'Or ; 1 vol. in-8°, Paris, Guillaumin, 1858.

Allard, A. 185
L'Or, l'Argent et le Commerce belge ; 1 vol. in-8°, Paris, Guillaumin, 1861.

Cernuschi, H. 402
Mécanique de l'échange ; 1 vol. in-8°, Paris, Lacroix, Verboeckhoven, 1865.

Le Cesne, J, 193
La Circulation monétaire et fiduciaire ; 1 vol. in-8°, Paris, Guillaumin, 1865.

.... 527
Ministère des Finances et Ministère de l'Agriculture, du Commerce et des Travaux Publics. Enquête sur les principes et les faits généraux qui régissent la circulation monétaire et fiduciaire (Banques) ; 5 vol. gr. in-4°, Paris, Imp. Impériale, 1867.

Juglar, Cl. 230
Du Change et de la liberté d'Émission ; 1 vol. in-8°, Paris, Guillaumin, 1868.

.... 525
Ministère des Finances. Procès-verbaux et Rapports de la Commission monétaire, suivis d'annexes ; 1 vol. in-4°, Paris, Imp. Impériale, 1869.

Conseil supérieur du Commerce. 528
Enquête sur la question monétaire ; 2 vol. in-f°, Paris, Imp. Nationale, 1872.

Bonnet, V. 186
Études sur la Monnaie ; 1 vol. in-8°, Paris, Guillaumin, 1870.

Cernuschi, H. 417
Or et Argent ; 1 vol. gr. in-8°, Paris, Guillaumin, 1874.

Stanley, Jevons. 192
La Monnaie et le mécanisme de l'Échange ; 1 vol. in-8°, Paris, Germer Baillière, 1881.

Haupt, O. 19
Arbitrages et Parités. Usages commerciaux, la théorie des changes et monnaies et la statistique monétaire de tous les pays du globe ; 1 vol. in-12, Paris, Truchy, 1883.

Costes, H. 421
Notes et tableaux pour servir à l'étude de la question monétaire ; 1 vol. gr. in-8°, Paris, Guillaumin, 1884.

.... 420
Exposition Universelle de 1889. Congrès monétaire international tenu à Paris les 11, 12, 13 et 14 septembre 1889. Compte-rendu et documents ; 1 vol. in-8°, Paris, 1890.

Laveleye, E. (de). 16
La Monnaie et le Bimétallisme international ; 1 vol. in-12, Paris, F. Alcan, 1891.

Goschen, G.-J. 189
Théorie des Changes étrangers ; 1 vol. in-12, Paris, Guillaumin, 1892.

Arnaudé, A. 184
La Monnaie, le Crédit et le Change ; 1 vol. in-8°, Paris, F. Alcan, 1894.

Clare, G. 182
A. B. C. des Changes étrangers ; 1 vol. in-8°, Paris, Guillaumin, 1894.

Bamberger, L. 229
Le Métal argent à la fin du XIXe siècle ; 1 vol. in-8°, Paris, Guillaumin, 1894.

Poinsard, L. 17
La question monétaire considérée dans ses rapports avec la condition sociale des divers pays et avec les crises économiques ; 1 vol. in-12, Paris, Girard et Brière, 1895.

Boissevain, G.-M. 392
La Question monétaire ; 1 vol. gr. in-8°, Paris, Guillaumin, 1895.

Rochaïd, (Cle) 228
Le Libre-Échange monétaire ; 1 vol. in-8°, Paris, Guillaumin, 1895.

Sée, Paul 393
La Question monétaire ; 1 vol. gr. in-8°, Paris, Alcan, 1898.

Reboud, P. 18
Essai sur les Changes étrangers ; 1 vol. in-12, Paris, Rousseau, 1900.

Condy-Raguet. 201
Traité des Banques et de la circulation ; 1 vol. in-8°, Paris, Renard, 1840.

Noiron, L. (de) 199
Des Banques en France ; 1 vol. in-8°, Paris, Marc-Aurel, 1847.

Cochut, P.-A. 12
Law, son système et son époque (1716-29) ; 1 vol. in-12, Paris, Hachette, 1853.

.... 196
Réorganisation du Système des Banques. — Banque de France, Banque de Savoie ; 1 vol. in-8°, Paris, Guillaumin, 1863.

Wolowski, L. 203
La Question des Banques ; 1 vol. in-8°, Paris, Guillaumin, 1864.

Aubry, M. 424
Les Banques d'émission et d'escompte ; 1 vol. in-8°, Paris, Guillaumin, 1864.

Eichthal, Ad. (d') 181
De la Monnaie de papier et des Banques d'émission ; 1 vol. in-8°, Paris, Guillaumin, 1864.

Coulet, P.-J. 183

Études sur la Circulation monétaire, la Banque et le Crédit ; 1 vol. in-8°, Paris, Guillaumin, 1865.

Wiszniewski, A (Prince) 200

Histoire de la Banque de Saint-Georges de la République de Gênes et des amortissements y pratiqués au moyen-âge ; 1 vol. in-8°, Paris, Guillaumin, 1865.

.... 416

Extraits des enquêtes parlementaires anglaises sur les questions de Banque,de circulation monétaire et de crédit, 1840-57, traduits et publiés par ordre du Gouverneur et du Conseil de Régence de la Banque de France ; 3 vol. in-8°, Paris, Guillaumin, 1865.

Péreire, J. 202

Principes de la constitution des Banques et de l'organisation du Crédit ; 1 vol. in-8°, Paris, Guillaumin, 1865.

.... 419

Enquête sur les principes et les faits généraux qui régissent la circulation monétaire et fiducière, 1868. — Dépositions de MM. les délégués de la Banque de France ; 1 vol. gr. in-8°, Paris, Imp. Nationale, 1870.

.... 418

Enquête sur la circulation monétaire et fiduciaire. — Résumé des dépositions orales faites devant le Conseil supérieur de l'agriculture, du commerce et de l'industrie ; 1 vol. gr. in-8°, Paris, Imp. Nationale, 1872.

Courtois, Alph. 195

Histoire des Banques en France ; 1 vol. in-8°, Paris, Guillaumin, 1881.

Cieszkowski, A. (Cte) 11

Du Crédit et de la Circulation ; 1 vol. in-12, Paris, Guillaumin, 1884.

Grillon, E. 403

Le Chèque barré ; 1 vol. in-8°, Paris, Guillaumin, 1890.

Grillon, E. 404

Une nouvelle institution financière française. — Réponses

aux critiques du livre : *Le Chèque barré* et aux partisans du Privilège de la Banque de France ; 1 vol. in-8°, Paris, Guillaumin, 1895,

Du Pont. 194

Sur la Banque de France. — Les causes de la crise qu'elle a éprouvée, les tristes effets qui en sont résultés et les moyens d'en prévenir le retour, avec une théorie des banques ; 1 vol. in-8°, Paris, Delance, 1806.

Péreire, J. 197

La Banque de France et l'organisation du crédit en France ; 1 vol. in-8°, Paris, Guillaumin, 1864.

Rey, J.-A. 423

Les débats sur la Banque de France. — Résumé, conclusion ; 1 vol. gr. in-8°, Paris, Guillaumin, 1864.

Nouguier père. 198

Question des Banques. — La Banque de France ; 1 vol. in-8°, Paris, Dentu, 1865.

...... 501

Renouvellement du privilège de la Banque de France. — Délibérations des chambres de commerce et des chambres consultatives des arts et manufactures ; 1 vol. in-4°, Paris, P. Dupont, 1891.

Flour de Saint-Genis. 422

La Banque de France à travers le siècle ; 1 vol. gr. in-8°, Paris, Guillaumin, 1896.

...... 529

Banque de France. — Assemblée générale des actionnaires. Comptes-rendus; 1861 à ...; ... vol. in-8°, Paris, P. Dupont (en cours de publication).

Courcelle-Seneuil, J.-G. 231

Les opérations de banque. — Traité théorique et pratique; 1 vol. in-8°, Paris, Guillaumin, 1899.

Rayneri, Ch. 498

Manuel des Banques populaires ; 1 vol. in-4°, Paris, Guillaumin, 1896.

Rayneri, Ch. 497

Manuel des Caisses régionales de crédit agricole mutuel ; 1 vol. in-4°, Paris, Guillaumin, 1899.

Bourse. — Agiotage

Toussenel, A. 163

Les Juifs rois de l'époque. — Histoire de la féodalité financière, 1 vol. in-8°, Paris, 1845.

Proudhon, P.-J. 10

Manuel du spéculateur à la Bourse, 1 vol. in-12, Paris, Garnier frères, 1857.

Chirac, A. 9

L'Agiotage sous la troisième république, 1870-87 ; 2 vol. in-12, Paris, A. Savine.

Jannet, Cl. 405

Le Capital, la Spéculation et la Finance au XIXe siècle ; 1 vol. in-8°, Paris, Plon, 1892.

Chevrot, R. 151

Pour devenir Financier. — Traité théorique et pratique de Banque et de Bourse ; 1 vol. in-8°, Paris, Gauthier-Villars, 1893.

Francis, J. 206

La Bourse de Londres, 1 vol. in-8°, Paris, J. Renouard, 1854.

Bagehot, W. 15

Lombard Street ou le marché financier en Angleterre ; 1 vol. in-12, Paris, Germer Baillière, 1874.

Douanes. — Généralités

Billiet (de Lyon). 211

Du Commerce des Douanes et du Système des prohibitions ; 1 vol. in-8°, Paris, Renard, 1825.

.... 427

Congrès international des réformes douanières réuni à Bruxelles, les 22, 23, 24 et 25 septembre 1856 ; 1 vol. gr. in-8°, Bruxelles, Weissenbruch, 1857.

Schloss, Maurice. 210
Exposition Universelle de 1900. — Congrès international de la règlementation douanière, Paris, 30 juillet-4 août 1900. — Rapports-Documents ; 1 vol. in-8°, Paris, Hugonis, 1900.

Douanes Françaises

Saint-Ferréol. 204
Exposition du système des Douanes en France, 1791 à 1834 ; 1 vol. in-8°, Marseille, Achard, 1835.

Amé, M. 213
Étude économique sur les tarifs de Douanes (2e édit.) ; 1 vol. in-8°, Paris, Guillaumin, 1860.

Bacquès, H. 20
Les Douanes françaises. — Essai historique ; 1 vol. in-12, Paris, Guillaumin, 1862.

Maës, L.-A. 22
Relations du navigateur et du négociant avec la Douane ou Manuel des Douanes Maritimes ; 1 vol. in-12, Marseille, F. Canquoin, 1864.

Giraud, M. 430
Traité théorique et pratique de la statistique des Douanes ; 1 vol. in-4°, Marseille, Barlatier-Feissat, 1868.

Butenval (Cte de) 425
Établissement en France du premier tarif général des Douanes, 1787-91 ; 1 vol. gr. in-8°, Paris, Guillaumin, 1876.

Amé, M. 426
Étude sur les Tarifs de Douanes et sur les Traités de Commerce ; 2 vol. gr. in-8°, Paris, Imp. Nationale, 1876.

Le Camus, H. 23
Traité pratique des droits de Douanes à l'usage spécial du Commerce ; 1 vol. in-12, Paris, Guillaumin, 1892.

.... 506
Nouveau Code des Douanes et de Navigation (sous forme

de Dictionnaire) ; 1 vol. in-4°, Paris, Dujardin-Sailly, An XII.

Dujardin-Sailly. 507
Tarif chronologique des Douanes de l'Empire Français ; 1 vol. in-4°, Paris, 1810.

Administration des Douanes. 509
Tarif général des Douanes de France; 1 vol. in-4°, Paris, Imp. Royale, mars 1844.

Administration des Douanes. 510
Tableau des droits d'entrée et de sortie : 1 vol. in-4°, Paris, Imp. Nationale, mars 1874.

Ministère de l'Agriculture et du Commerce. 511
Transformation en droits spécifiques des droits à la valeur inscrits dans les tarifs. — Rapports et projet de tarif; 1 vol. in-4°, Paris, Imp. Impériale, 1876.

Conseil supérieur du Commerce. 512
Examen des tarifs de Douanes; 1 vol. in-4°, Paris, Imp. Nationale, 1876.

Administration des Douanes. 513
Tarif officiel des Douanes de France ; 1 vol. in-4°, Paris, Imp. Nationale, février, 1877.

Administration des Douanes. 514
Tarif général des Douanes de France; 1 vol, in-4°, Paris, Imp. Nationale, mai 1881.

Administration des Douanes. 515
Tableau des droits d'entrée et de sortie applicables d'après le Tarif général et d'après le Tarif conventionnel; 1 vol. in-4°, Paris, Imp. Nationale, 1882.

Administration des Douanes. 516
Tarif officiel des Douanes de France. — Fascicule rectificatif n° 1 ; 1 vol. in-4°, Paris, Imp. Nationale, décembre, 1886.

. . . . 517
Tarif officiel des Douaues. — Répertoire général; 1 vol. in-4°, Paris, Imp. Nationale, juin, 1887.

Administration des Douanes. 518

Tarif officiel des Douanes de France. — Fascicules rectificatifs, nos 1 et 2 ; 1 vol. in-4°, Paris, Imp. Nationale, juillet, 1889.

Ministère du Commerce. 519

Enquête sur le régime douanier. — Examen des Tarifs de Douanes. — I. Compte-rendu des séances. — II. Rapports des Commissions; 2 vol. in-4°, Paris, Imp. Nationale, 1890.

Ministère du Commerce. 520

Enquête sur le régime douanier, annexe. — Tableaux synoptiques pour la comparaison du tarif français avec les tarifs douaniers des principaux pays étrangers; 1 vol. in-4°, Paris, Imp. Nationale, 1891.

Ministère du Commerce. 521

Tarif général des Douanes. — Rapports et débats après renvois successifs à la Chambre des Députés et au Sénat. — Loi du 11 janvier 1892; 1 vol. in-4°, Paris, 1892.

Direction générale des Douanes. 522

Tarif des Douanes en France. — Tableau des droits d'entrée et de sortie applicables d'après le tarif général et le tarif minimum; 1 vol. in-4°, Paris, Imp. Nationale, 1892.

Direction générale des Douanes. 523

Répertoire général du tarif; 2 vol. in-4°, Paris, Imp. Nationale, 1898.

Jolly, C. 524

Répertoire général. — Tarif alphabétique des Douanes françaises; 1 vol. in-4°, Paris, Tedesco frères, 1898.

. . . . 221

Lois et règlements des Douanes françaises. — Circulaires, 1789 à . . . . ; vol. in-8°, Paris, (en cours de publication).

Magnier-Grandprez. 216

Code des Douanes de la République Française ; 1 vol. in-8°, Strasbourg, Levrault frères, 1803.

.... 215
Dictionnaire de la législation des droits de douane ; 1 vol. in-8°, Paris, A. Bailleul, 1807.

Savin-Dumoni. 218
Traité de la Jurisprudence des Douanes ; 2 vol. in-8°, Paris, Dondey-Dupré, 1812.

Dujardin-Sailly, 508
Code des Douanes de France ; 1 vol. in-4°, Paris, M. Vincent, 1818.

Du Mesnil, Marie. 217
Nouveau Dictionnaire de législation des Douanes, de la navigation maritime et des autres droits confiés aux douanes ; 1 vol. in-8°, Paris, 1830.

Bourgat, M. 428
Code des Douanes ou Recueil des lois et règlements sur les douanes en vigueur au 1er janvier 1842 ; 2 vol. in-8°, Paris, Renard, 1842.

Beilac (de) 219
Répertoire général du contentieux, de la procédure et de la jurisprudence en matières de douanes ; 2 vol. in-8°, Le Havre, Carpentier, 1850.

.... 499
Enquête sur la révision de la législation des céréales ; 3 vol. in-4°, Paris, Imp. Impériale, 1859.

.... 429
Législation des douanes de France. — Loi du 16 mai 1863. — Documents officiels ; 1 vol. gr. in-8°, Paris, Berger-Levrault, 1864.

.... 535
Enquête relative à l'importation en franchise temporaire des métaux ; 1 vol. in-4°, Paris, Imp. Impériale, 1867.

Thibault, F. 220
Traité du Contentieux de l'Administration des Douanes ; 1 vol. in-8°, Paris, Leroux, 1888.

Pabon, L. 214
Traité des infractions, du Contentieux et des Tarifs de Douanes ; 1 vol. in-8°, Bordeaux, Cadoret, 1893.

Traités de Commerce et de Navigation

.... 1
Recueil des traités de paix, de commerce et de navigation ; 2 vol. in-12, Lyon, 1713-14.

.... 222
Traité de Commerce et de Navigation entre la France et la Grande-Bretagne, ratifié en 1786 ; 1 vol. in-8°, Paris, Bailluel, 1814.

Hauterive (Cte d') 223
Recueil des traités de commerce et de navigation de la France avec les puissances étrangères, depuis la paix de Westphalie en 1648 ; 10 vol. in-8°, Paris, P.-J. Rey, 1844.

Périer, Casimir. 224
Le traité avec l'Angleterre ; 1 vol. in-8°, Paris, Michel Lévy, 1860.

Conseil supérieur du Commerce. 536
Enquête. — Traité de commerce avec l'Angleterre ; 6 vol. gr. in-4°, Paris, Imp. Impériale, 1860-61.

Conseil supérieur du Commerce. 537
Enquête. — Traité de commerce avec l'Angleterre. — Actes et documents ; 1 vol. gr. in-4°, Paris, Imp. Impériale, 1861.

Conseil supérieur du Commerce. 538
Enquête. — Traité de commerce avec l'Angleterre. — Rapports ; 1 vol. gr. in-4°, Paris, Imp. Impériale, 1862.

Boiteau, P. 225
Les Traités de Commerce ; 1 vol. in-8°, Paris, Guillaumin, 1863.

Conseil supérieur du Commerce. 539
Examen de la question des matières premières, des traités de commerce, etc. ; 1 vol. gr. in-4°, Paris, Imp. Nationale, 1873.

Hayem, J. 397
Les industries accessoires du vêtement et les traités de commerce ; 1 vol. in-8°, Paris, Guillaumin, 1891.

Funck-Brentano, Th. et Dupuis, Ch. 232
Les Tarifs douaniers et les Traités de Commerce ; 1 vol. in-8°, Paris, Rousseau, 1896.

Douanes étrangères

Laugier, M. 503
Tarif complet des droits et restitutions des douanes sur l'importation, l'exportation et le cabotage dans le royaume d'Angleterre ; 1 vol. in-4°, Marseille, Favet, 1788.

Richelot, H. 208
L'Association Douanière Allemande ou le Zollverein, avec des annexes ; 1 vol. in-8°, Paris, Capelle, 1859.

Faucher, L. 205
L'Union du Midi. — Association de Douanes entre la France, la Belgique, la Suisse et l'Espagne ; 1 vol. in-8°, Paris, Paulin, 1842.

Richelot, H. 207
L'Association Douanière Allemande ; 1 vol. in-8°, Paris, Capelle, 1845.

Worms, E. 209
L'Allemagne économique ou histoire du Zollverein Allemand ; 1 vol. in-8°, Paris, A. Marescq, 1874.

Eichmann, A. 21
Recueil des Tarifs conventionnels des Douanes de tous les pays et des Traités de Commerce Suisse ; 1 vol. in-8°, Berne, 1889.

MARINE ET COLONIES

Périodiques

C

Ministère de la Marine et des Colonies. 406
Annales maritimes et coloniales, 1816 à 1845; 94 vol. in-8°, Paris.

Ministère de la Marine et des Colonies. 409
Revue algérienne et coloniale, 1859 et 1860; 3 vol. in-8°, Paris.

Ministère de la Marine et des Colonies. 410
Revue maritime et coloniale, 1861 à —; .. vol. in-8°, Paris. (En cours de publication)

Ministère de la Marine et des Colonies. 411
Tables de la Revue maritime et coloniale, 1859 à 1888; 2 vol. in-8°, Paris.

Ministère de la Marine, 408
Bulletin officiel de la marine, 1861 à —; .. vol. in-8°, Paris. (En cours de publication)

.... 1
L'année maritime, revue des évènements qui se sont accomplis dans les marines françaises et étrangères, 1877 à 1882; 5 vol. in-12°, Paris, Berger-Levrault — Challamel aîné.

.... 405
Revue générale de la marine marchande, 1895 à — ; vol. in-4°, Paris. (En cours de publication)

.... 352
Moniteur maritime, industriel, commercial et financier, 1897-98; 1 vol. gr. in-4°, Paris.

Ministère de la Marine et des Colonies. 407
Revue coloniale, 1843 à 1858; 33 vol. in-8°, Paris.

Ministère des Colonies. 412
Bulletin officiel des colonies, 1887 à — ; . vol. in-8°, Paris. (En cours de publication)

Ministère des Colonies. 414
La Revue coloniale, 1895-96 et 1899 ; 3 vol. gr. in-8°, Paris.

Ministère des Colonies. 429
Revue coloniale, 1897-98, 1 vol. in-4°, Paris, P. Dupont.

Union coloniale française. 428
La quinzaine coloniale, 1897 à — ; .. vol. in-4°, Paris, Aug. Challamel. (En cours de publication)

Vivien et Nancon. 427
Revue des colonies et des pays de protectorat, 1895 à 1898 ; 4 vol. gr. in-8°, Paris, Giard et Brière.

.... 413
Annuaire colonial, agricole, commercial et industriel, 1899 à — ; vol.i n-8°, Paris. (En cours de publication)

Mourey, Ch., et Brunel, L. 626
L'année coloniale, 1899 et 1900 ; 2 vol. in-8°, Paris, Ch. Tallandier.

Forville, R. 627
Annuaire général des Sociétés coloniales, 1900-01 ; 1 vol. in-8°, Paris, C. Lamy.

Marine — Dictionnaires

Villaumez (V.-A[al]) 206
Dictionnaire de Marine ; 1 vol. gr. in-8°, Paris, 1831.

Montferrier (de) 304
Dictionnaire universel et raisonné de Marine ; 1 vol. in-4°, Paris, A.-J. Dénain, 1846.

Jal, A. 301
Glossaire nautique. — Répertoire polyglotte de termes de marine anciens et modernes ; 1 vol. in-4°, Paris, Firmin Didot, 1848.

Bonnefoux (de) et **Paris, E.** 302
Dictionnaire de Marine à vapeur ; 1 vol. gr. in-8°, Paris, A. Bertrand, 1875.

Marine. — Généralités

La Landelle, G. (de) 7
Le Tableau de la Mer (1re série). — La Vie navale ; 1 vol. in-12, Paris, Hachette, 1862.

La Landelle, G. (de) 8
Le Tableau de la Mer (2me série). — Les Marins ; 1 vol. in-12, Paris, Hachette, 1865.

La Landelle, G. (de) 9
Le Tableau de la Mer (3me série). — Mœurs maritimes ; 1 vol. in-12, Paris, Hachette, 1866.

La Landelle, G. (de) 10
Le Tableau de la Mer (4me série). — Naufrages et Sauvetages ; 1 vol. in-12, Hachette, 1867.

Desmasures, J. 5
La Marine à l'Exposition Universelle de 1867 ; 1 vol. in-12, Paris, Lacroix-Verboeckhoven, 1868.

Sageret, E. 211
Du Progrès maritime. — Etude économique et commerciale ; 1 vol. gr. in-8°, Paris, J. Baudry, 1869.

.. 235
Lloyd's register of British and Foreing Shipping du 1er juillet 1875 au 30 juin 1876 ; 1 vol. in-4°, Bordeaux, Duverdier, 1875.

.... 233
VIIIe Congrès international de navigation. — Paris, 1900. — Compte-rendu ; 1 vol. gr. in-8°, Paris, Lahure, 1901.

...... 232
VIIIe Congrès international de navigation. — Paris 1900 :
I. — Influence des travaux de régularisation sur le régime des rivières.
II. — Progrès des applications de la mécanique à l'alimentation des canaux.
III. — Utilisation des voies navigables naturelles à faible mouillage.

IV. — Applications de la mécanique à l'exploitation des voies navigables.

V. — Institutions de prévoyance et d'instruction pour le personnel de la batellerie.

VI. — Progrès les plus récents de l'éclairage et du balisage des côtes.

VII. — Travaux les plus récents exécutés dans les principaux ports littoraux ou maritimes ; broch. gr. in-8°, Paris, Lahure, 1900.

.... 230

Congrès international de la Marine Marchande, à Paris, 4 au 12 août 1900.— Compte-rendu ; 1 vol. gr. in-8°, Paris, P. Dupont, 1901.

.... 229

Association internationale de la Marine. — Congrès de Monaco, 1901 ; 1 vol. gr. in-8°, Monaco, 1901.

.... 236

Association internationale de la Marine. — Congrès de Copenhague, 1902 ; 1 vol. gr. in-8°, Paris, Lahure, 1902.

Traités sur les termes de Marine

Lescallier. 305

Vocabulaire des termes de marine, anglais et français, avec planches, 3 vol. in-4°, Paris, F. Didot, An VI.

La Landelle, G. (de). 127

Le Langage des Marins. — Recherches historiques et critiques sur le vocabulaire maritime ; 1 vol. in-8°, Paris, E. Dentu, 1859.

Marine. — Histoire

Tenac (Van) 201

Histoire générale de la Marine ; 4 vol. in-8°, Paris, Penaud.

Guérin, L. 3

Histoire maritime de France ; 2 vol. in-12, Paris, Andrieux, 1844.

Lapeyrouse Bonfils (Cle). 102
Histoire de la Marine Française ; 3 vol. in-8°, Paris, E. Dentu, 1845.

Rivière, H. 105
La Marine Française sous le règne de Louis XV ; 1 vol. in-8°, Paris, Le Normant, 1859.

Raymond, X. 16
Les Marines de la France et de l'Angleterre, 1815-63; 1 vol. in-12, Paris, Hachette, 1863.

Zurcher et **Margollé**. 2
Histoire de la Navigation ; 1 vol. in-12, Paris, J. Hetzel, 1867.

La Gravière, J. (de). 14
Souvenirs d'un Amiral, 1772-1842 ; 2 vol. in-12, Paris, Hachette, 1872.

Gougeard, M. 106
La Marine de guerre, ses institutions militaires depuis son origine jusqu'à nos jours. — Richelieu et Colbert ; 1 vol. in-8°, Paris, G. Decaux, 1877.

Sein, A. (du). 101
Histoire de la Marine de tous les peuples depuis les temps les plus reculés jusqu'à nos jours ; 2 vol. in-8°, Paris, F. Didot, 1879.

La Gravière, J. (de). 15
Les Marins du xve et du xvie siècle ; 2 vol. in-12, Paris, E. Plon, 1879.

Chabaud-Arnault, C. 104
Histoire des Flottes militaires ; 1 vol. in-8°, Paris, Berger-Levrault, 1889.

Trogneux, G. 207
Notice historique sur les divers modes de transport par mer ; 1 vol. gr. in-8°, Paris, Plon, Nourrit, 1889.

Loir, M. 303
La Marine Française ; 1 vol. in-4°, Paris, Hachette, 1893.

Loir, M. 4
Études d'histoire maritime. — Révolution. — Restauration. — Empire ; 1 vol. in-12, Paris, Berger-Levrault, 1901.

Brun, V. 103

Guerres maritimes de la France : Port de Toulon, ses armements, son administration, depuis son origine jusqu'à nos jours ; 2 vol. in-8°, Paris, H. Plon, 1861.

Hydrographie

Ministère de la marine 219

Catalogue par ordre géographique des Cartes, Plans, Vues de côtes, Instructions nautiques, Mémoires, etc., qui composent l'hydrographie française ; 1 vol, in-8°, Paris, Imp. Nationale, 1901.

(La bibliothèque possède la collection des cartes du service hydrographique).

Maury, M.-F. 151

Géographie physique de la mer ; 1 vol. et 1 atlas in-8°, Paris, Corréard, 1861.

Delesse. 152

Lithologie des mers de France et des mers principales du Globe ; 1 vol. gr. in-8° et 1 atlas in-f°, Paris, Lacroix, 1871.

Adhémar, J. 138

Révolutions de la mer. — Déluges périodiques ; 1 vol. et 1 atlas in-8°, Paris, Lacroix-Comon, 1860.

Berthelot, S. 139

Vitalité des mers ; 1 vol. in-8°, Paris, J.-B. Baillière, 1878.

Boulangier (C[omt]) 108

Essai sur les origines de la Méditerranée. — Nouvelle méthode de géographie et de cartographie ; 1 vol. in-8°, Société d'éditions scientifiques, 1890.

Ministère de la Marine 150

Mélanges hydrographiques ou Recueil de documents relatifs à l'hydrographie et à la navigation ; 3 vol. in-8°, Paris, 1846-1847.

Ministère de la Marine 401

Annales hydrographiques, 1848 à... ; vol. in-8°, Paris, (EN COURS DE PUBLICATION).

Ministère de la Marine 402
Annales hydrographiques. — Tables des tomes 1 à 41 ; 2 vol. in-8°, Paris, 1870-79.

Quatre opuscules intéressant la navigation. 141
Instruction pour remonter la côte du Brésil, depuis San-Luiz de Maranho jusqu'au Para, pour descendre la rivière de ce nom et pour en débouquer ; par Ch. Philippe de Kerhallet, 1841.
Instruction nautique sur les côtes de la Guyane française ; par M. Lartigue, 1827.
Notice sur le golfe de Honduras, et la République du Centre-Amérique ; par M. de Maussion Candé, fév. 1842.
Instructions nautiques sur les côtes de la Patagonie, etc. ; par M. Darondeau, 1835 ; 1 vol. in-8°, Paris, Imp. Royale, 1827-35.

Cinq opuscules intéressant la navigation. 149
Renseignements sur la côte méridionale du Brésil et sur le Rio de la Plata ; par M. Barral, 1840.
Routier des côtes de Portugal ; par Marin-Michel Franzini, 1836.
Instructions nautiques sur les îles Maldives et l'archipel des Chagos ; par le capitaine Robert Moresby, 1842.
Mémoires sur la navigation aux côtes occidentales d'Afrique ; par Alb. Roussin, 1827.
Instructions nautiques sur les ports à poivre de la côte O. de Sumatra, au nord d'Analaboo ; par James D. Gilles 1834 ; 1 vol. in-8°, Paris, Imp. Royale, 1827-42.

Pézénas (Le Père). 23
Éléments de Pilotage ; 1 vol. in-12, Marseille, veuve Boy, 1733.

Pézénas (Le Père). 24
La pratique du Pilotage ou suite des éléments de Pilotage ; 1 vol, in-12, Avignon, F. Girard, 1741.

.... 344
Instructions nautiques sur la navigation de la mer Baltique ; 1 vol. in-4°, Paris, Imp. Royale, 1825.

Monnier, M.-P. 215
Description nautiques des côtes de la Martinique. —

Opérations hydrographiques et géodésiques exécutées dans cette île en 1824-1825; 1 vol. gr. in-8°, Paris, Imp. Royale, 1828.

Beautemps-Beaupré. 343

Exposé des travaux relatifs à la reconnaissance hydrographique des côtes occidentales de la France; 1 vol. in-4°, Paris, Imp. Royale, 1829.

Le Saulnier de Vauhello. 345

Mémoires sur les atterrages des côtes occidentales de France, et opérations faites en 1828-1829 sur les bricks La Badine et l'Alsacienne ; 1 vol. in-8°, Paris, Imp. Royale, 1833.

Horsburgh, J. 142

Instructions nautiques sur les mers de l'Inde; 5 vol. in-8°, Paris, Imp. Royale, 1837-1839.

Bérard, A. 145

Description nautique des côtes de l'Algérie; 1 vol. in-8°, Paris, Imp. Royale, 1839.

Bégat, P. 348

Exposé des opérations géodésiques relatives aux travaux hydrographiques exécutés sur les côtes septentrionales de France; 1 vol. in-4°, Paris, Imp. Royale, 1839.

Chaucheprat, C.-H. 146

Routier des îles Antilles, des côtes de terre ferme et de celles du golfe du Mexique; 2 vol. in-8°, Paris, Imp. Royale, 1842.

Givry. 341

Pilote français. — Instructions nautiques. — Partie des côtes septentrionales de France comprise entre la pointe de Barfleur et Dunkerque; 1 vol. in-4°, Paris. Imp. Royale, 1842.

Bégat, P. 347

Exposé des opérations géodésiques relatives aux travaux hydrographiques exécutés sur les côtes méridionales de France; 1 vol. in-4°, Paris, Imp. Royale, 1844.

Roussin (B[on]). 148

Le pilote du Brésil ou description des côtes de l'Amérique

méridionale comprise entre l'île Santa-Catharina et celle de Maranhaô ; 1 vol. in-8°, Paris, Imp. Royale, 1845.

Givry. 342

Pilote français. — Instructions nautiques. — Partie des côtes de France comprise entre les Casquets et la pointe de Barfleur. — Environs de Cherbourg; 1 vol. in-4°, Paris, Imp. Royale, 1845.

Tricault, E. 143

Résumé de la partie physique et descriptive des Sailing directions du lieutenant Maury: 1 vol. in-8°, Paris, Imp. Dupont, 1857.

Maury, F. 337

Instructions nautiques destinées à accompagner les cartes de vents et de courants; 1 vol. gr. in-4°, Paris, Didot, 1859 et cartes.

Blache, Ed. 214

Guide du capitaine sur les côtes de la Grande-Bretagne ; 1 vol. gr. in-8°, Paris, Chaix, 1862.

Mouchez, E. 147

Description des côtes du Brésil. — De Bahia à Rio-de-Janeiro ; 1 vol. gr. in-8°, Paris, Paul Dupont, 1864.

Dove, H.-W. 144

La loi des tempêtes considérée dans ses rapports avec les mouvements de l'atmosphère ; 1 vol. in-8°, Paris, P. Dupont, 1864.

Le Helloco. 340

Cartes des vents dans l'Océan Pacifique méridional ; un atlas in-4° oblong, Paris, 1864.

Horsburgh. 346

The India Directory or directions for sailing to and from the East-Indies, China, Japan, Australia and the intercacent ports of Africa and South America ; 2 vol. in-4°, London, 1864.

Kerhallet, C.-P. (de). 212

Instructions nautiques sur la Côte Occidentale d'Afrique. — De Sierra-Leone au Cap Lopez ; 1 vol. gr. in-8°, Paris, A. Lainé, 1870.

Kerhallet, C.-P. (de). 213
Instructions nautiques sur la Côte Occidentale d'Afrique. — Du Cap Lopez au Cap de Bonne-Espérance ; 1 vol. in-8°, Paris, A. Lainé, 1871.

Legras, A. 326
Album des pavillons, guidons, flammes de toutes les puissances maritimes avec texte ; 1 vol. in-4°, Paris, 1858.

Ministère de la Marine. 325
Code international de signaux ; 1 vol. gr. in-4°, Paris, Imp. Nationale, 1900.

— **Ministère de la Marine.** 22
Annuaire des marées des côtes de France pour l'an 1903 ; 1 vol. in-18°, Paris, Imp. Nationale.

— **Ministère de la Marine.** 218
Liste des Bâtiments de la Marine Française. — Guerre et Commerce ; 1 br. in-8°, Paris, Imp. Nationale, 1903.

Construction et Manœuvre des Navires

Hodge, Renwick et Stevenson. 308
Des machines à vapeur aux États-Unis d'Amérique appliquées à la Navigation ; 1 vol. in-4° et 1 atlas, Paris, Mathias, 1842.

Campaignac, A. 309
De l'état actuel de la Navigation par la vapeur et des améliorations dont les navires et appareils à vapeur sont susceptibles; 1 vol. in-4°, Paris, Mathias, 1842.

Lelièvre et Bonnifay. 130
Traité complet de la Mâture et de la Voilure en usage dans la marine marchande et militaire; 1 vol. in-8°, Toulon, Bellue, 1853.

Paris, E. 310
Traité de l'Hélice propulsive ; 1 vol. gr. in-8°, Paris, A. Bertrand, 1855.

Consolin, B. 209
Manuel du Voilier ; 1 vol. gr. in-8°, Paris, Mallet Bachelier, 1859.

Flachat, E. 120
Navigation à vapeur transocéanienne. — Etudes scientifiques ; 2 vol. et 1 atlas, in-8°, Paris, J. Baudry, 1866.

Bousquet, J. 19
Guide pratique d'Architecture navale à l'usage des capitaines de la marine du commerce ; 1 vol. in-12, Paris, J. Hetzel, 1869.

Bramwell, F. 210
Etude sur les nouvelles machines à vapeur marines. — Économie de combustible. — Étude sur les machines Compound ; 1 vol. gr. in-8°, Paris, Bertrand, 1873.

Doyère, Ch. 208
Cours pratique de Construction navale. — Géométrie du navire. — Calculs de déplacement et de stabilité ; 1 vol. gr. in-8°, Paris, Challamel, 1894.

Doyère, Ch. 131
Mécanique du navire ; 1 vol. in-8°, Paris, A. Challamel, 1895.

Vence, J. 132
Construction et manœuvre des bateaux et embarcations à voilure latine. — Pêche. — Batelage. — Pilotage. — Plaisance ; 1 vol. in-8°, Paris, A. Challamel, 1897.

Marine. — Manuels

Kerhallet (de) 128
Guide du marin. — Résumé des connaissances les plus utiles aux marins ; 2 vol. in-8°, Paris, E. Lacroix, 1863.

Labrosse, F. 117
Guide pratique du Capitaine. — Traité de navigation d'astronomie et de météorologie ; 1 vol. in-8°, Paris, Bertrand, 1867.

Wogan, T. (de) 20
Manuel de l'Homme de mer. — Pêche. — Yachting. — Marine marchande et marine de guerre ; 1 vol. in-12, Paris, lib. Réunies, 1894.

Toussaint, V. 204

Code-manuel des Armateurs et des Capitaines de la Marine marchande ; 1 vol. gr. in-8°, Le Havre, T. Cochard.

Duchesne, A. 118

Manuel commercial administratif du Capitaine au long-cours ; 1 vol. in-8°, Paris, Dumaine, 1878.

Laugieri, E. 115

Il Capitano Marittimo in Inghilterra ; 1 vol. in-8°, Genova, 1872.

Marine. — Bris et naufrages ou sûreté. Sauvetage

Conseil, M. 133

Guide pratique du sauvetage à l'usage du marin ; 1 vol. in-8°, Paris, A. Bertrand.

Pastré, J.-B. 135

Société de Sauvetages Maritimes de Provence, fondée à Marseille en 1863. Son but, son organisation, ses travaux ; instructions sommaires sur les soins à donner aux noyés et asphyxiés ; 1 vol. gr. in-8°, Marseille, Cayer, 1866.

Société Centrale de Sauvetage. 134

Manuel du Sauvetage maritime ; 1 vol. in-8°, Paris, Bertrand, 1869.

Lissignol, E. 119

Les accidents de mer. — Nécessité d'une réforme dans la police maritime ; 1 vol. in-8°, Paris, A. Bertrand, 1869.

Tartara, J. 11

Nouveau Code des bris et naufrages ou sûreté et sauvetage ; 1 vol. in-12, Paris, J. Hetzel, 1874.

Caffarena, L. 12

Pauvres Marins ! Nécessité de la création d'une caisse centrale de secours (sinistres maritimes) ; 1 vol. in-12, Paris, Challamel aîné, 1885.

Banaré, A. 121

Les collisions en mer. — I. Routes de navigation et signaux

phoniques en temps de brume. — II. Feux de route et règlement pour prévenir les collisions; 1 vol. in-8°, Paris, Imp. Nationale, 1888.

.... 136

Premier Congrès international de Sauvetage, réuni à Marseille en octobre 1878; 1 vol. in-8°, Marseille, T. Samat, 1879.

Cacheux, E. 137

Exposition Universelle de 1889. — Congrès international de Sauvetage, tenu à Paris du 12 au 17 juin 1889, compte-rendu; 1 vol. gr. in-8°, Paris, 1890.

Marine. — Santé

Mauran, G. 21

Avis aux gens de mer sur leur santé ; 1 vol. in-12, Marseille. J. Mossy, 1786.

Caffarena, L. 126

De l'absence du chirurgien sur les navires marchands. — Moyen d'y suppléer ; 1 vol. in-8°, Toulon, L. Laurent, 1874.

Bussolin, G. 205

Delle Istituzioni di sanita marittima del bacino del Mediterraneo ; 1 vol. gr. in-8°, Trieste, Hermanstorfer, 1881.

Éclairage. — Balisage

Reynaud, L. 351

Mémoire sur l'Éclairage et le Balisage des côtes de France; 1 vol. gr. in-4° et planches, Paris, Imp. Impériale, 1864.

Ministère des Travaux Publics. 216

État de l'Éclairage et du Balisage des côtes de France, 1872, 1876 et 1882 ; 3 vol. gr. in-8°, Paris, Imp. Nationale, 1872-82.

Sautter, L. 350

Notice sur les Phares, Fanaux, Bouées et Signaux sonores ; 1 vol. in-f°, Paris, A. Chaix, 1880.

Sautter, L. 349

Notice sur les Phares électriques et les Signaux sonores ; 1 vol. gr. in-4°, Paris, Sautter, 1883.

Wallon, H. 217
Les Phares établis sur les côtes maritimes de la Normandie par la Chambre de Commerce de Rouen et administrés par elle de 1773 à 1791 et leurs transformations au XIXe siècle ; 1 vol. gr. in-8°, Rouen, Cagniard, 1900.

Ports de Commerce

Michelot et **Brémond.** 339
Recueil de plusieurs plans des Ports et Rades de la Méditerranée ; 1 atlas in-4° oblong, Marseille, Brémond, 1730.

Gauttier. 338
Recueil des plans des Ports et Rades de la Méditerranée, de la Mer Noire et de la Mer d'Azof ; 2 atlas in-4° oblongs, Marseille, J. Maistre, 1854-55.

Plocq et **Laroche.** 322
Étude sur les principaux Ports de commerce de l'Europe septentrionale. — Mission accomplie en 1878 ; 1 vol et 1 atlas in-4°, Paris, Imp. Nationale, 1882.

Ministère des Travaux Publics. 321
Enquête sur la situation des Ports français de la Manche au point de vue de la concurrence avec les ports étrangers ; 1 vol. gr. in-4°, Paris, Imp. Nationale, 1883.

Ministère des Travaux Publics. 324
Atlas des Ports étrangers ; 6 livraisons gr. in-4°, Paris, Imp. Nationale, 1884-90.

Laroche. 323
Etudes sur les principaux Ports européens de la Méditerranée. — Mission accomplie en 1883 ; 1 vol. gr. in-4°, texte et planches, Paris, Imp. Nationale, 1885.

Simonin, L. 25
Les grands Ports de commerce de la France ; 1 vol. in-12, Paris, Hachette, 1878.

Simonin, L. 26
Les Ports de la Grande-Bretagne ; 1 vol. in-12, Paris, Hachette, 1881.

Montluisant, C.-L.-J. 312
Trois pages de la vie d'un Ingénieur. — Toulon : 1825-35.

— Alger : 1835. — Marseille : 1836-48 ; 1 vol. in-4°, Valence, Céas et fils, 1892.

Sébillotte, L.-A. 313
Notice sur l'exécution des travaux des Bassins de Radoub de Marseille ; 1 vol. in-4° et 1 atlas, Marseille, Olive, 1873.

Sébillotte, L.-A. 314
Notice sur l'exécution des travaux des Bassins de Radoub de Marseille (2e édit.) ; 1 vol. gr. in-4° et 1 atlas, Marseille. Bernascon, 1877.

Guérard, Ad. 316
Chambre de Commerce de Marseille. — Hangars publics sur les quais du môle A dans le bassin de la Gare Maritime. — Projet. — Détails ; 14 broch. in-4° (dans un étui), Marseille, Barlatier-Feissat, 1881.

Guérard, Ad. 315
Le Port de Marseille en 1885 ; 1 vol. in-4°, 1885 (autographie).

Guérard, Ad. 320
Notice sur le Port de Saint-Louis-du-Rhône ; 1 vol. in-4°, Paris, Imp. Nationale, 1897.

Salva et **Batard Razelière.** 319
Notice sur le Port de Cette ; 1 vol. in-4°, Paris, Imp. Nationale, 1894.

.... 318
Port de Bordeaux. — Nouveaux bassins à flot avec écluses à Grattequina. — Nouveaux quais en Garonne. — Enquête d'utilité publique ; 1 vol. in-4°, Bordeaux, A. Bellier, 1885.

Hersent, H. 317
Bassins de Radoub de Toulon. — Construction de deux bassins dans la Darse de Missiessy. — Notice explicative et plans autographiés ; 1 br. gr. in-8°, 1878.

...... 129
Anvers port de mer. — Description du port et des établissements maritimes ; 1 vol. in-8°, Bruxelles, E. Guyot, 1885.

Ministère des Travaux Publics. 234
Ports maritimes de la France ; 12 vol. gr. in-8° et 3 atlas, Paris, Imp. Nationale, 1874-99.

Viennot et **Mayer, E**. 237
Notice sur le port de La Pallice ; 1 vol. gr. in-8°, Paris, Imp. Nationale, 1903

Quinette de Rochemont (B^on) et **H. Vétillart**. 222
Les Ports maritimes de l'Amérique du Nord sur l'Atlantique. — I. Les Ports canadiens. — II. Régime administratif des voies navigables et des ports aux États-Unis ; 2 vol. in-8° et 1 atlas, Paris, Vve Ch. Dunod, 1902.

Barret, L. 336
Note sur les appareils hydrauliques mus par l'eau sous pression, suivi des expériences exécutées sur les engins en service dans les établissements de la Compagnie des Docks et Entrepôts de Marseille ; 1 vol. in-4°, Marseille, 1870 (autographié).

Barret, L. 231
Notes sur l'aménagement des Ports de commerce ; 1 vol. gr. in-8°, Paris, Lacroix.

Marine militaire

.... 221
Etablissements de la Marine française. — I. Indret ; par M. Babron. — II. Les Forges de la Chaussade ; par MM. Corbier et De Champs. — III. Ruelle ; par MM. Dutemps Du Gric et Lescot ; 3 broch. gr. in-8°, Paris, Arthur Bertrand.

.... 280
Les Ports militaires de la France. — I. Brest ; par MM. Eymin et Doneaud. — II. Cherbourg ; par M. de Bon. — III. Lorient ; par M. J. Hébert. — IV. Rochefort ; par M. Bouchet. — V. Toulon ; par M. Calvé ; 5 broch. gr. in-8°, Paris, lib. Challamel.

Fleury-Ravarin. 13
Notre défense maritime et coloniale ; 1 vol. in-12, Paris, E. Flammarion, 1900.

Lockroy, E. 18
Du Weser à la Vistule. — Lettres sur la Marine allemande ; 1 vol. in-12, Paris, Berger-Levrault, 1901.

Marine marchande

Audouin, X. 110
Du Commerce maritime ; 2 vol. in-8°, Paris, Baudouin, an IX.

. 125
Marine marchande en Angleterre. — Précis des actes de 1854-55 et 1862 ; 1 vol. in-8°, Paris, Imp. Impériale, 1866.

Conseil supérieur du Commerce. 329
Enquête sur la Marine marchande ; 3 vol. gr. in-4°, Paris, Imp. Impériale, 1863-65.

Fontane, M. 113
De la Marine marchande à propos du percement de l'Isthme de Suez ; 1 vol. in-8°, Paris, Guillaumin, 1868.

Ministère du Commerce. 330
Commission chargée d'examiner les moyens de venir en aide à la Marine marchande. (Décret du 15 octobre 1873) ; 1 vol. gr. in-4°, Paris, Imp. Nationale, 1874.

Kiaer. A.-N. 327
Statistique internationale. — Navigation maritime. — I. Jaugeage des navires. — II. Les marines marchandes. — III. Jaugeage des navires (renseignements complémentaires). — Les marines marchandes, 1880-86 ; 1 vol. gr. in-4°, Christiania, 1876-87.

. . . . 331
Loi sur la Marine marchande du 30 janvier 1893. — Etablissement et mode d'emploi du tableau des distances de port à port ; 1 vol. gr. in-4°, Paris, Imp. Nationale, 1893.

Ministère du Commerce. 333
Commission extra-parlementaire chargée d'étudier les moyens de venir en aide à la marine marchande. (Décret du 9 février 1897.) — Sous-commission d'enquête ; 1 vol. gr. in-4°, Paris, Imp. Nationale, 1897.

Ministère de la Marine. 332
Statistique des primes à la navigation acquises pendant la période de 4 ans et 11 mois, du 30 janvier 1893 au 31 décembre 1897 (loi du 30 janvier 1893) ; 1 vol. gr. in-4°, Paris, Imp. Nationale, 1898.

Ministère du Commerce. 334
Commission extra-parlementaire chargée d'étudier les moyens de venir en aide à la marine marchande. (Décret du 9 février 1897). — Compte-rendu ; 1 vol. gr. in-4°. Paris, Imp. Nationale, 1899.

Estier, Henri. 311
Des moyens de venir en aide à la Marine marchande ; 1 vol. in-4°, Marseille, Barlatier, 1898.

Roux, J.-Charles. 17
Notre Marine marchande ; 1 vol. in-12, Paris, A. Colin, 1898.

Sarraut, M. 114
Le Problème de la Marine marchande ; 1 vol. in-8°, Paris, Berger-Levrault, 1901.

Colin, A. 112
La Navigation commerciale au XIXe siècle ; 1 vol. in-8°, Paris, A. Rousseau, 1901.

.... 404
List of Merchant Vessels of the United states 1886, 1896, 1897, 1898 ; 4 vol. in-4°, Washington.

Règlementation. — Jaugeage

.... 335
Rapport sommaire de la commission de jaugeage ; 1 vol. gr. in-4°, Paris, 1863.

.... 307
Jaugeage des navires. — Décrets du 24 décembre 1872 et du 24 mai 1873, et circulaires de l'administration des Douanes du 31 décembre 1872 ; 31 mai et 20 juin 1873 ; 1 vol. in-4°, Paris, Imp. Nationale, 1873.

Martinenq, B. 306
Guide pratique de Jaugeage des navires de commerce et de plaisance ; 1 vol. in-4°, Paris, E. Bernard, 1894.

Kerr, W. 223

Traduction des règlements et tableaux établis par the Board of Trade pour la fixation du Francbord; 1 vol. in-8°, Nantes, Imp. du Commerce, 1902.

Marine. — Administration

Dupin, Ch. 111

Mémoires sur la Marine et les Ponts-et-Chaussées de France et d'Angleterre; 1 vol. in-8°, Paris, Bachelier, 1818.

Charlant S. 116

Traité élémentaire et historique d'administration de la Marine; 1 vol. in-8°, Toulon, Monge et Villamus, 1841.

Caffarena, L. 6

Civils et Marins. — Nécessité de séparer la Marine marchande de la Marine militaire; 1 vol. in-12, Toulon, 1878.

Deschard, A, 203

Notice sur l'organisation du corps du Commissariat de la Marine française depuis l'origine jusqu'à nos jours; 1 vol. gr. in-8°, Paris, Berger-Levrault, 1879.

Fournier, P., et Neveu, M. 202

Traité d'administration de la Marine; 2 vol. gr. in-8°, Paris, Berger-Levrault, 1885.

Charmes, G. 107

La Réforme de la Marine; 1 vol. in-8°, Paris, Calmann Lévy, 1886.

Ministère de la Marine. 224

Lois, décrets, règlements et décisions sur l'inscription maritime, les écoles de la marine, les pêches, la navigation commerciale, l'organisation des services de la flotte et le régime colonial; janvier 1861 à avril 1864; 1 vol. gr. in-8°, Paris, Imp. Impériale, 1864.

Ministère de la Marine. 124

Règlement général sur l'administration des quartiers, sous-quartiers et syndicats maritimes; l'inspection maritime, le recrutement de la flotte; la police de la navigation, les pêches maritimes; 1 vol. in-8°, Paris, Imp. Impériale, 1867.

Ministère de la Marine. 122
Décret sur le service à bord des bâtiments de la flotte, 20 mai 1868 ; 1 vol. gr. in-8°, Paris, Imp. Impériale, 1868.

Ministère de la Marine. 123
Règlement sur le service intérieur à bord des bâtiments de la flotte, 24 juin 1870 ; 1 vol. gr. in-8°, Paris, Imp. Impériale, 1870.

Pêches

Ministère de la Marine. 403
Statistique des Pêches, 1875 à ... ; ... vol. in-8°, Paris, Imp. Nationale. (En cours de publication)

Baudrillart. 328
Dictionnaire des Pêches ; 1 vol. in-4° et 1 atlas, Paris, A. Bertrand, 1827.

Berthelot, S. 140
De la Pêche sur la Côte occidentale d'Afrique et des établissements les plus utiles aux progrès de cette industrie ; 1 vol. in-8°, Paris, Béthune, 1840.

Coste. 300
Voyage d'exploration sur le littoral de la France et de l'Italie (pisciculture) ; 1 vol. in-4°, Paris, Imp. Impériale, 1861.

Lacaze-Duthiers, H. 238
Histoire naturelle du Corail ; 1 vol. gr. in-8°, Paris, Baillière, 1864.

La Blanchère, H. (de), 27
Culture des plages maritimes ; 1 vol in-18, Paris, J. Rothschild, 1866.

Canestrini, G. et R. 153
Il Corallo, monografia ; 1 vol. in-8°, Roma, Botta, 1883.

Brocchi, P. 28
Traité d'Ostréiculture ; 1 vol. in-12, Paris, Lib. Agricole, 1883.

David, Robert. 225
La Pêche maritime au point de vue international ; 1 vol. gr. in-8°, Paris, A. Rousseau, 1897.

Odin, A., et Baudouin, M. 226
Congrès international des Pêches maritimes d'ostréiculture et d'aquiculture marine des Sables-d'Olonne en 1896. — Comptes-Rendus ; 1 vol. gr. in-8°, Paris, 1896.

.... 227
Congrès international de Pêches maritimes et fluviales de Bayonne-Biarritz, du 25 au 31 juillet 1899 ; 1 vol. gr. in-8°. Paris, A. Challamel, 1900.

Pérard, J., et Maire. 228
Exposition Universelle de 1900. -- Congrès international d'aquiculture et de pêche. - Mémoires et comptes-rendus ; 1 vol. gr. in-8°, Paris, A. Challamel, 1901.

Colonies. — Généralités.

Malouet, V.-P. 607
Collection de Mémoires et Correspondances officielles sur l'administration des Colonies et notamment sur la Guyane française et hollandaise ; 5 vol. in-8°, Paris, Baudouin, an X.

Vaublanc (Cte de). 109
Du Commerce maritime considéré sous le rapport de la liberté entière du Commerce et sous le rapport des Colonies ; 1 vol. in-8°, Paris, Renard, 1828.

Rouquette, J. 506
Colonisation à travers les principaux peuples anciens et modernes ; 1 vol. in-12, Paris, Ch. Bayle, 1889.

Dubois, M. 507
Systèmes coloniaux et Peuples colonisateurs. — Dogmes et Faits ; 1 vol. in-12, Paris, Masson-Plon, 1895.

Engelhardt, Ed. 669
Les Protectorats anciens et modernes. — Étude historique et juridique ; 1 vol. in-8°, Paris, Pedone, 1896.

Leroy-Beaulieu, Paul. 685
De la Colonisation chez les peuples modernes, 5e édition ; 2 vol. in-8°, Paris, Guillaumin, 1902.

Reynaud, G. 521
Hygiène des Colons. — Aptitudes physiques, habitation

privée, alimentation, costume, professions, premiers secours, pharmacie portative, etc. ; 1 vol. in-12, Paris, J.-B. Baillière, 1903.

.... 804

Congrès Colonial International de Paris, 1889 ; 1 vol. gr. in-8°, Paris, A. Challamel, 1889.

.... 805

Congrès Colonial National. — Paris, 1889-90. — Recueil des délibérations ; 2 vol. gr. in-8°, Paris, Annales économiques, 1890.

.... 834

Exposition Universelle de 1900. — Congrès International de Sociologie coloniale tenu à Paris du 6 au 11 août 1900 ; 2 vol. gr. in-8°, Paris, A. Rousseau, 1901.

Colonies Françaises

Drohojowska. 502

Histoire des Colonies françaises. — Inde, Madagascar, Sénégal, Saint-Pierre et Miquelon ; 1 vol. in-12, Paris, Périsse frères, 1853

Rameau, E. 608

La France aux Colonies. — Études sur le développement de la race française hors d'Europe ; 1 vol. in-8°, Paris, Jouby, 1859.

Noirot, A. 610

Revue du Monde Colonial, 1861 à 1863; 6 vol. in-8°, Paris.

Duval, J. 611

Les Colonies et la Politique coloniale de la France ; 1 vol. in-8°, Paris, A. Bertrand, 1864.

.... 619

Notices sur les Colonies françaises publiées par ordre de S. E. le marquis de Chasseloup-Laubat ; 1 vol. in-8° et 1 Atlas, Paris, Challamel aîné, 1866.

Hue, F. 622

Voyage à travers nos Colonies ; 1 vol. in-8°, Paris, Lecène et Oudin.

Gaffarel, P. 621
Les Colonies françaises; 1 vol. in-8°, Paris, Germer-Baillière, 1880.

Schœlcher, V. 629
Politique coloniale, 1871-81 ; 1 vol. in-8°, Paris, E. Dentu, 1882.

Ministère de la Marine et des Colonies. 801
Notices statistiques sur les Colonies françaises ; 1 vol. gr. in-8°, Paris, Berger-Levrault, 1883.

Recoing. 514
Géographie militaire et maritime des Colonies françaises, suivi d'un aperçu sur la même géographie des Colonies anglaises ; 1 vol. in-12, Paris, Beaudouin, 1884.

Bordier, A. 613
La Colonisation scientifique et les Colonies françaises ; 1 vol. in-8°, Paris, C. Reinwald, 1884.

Canivet, Ch. 511
Les Colonies perdues ; 1 vol. in-12, Paris, Jouvet, 1884.

Ministère de la Marine et des Colonies. 802
Notices Coloniales publiées à l'occasion de l'exposition universelle d'Anvers en 1885 ; 3 vol. gr. in-8°, Paris, Imp. Nationale, 1885-86.

Vignon, L. 620
Les Colonies françaises, leur commerce, leur situation économique, leur utilité pour la métropole, leur avenir ; 1 vol. in-8°, Paris, Guillaumin, 1886.

Lanessan, J.-L. (de) 615
L'Expansion coloniale de la France — Étude économique, politique et géographique sur les établissements français d'outre-mer ; 1 vol. in-8°, Paris, F. Alcan, 1886.

Pauliat, L. 540
Louis XIV et la Compagnie des Indes Orientales de 1664 ; 1 vol. in-12, Paris, Calmann Lévy, 1886.

Pauliat, L. 503
La Polémique coloniale sous l'ancien régime ; 1 vol. in-12, Paris, Calmann Lévy, 1887.

Hue, F. et Aurigot, G. 516

Nos petites Colonies : Saint-Pierre et Miquelon. — Le Gabon. — Le Congo. — La Côte-d'Or — Obock. Mayotte. — Nossi-Bé. — Sainte-Marie de Madagascar. — Établissements français dans l'Inde. — Taïti et ses dépendances. — Les Marquises. — Les Tuamotu. — Les Gambier ; 1 vol. in-12, Paris, Lecène et Oudin, 1887.

.... 902

La France Coloniale illustrée. — Algérie. — Tunisie. — Congo. — Madagascar. — Tonkin, etc. ; 1 vol. gr. in-8°, Tours, Mame, 1887.

Mager, H. 517

Les Cahiers Coloniaux de 1889 ; 1 vol. in-12, Paris, A. Colin, 1889.

Henrique, L. 518

Exposition coloniale de 1889. — Les Colonies françaises, notices publiées par l'ordre du sous-secrétaire d'État des Colonies :

I. Colonies et protectorats de l'Océan Indien.
II. Colonies d'Amérique.
III. Colonies et Protectorats de l'Indo-Chine.
IV. Colonies et Protectorats de l'Océan Pacifique.
V-VI. Colonies d'Afrique ; 6 vol. in-12, Paris, Quantin.

Trouillet, J.-P. 513

Questions coloniales ; 1 vol. in-12 ; Paris, Lanier, 1889.

Mager, H. 501

Les Droits coloniaux de la France ; 1 vol. in-12, Paris, Ch. Bayle, 1890.

Rambaud, A. 624

La France coloniale. — Histoire, géographie, commerce : 1 vol. in-8°, Paris, A. Colin, 1893.

Chambre de Commerce de Lyon. 1.000

Exposition coloniale organisée par la Chambre de Commerce à l'Exposition universelle de Lyon en 1894 ; 1 vol. in-4°, Lyon, A.-H. Storck.

Wahl, M. 623

La France aux Colonies ; 1 vol. in-8°, Paris, lib. Imp. réunies, 1896.

Poiré, E. 509
L'Émigration française aux Colonies ; 1 vol. in-12, Paris, Plon, Nourrit, 1897.

Chailley-Bert, J. 505
Les Compagnies de Colonisation sous l'ancien Régime ; 1 vol. in-12, Paris, A. Colin, 1898.

Deschamps, L. 510
Les Colonies pendant la Révolution. — La Constituante et la Réforme coloniale ; 1 vol. in-12, Paris, Perrin, 1898.

Guénin, E. 559
Histoire de la Colonisation française. — La nouvelle France ; 2 vol. in-12, Paris, Fourneau, 1898.

Billiard, A. 612
Politique et Organisation coloniales ; 1 vol. in-8°, Paris, Giard et Brière, 1899.

Saussure, L. (de). 558
Psychologie de la Colonisation française dans ses rapports avec les Sociétés indigènes ; 1 vol. in-12, Paris, Alcan, 1899.

Piolet, J.-B. 616
La France hors de France. — Notre émigration. — Sa nécessité. — Ses conditions ; 1 vol. gr. in-8°, Paris, F. Alcan, 1900.

Ellie (lieut[t]). 625
Le général Galliéni. — Le Tonkin, Madagascar ; 1 vol. in-8°, Paris, F. Juven, 1900.

.... 839
Exposition universelle de 1900. — Les Colonies françaises.

I. Sénégal, Soudan.
II. Guinée française.
III. Côte d'Ivoire.
IV. Dahomey.
V. Congo français.
VI. La Réunion.
VII. Madagascar.
VIII. Mayotte et Comores.
IX Côte française des Somalis.

X. Indo-Chine.
XI. Nouvelle-Calédonie.
XII. Établissements de l'Océanie.
XIII. Saint-Pierre et Miquelon.
XIV. La Guadeloupe et dépendances.
XV. Guyane française.
15 vol. ou broch. in-8°, Paris, 1901.

Roux, J.-Charles. 687
Exposition universelle de 1990. — Les Colonies françaises. — Rapport général ; 1 vol. in-8°, Paris, Imp. Nationale, 1902.

Roux, J-Charles. 688
Exposition universelle de 1900. — Les Colonies françaises. — Introduction générale ; 1 vol. in-8°, Paris, A. Challamel, 1901.

Dubois, Marcel et Terrier, A. 689
Les Colonies françaises. — Un Siècle d'expansion coloniale ; 1 vol. in.8°, Paris, A. Challamel, 1901.

Arnaud. A. et Méray, H. 690
Les Colonies françaises. — Organisation administrative, judiciaire, politique et financière ; 1 vol. in-8°, Paris, A. Challamel, 1900.

Guy, C. 691
La mise en valeur de notre domaine colonial ; 1 vol. in-8°, Paris, A. Challamel, 1900.

Froidevaux, H. — Tantet, V. 692
L'Œuvre scolaire de la France aux colonies. — Survivance de l'esprit français aux colonies perdues ; 1 vol. in-8°, Paris, A. Challamel, 1900.

Imbart de la Tour. — Dorvault. — Lecomte 693
Les Colonies françaises. — Régime de la propriété. — Régime de la main-d'œuvre. — L'Agriculture ; 1 vol. in-8°, Paris, A. Challamel, 1900.

.... 2001
Exposition universelle de 1900. — Section des Colonies et Pays de protectorat ; album commémoratif gr. in-f°, Paris, A. Chevojon.

.... 836
Le Ministère des Colonies à l'Exposition universelle de 1900; 1 vol. gr. in-8°, Paris, 1901.

.... 833
Exposition universelle de 1900. — Office colonial, son organisation, son fonctionnement, son but ; 1 vol. in-8°, Paris, 1901.

Heckel, E. 835
Exposition universelle de 1900. — L'Institut et le Musée colonial de Marseille. — Notice ; 1 vol. gr. in-8°, Paris, Roberge, 1900.

Pelet, Paul. 2002
Atlas des Colonies françaises, dressé par ordre du ministère des colonies ; gr. in-f°, Paris, A. Colin, 1902.

Chailley-Bert, J. 504
Dix Années de Politique coloniale ; 1 vol. in-12, Paris, A. Colin, 1902.

Colonies d'Afrique

.... 670
La France en Afrique ; 1 vol. in-8°, Paris, 1846.

Comité de l'Afrique Française. 430
Bulletin, 1894 à ... ; vol. in-4°, Paris (En cours de publication).

Hue, F. et **Haurigot, G.** 512
Nos grandes Colonies : Afrique. — La Réunion. — Madagascar. — Sénégal ; 1 vol. in-12, Paris, Lecène et Oudin, 1887.

Lebon, A. 538
La Politique de la France en Afrique, 1896-98. — Mission Marchand. — Niger, Madagascar ; 1 vol. in-8°, Plon-Nourrit, 1901.

Algérie. — Tunisie

Perret, E. 671
Les Français en Afrique. — Récits algériens, 1830-86 ; 2 vol. in-8°, Paris, Bloud et Barral.

. . . . 541
Aperçu historique, statistique et topographique sur l'état d'Alger, à l'usage de l'armée expéditionnaire d'Afrique ; 1 vol. in-12, Paris, Picquet, 1830.

. . . . 646
Colonisation de l'ex-régence d'Alger. — Documents officiels déposés sur le bureau de la Chambre des Députés ; 1 vol. in-8°, Paris, Michaud, 1834.

Pellissier, E. 648
Annales Algériennes ; 2 vol. in-8°, Paris, Anselin, 1836.

Desjobert, A. 651
La question d'Alger. — Politique. — Colonisation. — Commerce ; 1 vol in-8°, Paris, P. Dufart, 1837.

Dureau de la Malle. 672
Province de Constantine. — Recueil de renseignements pour l'expédition ou l'établissement des Français dans cette partie de l'Afrique Septentrionale ; 1 vol. in-8°, Paris, de Gide, 1837.

Desjobert, A. 652
L'Algérie en 1838 ; 1 vol. in-8°, Paris, P. Dufart, 1838.

Genty de Bussy. 647
De l'Établissement des Français dans la régence d'Alger et des moyens d'en assurer la prospérité (2e édition) ; 2 vol. in-8°, Paris, F. Didot, 1839.

Desjobert, A. 653
L'Algérie en 1844 ; 1 vol. in-8°, Paris, Guillaumin, 1844.

. . . . 812
Exploration scientifique de l'Algérie pendant les années 1840, 41 et 42, publiée par ordre du Gouvernement ; 6 vol. gr. in-8° et 2 atlas, Paris, Imp. Royale, 1844-46.

Daumas (Lt-Col). 673
Le Sahara Algérien. — Études géographiques, statistiques et historiques sur la région au sud des Établissements français en Algérie ; 1 vol. in-8°, Paris, Langlois, 1845.

Delaporte, H. Leclerc, C. 674
Principes de l'idiome arabe en usage à Alger. — Une

mission médicale en Kabylie (ensemble) ; 1 vol. in-8°, Paris, 1845-64.

Leynadier et Clausel. 828
Histoire de l'Algérie française, suivie d'un procès historique sur l'Empire dn Maroc ; 2 vol. gr. in-8°, Paris, Morel, 1846.

Poujoulat. 675
Etudes Algériennes — Récits et pensées d'un voyageur ; 2 vol. in-8°, Paris, 1847.

Martin, Victor et L.-E. Froley. 639
Histoire statistique de la population algérienne au point de vue du peuplement et de l'hygiène ; 1 vol. in-8°, Paris, Germer-Baillière, 1851.

Castellane, P. (de) 542
Souvenirs de la vie militaire en Afrique ; 1 vol. in-12, V. Lecou, 1852.

Baudicourt, L. (de) 642
La Guerre et le gouvernement de l'Algérie ; 1 vol. in-8°, Paris, Sagnier et Bray, 1853.

Bard, J. 814
L'Algérie en 1854. — Itinéraire général de Tunis à Tanger; 1 vol. gr. in-8°, Paris, L. Maison, 1854.

Nettement, A. 676
Histoire de la conquête d'Alger ; 1 vol. in-8°, Paris, Lecoffre 1856.

Feuillide (C. de) 640
L'Algérie française ; 1 vol. in-8°, Paris, H. Plon, 1856.

Baudicourt, L. (de) 643
La colonisation de l'Algérie, ses éléments ; 1 vol. in-8°, Paris, Sagnier et Bray, 1856.

Baudicourt, L. (de) 644
Histoire de la colonisation de l'Algérie; 1 vol. in-8°, Paris, Challamel, 1860.

Fillias, A. 840
Histoire de la conquête et de la colonisation de l'Algérie, 1830-60 ; 1 vol. gr. in-8°, Paris, Arnauld de Vresse, 1860.

Voisin, G. 650
L'Algérie pour les Algériens ; 1 vol. in-8°, Paris, Michel Lévy, 1861.

.... 815
Incendies en Algérie. — Années 1860, 1863 et 1865. — Rapport de la Commission d'enquête ; 1 vol. gr. in-8°, Paris, A. Chaix, 1866.

Le Myre de Vilers. 816
Etat actuel de l'Algérie publié d'après les documents officiels de M. le général Chanzy, gouverneur général ; 1 vol. in-8°, Alger, Gojosso, 1877.

Duponchel, A. 841
Le chemin de fer Trans-Saharien, jonction coloniale entre l'Algérie et le Soudan ; 1 vol. gr. in-8°, Paris, Hachette, 1879.

Ricoux, R. (Dr). 817
La Démographie figurée de l'Algérie. — Étude statistique des populations européennes qui habitent l'Algérie ; 1 vol. gr. in-8°, Paris, Masson, 1880.

Mercier, E. 654
L'Algérie en 1880 ; 1 vol. in-8°, Paris, Challamel, 1880.

Rousset, C. 543
La Conquête d'Alger ; 1 vol. in-12, Paris, Plon, 1880.

.... 544
Association Française pour l'avancement des Sciences. — Congrès d'Alger, 1881. — Notes scientifiques, historiques et économiques sur Alger et l'Algérie ; 1 vol. in-12, Alger, Jourdan.

Bastide, L. 820
Bel-Abbès et son arrondissement ; 1 vol. in-8°, Oran, Ad. Perrier, 1881.

Wahl, M. 641
L'Algérie ; 1 vol. in-8°, Paris, Germer-Baillière, 1882.

Ardouin du Mazet. 645
Études Algériennes. — L'Algérie politique et économique. A travers la province d'Oran. — Lettres sur l'insurrection dans le Sud Oranais ; 1 vol. in-8°, Paris, Guillaumin, 1882.

Mercier, E. 649
L'Algérie et les Questions algériennes. — Étude historique, statistique et économique ; 1 vol. in-8°, Paris, Challamel, 1883.

Meynié, G. 545
L'Algérie Juive ; 1 vol. in-12, Paris, A. Savine, 1887.

Villot (Lt-Cel). 546
Mœurs, Coutumes et Institutions des Indigènes de l'Algérie ; 1 vol. in-8°, Alger, Jourdan, 1888.

Deporter, V. 842
A propos du Trans-Saharien. Extrême-Sud de l'Algérie ; 1 vol. gr. in-8°, Alger, Fontana, 1890.

Rolland, G. 843
Le Trans-Saharien. — Un An après ; 1 vol. gr. in-8°, Paris, A. Challamel, 1891.

Pensa, H. 656
L'Algérie. Voyage de la Délégation de la Commission sénatoriale d'études des questions algériennes, présidée par Jules Ferry ; 1 vol. in-8°, Paris, J. Rothschild, 1894.

Galland, Ch. (de). 655
Les petits Cahiers Algériens colligés ; 1 vol. in-8°, Alger, A. Jourdan, 1900.

Gouvernement général de l'Algérie. 1003
Catalogue descriptif et illustré des principaux ouvrages d'or et d'argent de fabrication algérienne ; 1 vol. in-4°, Alger, Léon, 1900.

Mercier, E. 560
La Question indigène en Algérie au commencement du xxe siècle ; 1 vol. in-12, Paris, Challamel, 1901.

Gouvernement général de l'Algérie. 432
Conseil supérieur. — Procès-verbaux, délibérations et comptes-rendus, 1876 à ... ; vol. in-8°, Alger (En cours de publication).

Gouvernement général de l'Algérie. 433
Délégations Financières, 1898 à ... : vol. in-8°, Alger (En cours de publication).

Leroy-Beaulieu, Paul. 638
L'Algérie et la Tunisie : 1 vol. in-8°, Paris, Guillaumin, 1887.

Vignon, L. 637
La France dans l'Afrique du Nord. — Algérie et Tunisie ; 1 vol. in-8°, Paris, Guillaumin, 1887.

Leroy, M. 528
L'Algérie et la Tunisie agricoles, étude pratique concernant le sol, le climat, les cultures diverses, la viticulture, l'horticulture, etc. ; 1 vol, in-12, Paris, Challamel, 1887.

Ministère des Affaires Étrangères. 423
Rapport au Président de la République sur la situation annuelle de la Tunisie, 1881 à.... ; vol. in-8°, Paris, Imp. Nationale (En cours de publication)

Régence de Tunis. 424
Tableaux statistiques. Ports, navigation et pêches maritimes, 1889 à... ; vol. in-8°, Tunis, J. Picard (En cours de publication).

Régence de Tunis. 422
Procès-verbaux de la conférence consultative, 1896 à.... ; vol. in-8°, Tunis, G. Vendel (en cours de publication).

Régence de Tunis. 425
Bulletin de la Direction de l'Agriculture et du Commerce, 1897 à .... : vol. in-8°, Tunis, Imp. Moderne (En cours de publication).

Duveyrier, H. 633
La Tunisie ; 1 vol. in-8°, Paris, Hachette, 1881.

La Berge, A. (de). 547
En Tunisie. — Récit de l'expédition française. — Voyage en Tunisie. — Histoire ; 1 vol. in-12, Paris, F. Didot, 1881.

Antichan, P.-H. 844
La Tunisie, son passé et son avenir; 1 vol. gr. in-8°, Paris, Delagrave, 1884.

Lanessan, J.-L. (de). 634
La Tunisie; 1 vol. in-8°, Paris, F. Alcan, 1887.

Servonnet, J. et Laffite, F. 527
En Tunisie. — Le golfe de Gabès en 1888; 1 vol. in-12, Paris, Challamel, 1888.

Riban, Ch. 636
Causeries sur la Tunisie agricole; 1 vol. in-8°, Tunis, Imp. Rapide. 1894.

.... 635
La Tunisie. — Histoire et description, — Agriculture. — Industrie. — Commerce (Congrès de l'Association française pour l'avancement des sciences); 4 vol. in-8°, Paris, Berger-Levrault, 1896.

.... 908
La France en Tunisie (Revue des sciences pures et appliquées); 1 vol. gr. in-8°, Paris, Carré et Naud, 1897.

Callot, E. 526
Étude sur la Tunisie; 1 vol. in-12, Marseille, Moullot, 1900.

.... 813
Le Nouveau Port de Bizerte; 1 vol. in-8°, Paris, 1903.

Afrique Occidentale Française

.... 539
Annales Sénégalaises, 1854 à 1885; 1 vol. in-12, Paris, Maisonneuve, 1885.

.... 658
Sénégal et dépendances. — Table générale des actes intéressant la Colonie et insérés au « Journal » et au « Bulletin Officiel du Sénégal », au « Bulletin administratif de Gorée », au « Bulletin Officiel de la Marine », etc. (1819 à 1859); 1 vol. in-8°, Saint-Louis, Imp. du Gouvernement, 1899.

Raffenel, A. 911
Nouveau voyage dans le pays des nègres, suivi d'études sur la colonie du Sénégal ; 2 vol. gr. in-8°, Paris, N. Chaix, 1856.

Ricard, F. 548
Le Sénégal. — Etude intime ; 1 vol. in-12, Paris, Challamel, 1865.

Ancelle, J. 549
Les explorations au Sénégal et dans les contrées voisines, depuis l'antiquité jusqu'à nos jours, avec une notice ethnographique sur notre colonie par le général Faidherbe ; 1 vol. in-12, Paris, Maisonneuve, 1886.

Frey, H. (col[el]). 677
Campagne dans le haut Sénégal et dans le haut Niger, 1885-86 ; 1 vol. in-8°, Paris, Plon 1888.

Péroz, E. 678
Au Soudan français. — Souvenirs de guerre et de mission; 1 vol. in-8°, Paris, Calmann Lévy, 1889.

Faidherbe (général) 819
Le Sénégal. — La France dans l'Afrique Occidentale ; 1 vol. gr. in-8°, Paris, Hachette, 1889.

Frey (colonel) 906
Côte Occidentale d'Afrique. Vues. Scènes. Croquis ; 1 vol. gr. in-8°, Paris, Marpon, Flammarion, 1890.

Sabatier, E. 679
Touat, Sahara et Soudan. — Etude géographique, politique, économique et militaire ; 1 vol. in-8°, Paris, Faivre, 1891.

Lagrillière-Bauclerc, E. 818
Mission au Sénégal et au Soudan, octobre-novembre 1897 ; 1 vol. gr. in-8°, Paris, Ch. Tallandier.

Binger (capitaine) 912
Du Niger au golfe de Guinée dans le pays de Kong et le Mossi, 1887-89 ; 2 vol. gr. in-8°, Paris, Hachette, 1892.

Jaime (lieutenant) 847
De Noulikoro à Tombouctou sur la canonnière "Le Mage"; 1 vol. gr. in-8°, Paris, libraires associés, 1894.

Hourst 686
Sur le Niger et au pays des Touaregs. — La mission Hourst ; 1 vol. in-8°. Paris, Plon, Nourrit. 1898.

Gatelet (Lieutenant). 657
Histoire de la conquête du Soudan français, 1878-99, 1 vol. in-8°, Paris, Berger-Levrault, 1901.

Monnier, M. 529
Mission Binger. — France Noire. — Côte d'Ivoire et Soudan ; 1 vol. in-12, Paris, Plon, 1894.

Gaube, Cl. 531
Étude sur la Côte d'Ivoire ; 1 vol. in-12, Paris, A. Challamel, 1901.

.... 823
Gouvernement général de l'Afrique Occidentale française. Rapports d'ensemble sur la situation de la Guinée française, 1899, 1900, 1901 : 3 vol. in-8°, Paris, Didot.

Mattei (Comt). 822
Bas-Niger, Bénoué, Dahomey ; 1 vol. gr. in-8°, Grenoble, E. Vallier, 1890.

Foà, E. 821
Le Dahomey. — Histoire. — Géographie. — Mœurs. — Coutumes. — Commerce. — Industrie. — Expéditions françaises, 1891-94 ; 1 vol. gr. in-8°, Paris, A. Hennuyer, 1895.

Albéca, A.-L. (d') 659
Les Établissements français du golfe de Bénin. — Géographie. — Commerce. — Langues ; 1 vol. in-8°, Paris, Baudouin, 1899.

.... 824
Colonies du Dahomey et dépendances. — Rapport sur la situation générale de la Colonie en 1899 ; 1 broch. in-8°, Porto-Novo, 1900.

Savorgnan de Brazza, P. 845
Conférences et Lettres sur ses trois explorations dans l'Ouest africain, 1875-86 ; 1 vol. in-8°, Paris, M. Dreyfous, 1887.

Colonies Françaises de l'Océan Indien

Angoulvant, G. et **Vignéras, S.** 561
Djibouti, Mer Rouge, Abyssinie, 1 vol. in-12°, Paris, André, 1902.

.... 417
Annuaire de Madagascar et dépendances, 1898 à 1903 ; 6 vol. in-8°, Tananarive, Imp. Officielle.

Colonie de Madagascar. 418
Notes, Reconnaissances et Explorations, 1897 à 1900 ; 6 vol. gr. in-8°, Tananarive.

Comité de Madagascar. 419
Bulletin, 1895 à 1899 ; 5 vol. gr. in-8°, Paris.

Comité de Madagascar. 420
Revue de Madagascar, 1899 à ... ; vol. gr. in-8°, Paris (En cours de publication).

Colonie de Madagascar. 421
Bulletin économique publié par les soins du Gouverneur général, 1901 à ... ; vol. gr. in-8°, Tananarive (En cours de publication).

Colonie de Madagascar. 909
Rapport sur la situation générale de la Colonie, 1er mars 1899 au 1er mars 1900. — I. Rapport politique et administratif. — II. Rapport économique ; 1 vol. in-4°, Imp. de Tananarive, 1900.

Colonie de Madagascar. 910
Rapport sur la situation économique de Madagascar en 1901. — Commerce. — Industrie. — Agriculture. — Colonisation ; 1 vol. in-4°, Imp. de Tananarive.

Grandidier, A. et **G.** 827
Collection des ouvrages anciens concernant Madagascar. — Tome I. Ouvrages ou extraits d'ouvrages portugais, hollandais, français, allemands, espagnols et latins, 1500 à 1613 ; 1 vol. gr. in-8°, Paris, 1903.

Gaalon de Barzay. 661
La Question de Madagascar après la Question d'Orient ; 1 vol. in-8°, Paris, Anujot, 1856.

Lacaze, H. 829
Souvenirs de Madagascar. — Voyage. — Histoire. — Population. — Mœurs. — Institutions, 1868-69 ; 1 vol. gr. in-8°, Paris, Berger-Levrault, 1881.

Buet, Ch. 662
Madagascar ; 1 vol. in-8°, Paris, V. Palmé, 1883.

Escamps, H. (d'). 533
Histoire et Géographie de Madagascar ; 1 vol. in-12, Paris, F. Didot, 1884.

La Vaissière (de). 663
Histoire de Madagascar, ses habitants et ses missionnaires ; 2 vol. in-8°, Paris, V. Lecoffre, 1884.

Bonnemaison, J. 660
Historique de Madagascar. — Iles sous notre protectorat. — Lacs et Fleuves ; 1 vol. in-8°, Tarbes, Lescamela, 1894.

Martineau, A. 664
Madagascar en 1894. — Étude de politique contemporaine ; 1 vol. in-8°, Paris, Flammarion, 1894.

Foucart, G. 530
Le Commerce et la Colonisation à Madagascar ; 1 vol. in-12, Paris, A. Challamel, 1894.

Mager, H. 830
Mission Commerciale de Madagascar, Rapport adressé aux Chambres de Commerce de Rouen et des Vosges ; 1 vol. gr. in-8°, Rouen, Lapierre, 1897.

Fournier, R. 825
Notice sur Madagascar ; 1 vol. gr. in-8°, Paris, Imp. Nationale, 1900.

.... 532
Gouvernement général de Madagascar. — Diégo-Suarez ; 1 vol. in-12, Tamatave, 1902.

Thomas, U. 609
Essai de statistique sur l'Ile Bourbon. Topographie, population, agriculture, commerce, etc., suivi d'un projet de colonisation de l'intérieur de cette ile ; 2 vol. in-8°, Paris, Bachelier, 1828.

Maillard, L. 831
Notes sur l'Ile de La Réunion ; 2 vol. gr. in-8°, Paris, E. Dentu, 1863.

Pajot, E. 535
Simples renseignements sur l'Ile Bourbon ; 1 vol. in-12, Paris, Challamel aîné, 1887.

Repiquet, J. 534
Le Sultanat d'Anjouan. — Iles Comores ; 1 vol. in-12, Paris, A. Challamel, 1901.

Colonies françaises de l'Asie

Comité de l'Asie Française. 431
Bulletin, 1901 à ... ; .. vol. gr. in-8°, Paris (En cours de publication).

Gouvernement de l'Indo-Chine. 426
Bulletin de l'Indo-Chine, 1898 à ... vol. in-8°, Saïgon et Hanoï. (En cours de publication).

Hamont, T. 550
Dupleix d'après sa correspondance inédite. — Essai d'empire français dans l'Inde au XVIIe siècle ; 1 vol. in-12, Paris, Plon.

Castonnet des Fosses. 850
L'Inde Française avant Dupleix ; 1 vol. gr. in-8°, Paris, Challamel, 1887.

Lehault, P. 846
La France et l'Angleterre en Asie. — Indo-Chine. — Les derniers jours de la dynastie des Rois d'Ava ; 1 vol. gr. in-8°, Paris, Berger-Levrault, 1892.

Cortambert, E. 810
Tableau de la Cochinchine ; 1 vol. gr. in-8°. Paris, Le Chevalier, 1862.

.... 904
La Cochinchine Française en 1878, par le Comité agricole et industriel de la Cochinchine ; 1 vol. gr. in-8°, Paris, Challamel aîné, 1878.

...... 631
L'Affaire du Tonkin, histoire diplomatique de l'établissement de notre protectorat sur l'Annam et de notre conflit avec la Chine, 1882-85 ; 1 vol. gr. in-8°, Paris, J. Hetzel.

Chesnay, Th. et Boisadam, F. (de) 1002
L'Avenir du Tonkin à l'Exposition de 1889. — Revue illustrée de l'Exposition Coloniale ; 1 vol. in-f°, Paris, 1889.

Lecomte (capitaine). 913
La Vie militaire au Tonkin ; 1 vol. gr. in-8°, Paris, Berger-Levrault, 1893.

Orléans, H.-Ph. (d') 632
Autour du Tonkin ; 1 vol. in-8°, Paris, Calmann Lévy, 1894.

Matgioi, Albert de Pouvourville. 522
L'affaire de Siam, 1886-1896 ; 1 vol. in-12, Paris, Chamuel, 1897.

Monnier, M. 562
Le Tour d'Asie. — Cochinchine, Annam, Tonkin ; 1 vol. in-12, Paris, Plon, 1899.

Lagrillière-Beauclerc, E. 808
A travers l'Indo-Chine, Cochinchine, Cambodge, Annam, Tonkin, Laos ; 1 vol. gr. in-8°, Paris, Tallandier, 1900.

Pavie, A. 901
Mission Pavie. — Indo-Chine, 1879-95. — Études diverses. — Géographie et Voyages ; 4 vol. gr. in-4°, Paris, Leroux, 1898-1901.

Reinach, L. (de). 905
Le Laos ; 2 vol. gr. in-4°, Paris, A. Charles, 1901.

Veuillot, E. 524
Le Tonkin et la Cochinchine : Le pays, l'histoire et les missions ; 1 vol. in-12, Paris, V. Palmé, 1883.

Boüinais, A., et Paulus, A. 630
La Cochinchine contemporaine ; 1 vol. in-8°, Paris, Challamel, 1884.

Boüinais, A.. et Paulus, A. 809
L'Indo-Chine française contemporaine. — Cochinchine,

Cambodge, Tonkin. Annam ; 2 vol. gr. in-8°, Paris, Challamel, 1885.

Imbert, C. 525
Le Tonkin Industriel et Commercial. — Renseignements aux Colons ; 1 vol. in-12, Paris, Challamel, 1885.

Roux, L.-C., et Vidal. 811
Quinze jours au Cambodge. — Mœurs, coutumes, superstitions, légendes. — Excursion dans les provinces de Roléa-Paier et de Compong-Leng ; 1 vol. in-8°, Montpellier, Bohem, 1885.

Silvestre, J. 523
L'Empire d'Annam et le peuple annamite. Aperçu sur la géographie, les productions, l'industrie, les mœurs et les coutumes de l'Annam ; 1 vol. in-12, Paris, F. Alcan, 1889.

Doumer, P. 903
Situation de l'Indo-Chine, 1897-1901. — Rapport ; 1 vol. gr. in-8°, Hanoï, F.-H. Schneider, 1902.

Colonies Françaises de l'Océanie

Heurteau, E. 667
Nouvelle-Calédonie. — Rapport sur sa constitution géologique et ses richesses minérales ; 1 vol. in-8°, Paris, Donod, 1876.

Lemire, Ch. 807
La colonisation en Nouvelle-Calédonie et dépendances ; 1 vol. gr. in-8°, Paris, Challamel aîné, 1878.

Schreiner, A. 537
La Nouvelle-Calédonie depuis sa découverte (1774) jusqu'à nos jours ; 1 vol. in-12, Paris, E. Dentu, 1882.

Cordeil, P. 536
Origines et progrès de la Nouvelle-Calédonie ; 1 vol. in-12, Nouméa, Imp. du Gouvernement, 1885.

Carol, J. 666
La Nouvelle-Calédonie minière et agricole ; 1 vol. in-8°, Paris, P. Ollendorff, 1900.

Colonies Françaises de l'Amérique

La Harpe, B. (de) 551

Journal historique de l'établissement des Français à la Louisiane; 1 vol. in-8°, Nouvelle-Orléans, Boimare, 1831.

.... 914

Histoire de la Colonie Française en Canada ; 3 vol. in-4°, Paris, J. Lecoffre, 1865.

Boyer-Peyreleau. 680

Les Antilles françaises, particulièrement la Guadeloupe, depuis leur découverte ; 3 vol. in-8°, Paris, Brissot-Thivars, 1823.

Le Pelletier de Saint-Remy. 832

Les Antilles françaises. — Question monétaire. — Entrepôts réels. — Paquebots Transatlantiques ; 1 vol. gr. in-8°, Paris, Guillaumin, 1859.

Bouyer, F. 1001

La Guyane française. — Notes et souvenirs d'un voyage exécuté en 1862-1863; 1 vol. gr. in-4°, Paris, Hachette, 1867.

Brousseau, G. 907

Les richesses de la Guyane Française et de l'ancien contesté Franco-Brésilien ; 1 vol. gr. in-8°, Paris, Société d'Éditions Scientifiques, 1901.

Levat, D, 851

La Guyane française en 1902; 1 vol. gr. in-8°, Paris, Imp. Universelle, 1902.

Pardon. 665

La Martinique, depuis sa découverte jusqu'à nos jours; 1 vol. in-8°, Paris, Challamel, 1877.

Hue, F. et Aurigot, G. 515

Nos grandes Colonies. — Amérique. — Les Antilles. — La Guyane ; 1 vol. in-12, Paris, Lecène et Oudin, 1886.

.... 668

Guide pratique pour la recherche et l'exploitation de l'or en Guyane française ; 1 vol. in-8°, Paris, veuve Dunod, 1898.

Colonies étrangères

Schœlcher, V. 618
Colonies étrangères et Haïti. — Résultats de l'émancipation anglaise ; 2 vol. in-8°, Paris, Pagnerre, 1843.

Valbezen, E. (de) 681
Les Anglais et l'Inde ; 1 vol. in-8°, Paris, Michel Lévy, 1857.

Jancigny, A. (de) 552
Histoire de l'Inde ancienne et moderne et de la Confédération Indo-Britannique depuis leurs origines jusqu'à nos jours ; 1 vol. in-12, Paris, Magnin, 1858.

Lanoye, F. (de) 553
L'Inde contemporaine. — Nouvelle édition comprenant l'Histoire de l'Insurrection de 1857 ; 1 vol. in-12, Paris, Hachette, 1858.

Warren, E. (de) 554
L'Inde anglaise, avant et après l'Insurrection de 1857 ; 2 vol. in-12, Paris, Hachette, 1858.

Valbezen, E. (de) 682
Les Anglais et l'Inde (nouvelles études), 2 vol. in-8°, Paris, Plon, 1875.

Vambéry, A. 555
La lutte future pour la possession de l'Inde ; aperçu des progrès de la Russie dans l'Asie Centrale et des difficultés qui en découleront pour l'Angleterre ; 1 vol. in-12, Paris, E. Dentu.

Chailley-Bert, J. 556
La colonisation de l'Indo-Chine. — L'expérience anglaise ; 1 vol. in-12, Paris, A. Colin, 1892.

Carton de Wiart, E. 508
Les Grandes Compagnies Coloniales Anglaises du XIXe siècle ; 1 vol. in-12, Paris, Perrin, 1899.

Chevilliard, G. 806
Les Colonies anglaises; 1 vol. in-8°, Paris, Challamel, 1899.

Stoecklin, J. 520
Les Colonies et l'Émigration allemandes; 1 vol. in-12, Paris, Westhausser, 1888.

Demay, Ch. 519
Histoire de la Colonisation allemande; 1 vol. in-18, Paris, Ch. Bayle, 1890.

Hauser, H. 628
Colonies allemandes impériales et spontanées (premier fascicule); 1 vol. in-8°, Paris, Nony, 1900.

Decharme, P. 852
Les Chemins de Fer dans les Colonies allemandes; 1 vol. gr. in-8°, Paris, Masson, 1903.

Stanley, H. 848
Cinq années au Congo, 1879-84. — Voyages. — Explorations. — Fondation de l'État libre du Congo; 1 vol. gr. in-8°, Paris, M. Dreyfous,

Becker, J. 683
La troisième expédition Belge au pays noir; 1 vol. in-8°, Bruxelles, Lebègue, 1884.

Lemaire, Ch. (Lieut.) 849
Congo et Belgique. — A propos de l'Exposition d'Anvers; 1 vol. gr. in-8°, Bruxelles, Bulens, 1894.

Mille, P. 557
Au Congo Belge, avec des documents récents relatifs au Congo Français; 1 vol. in-12, Paris, A. Colin, 1899.

Cultures Coloniales

.... 803
Exposition Universelle d'Anvers en 1895. — Les Plantes utiles des Colonies françaises; 1 vol. gr. in-8°, Paris, Imp. Nationale, 1886.

Milhe-Poutingon, A. 416
Revue des Cultures coloniales, 1899 à ...; ... vol. gr. in-8°, Paris (En cours de publication).

Heckel, Edouard. 415
Annales de l'Institut Botanico-Géologique Colonial de Marseille, 1893 à ... ; ... vol. gr. in-8°, Paris (En cours de publication).

Wildeman, E. (de) 915
Les Plantes tropicales de grande culture, Café, Cacao, Cola, Vanille, Caoutchouc : 1 vol. gr. in-8°, Bruxelles, Castaigne, 1902.

Esclavage. — Traite

Gasparin, A. (de) 601
Esclavage et traite ; 1 vol. in-8°, Paris, Joubert, 1838.

Fowel Buxton, T. 602
De la Traite des esclaves en Afrique et des moyens d'y remédier ; 1 vol. in-8°, Paris, A. Bertrand, 1840.

Schœlcher, V. 617
Des Colonies françaises, abolition immédiate de l'esclavage ; 1 vol. in-8°, Paris, Pagnerre, 1842.

Moreau de Jonnès, A. 605
Recherches statistiques sur l'esclavage colonial et sur les moyens de le supprimer ; 1 vol. in-8°, Paris, Bourgogne et Martinet, 1842.

.... 603
Précis de l'abolition de l'esclavage dans les Colonies anglaises, imprimé par ordre de M. l'Amiral Baron Duperré ; 5 vol. gr. in-8°, Paris, Imp. Royale, 1840-43.

Ministère de la Marine et des Colonies. 1004
Questions relatives à l'esclavage et à la constitution politique des Colonies. — Commission instituée par décision royale du 26 mai 1840 ; 3 vol. gr. in-4°, Paris, Imp. Royale,

Ministère de la Marine et des Colonies. 1007
Questions relatives à l'abolition de l'esclavage. — Instructions adressées à MM. les Gouverneurs des Colonies. — Avis des Conseils coloniaux. — Délibérations et avis des Conseils spéciaux ; 1 vol. gr. in-4°, Paris, Imp. Royale, 1843.

Ministère de la Marine et des Colonies. 1008
Questions relatives à l'esclavage et à la constitution politique des Colonies. — Rapport ; 1 vol. gr. in-4°, Paris, Imp. Royale, 1843.

Ministère de la Marine et des Colonies. 1005
Exposé général des résultats du patronage des esclaves dans les Colonies françaises ; 1 vol. in-4°, Paris, Imp. Royale, 1844.

Lechevalier, J. 1009
Rapport sur les questions coloniales adressées à M. le duc de Broglie, président de la Commission coloniale à la suite d'un voyage fait aux Antilles et aux Guyanes, 1838 et 1839 ; 2 vol. in-f°, Paris, Imp. Royale, 1844.

Bouët-Willaumez. 604
Commerce et Traite des noirs aux côtes occidentales d'Afrique ; 1 vol. in-8°, Paris, Imp. Nationale, 1848.

.... 1006
Procès-verbaux de la Commission coloniale instituée par décret du Président de la République du 22 novembre 1849; 2 vol. gr. in-4°, Paris, Imp. Nationale, 1850.

Cochin, Augustin. 606
L'abolition de l'Esclavage; 2 vol. in-8°, Paris, Guillaumin, 1861.

Lavigerie (cardinal). 684
Documents sur la fondation de l'Œuvre Antiesclavagiste ; 1 vol. in-8°, Saint-Cloud, Belin, 1889.

André, Ed.-C. 826
De la condition de l'esclave dans la société malgache avant l'occupation française et de l'abolition de l'esclavage ; 1 vol. gr. in-8°, Paris, A. Rousseau, 1899.

GÉOGRAPHIE - HISTOIRE

Dictionnaires

D

Bescherelle aîné et Devars. 1914
Grand dictionnaire de Géographie universelle, ancienne et moderne ; 4 vol. gr. in-8°, Paris, A Courcier.

Harmonville, A.-L. (d') 1910
Dictionnaire des dates, des faits, des lieux et des hommes historiques ou les tables de l'Histoire ; répertoire de chronologie universelle ; 2 vol. gr. in-8°, Paris, A. Levasseur, 1842-43.

Bouillet, M.-N. 1909
Dictionnaire universel d'Histoire et de Géographie contenant : L'Histoire proprement dite ; La Biographie universelle ; La Mythologie ; La Géographie ancienne et moderne ; 1 vol. gr. in-8°, Paris, Hachette, 1855.

Ritter. 1911
Geographisch-Statistisches Lexikon ; 2 vol. in-4°, Leipzig, O. Wigand, 1864-65.

Bouillet, M.-N. 1905
Atlas universel d'Histoire et de Géographie, contenant : La Chronologie ; la Généalogie ; la Géographie ; 1 vol. gr. in-8°, Paris, Hachette, 1865.

M' Culloch, J.-R. 1908
Geographical, statistical and historical Dictionary ; 2 vol. gr. in-8°, London, Longmans and C°, 1866.

Jal. A. 1901
Dictionnaire critique de Biographie et d'Histoire, errata et supplément pour tous les dictionnaires historiques ; 1 vol. gr. in-8°, Paris, Plon, 1867.

Grégoire, L. 1912
Dictionnaire Encyclopédique d'Histoire, de Biographie, de Mythologie et de Géographie ; 2 vol. gr. in-8°, Paris, Garnier, 1871.

Lalanne, L. 1906
Dictionnaire historique de la France ; 1 vol. gr. in-8°, Paris, Hachette. 1872.

Joanne, A. 1907
Dictionnaire géographique, administratif, postal, statistique, archéologique, etc., de la France, de l'Algérie et des colonies ; 2 vol. gr. in-8°, Paris, Hachette, 1872.

Huard, C.-L, 1913
Dictionnaire universel illustré de la Géographie et des Voyages ; 2 vol. in-4°, Paris, L. Boulanger.

Vapereau, G. 1092
Dictionnaire universel des Contemporains contenant toutes les personnes notables de la France et des pays étrangers, 4me édition ; 1 vol. gr. in-8°, Paris, Hachette, 1870.

Vapereau, G. 1903
Dictionnaire universel des Contemporains, 5me édition ; 1 vol. gr. in-8°, Paris, Hachette, 1880.

Vapereau, G. 1904
Dictionnaire universel des Contemporains, 6me édition ; 1 vol. gr. in-8°, Paris, Hachette, 1893.

Vivien de Saint-Martin. 1915
Nouveau dictionnaire de Géographie universelle ; 8 vol. gr. in-4°, Paris, Hachette, 1879-1900.

Périodiques

.... 1952
Annales des Voyages de la Géographie et de l'Histoire, 1808 à 1814 et 1 table ; 25 vol. in-8°, Paris.

.... 1953
Nouvelles Annales des Voyages et des Sciences Géogra-

phiques, 1819 à 1870 et 1 table de 1819 à 1839; 209 vol. in-8°, Paris.

.... 1951
Bulletin de la Société de Géographie, 1822 à 1885 et 1 table de 1822 à 1861; 124 vol. in-8°, Paris.

.... 10
Annuaire des Voyages et de la Géographie, 1844 à 1847; 4 vol. in-12, Paris, Guillaumin.

.... 1963
Almanach de Gotha, 1859 à...; . vol. in-18 (En cours de publication).

Vivien de Saint-Martin et Maunoir, C. 11
L'Année Géographique, 1862 à 1878, 16 vol. in-12, Paris, Hachette.

Charton, Edouard. 1954
Le Tour du Monde; *Journal des Voyages*, 1860 à 1894; 68 vol. in-4°, Paris, Hachette.

Charton, Edouard. 1955
Le Tour du Monde; *Journal des Voyages* (Nouvelle série), 1895 à...; vol. in-4°, Paris, Hachette (En cours de publication).

.... 1956
A travers le Monde (Annexe au Tour du Monde), 1895 à...; .. vol. in-4°, Paris, Hachette (En cours de publication).

.... 1957
L'Explorateur. — Journal Géographique et Commercial, 1875-76; 3 vol. gr. in-4°, Paris.

Renaud. 1958
Revue Géographique Internationale, 1876 à...; vol. in-4°, Paris (En cours de publication).

.... 1630
L'Exploration. — Journal des Conquêtes de la Civilisation sur tous les points du globe; 3 vol. gr. in-8°, Paris, 1877.

Drapeyron, Ludovic. 1959
Revue de Géographie; 1878 à...; .. vol. gr. in-8°, Paris, Delagrave (En cours de publication).

Société de Géographie de Marseille. 1960
Bulletin, 1877 à...;.. vol. gr. in-8°, Marseille (En cours de publication).

Société de Géographie de Marseille. 1961
Congrès National des Sociétés françaises de Géographie, XIXe session, 1898, Marseille. — Études et Compte-rendu ; 2 vol. in-8°, Marseille.

Hulot et Rabot, C. 1962
La Géographie. — Bulletin de la Société de Géographie de Paris, 1900 à .. ; .. vol. gr.in-8°, Paris,Masson (En cours de publication).

Géographie. — Généralités

Malte-Brun. 1632
Géographie universelle ou description de toutes les parties du monde ; 7 vol. gr. in-8°, Paris, Garnier, 1853-75.

Dussieux, L. 1406
Géographie générale ; 1 vol. gr. in-8°, Paris, Lecoffre, 1866.

Balbi, A. 1629
Abrégé de Géographie ; 2 vol. gr. in-8°, Paris, Vve Renouard, 1869.

Kleine, E. 24
Le Monde Agricole, Industriel et Commercial ; 1 vol. in-12, Paris, A. Pigoreau, 1869.

Reclus, Elisée. 1601
Nouvelle Géographie Universelle. — La terre et les hommes ; 19 vol. gr. in-8°, Paris, Hachette, 1876-1894.

Reclus, Onésime. 25
Géographie. — La terre à vol d'oiseau ; 2 vol. in-12, Paris, Hachette, 1877.

Vogel, C. 1409
Le Monde terrestre au point actuel de la civilisation. — Nouveau précis de Géographie comparée, descriptive, politique et commerciale ; 5 vol. gr. in-8°, Paris, Reinwald, 1877.

Dubois, M. 12

Précis de la Géographie économique des cinq parties du monde ; 1 vol. in-12, Paris, Masson, 1890.

Deville, V. 519

Manuel de Géographie commerciale. — Étude économique des différentes parties du monde ; 2 vol. in-8°, Paris, Berger-Levrault, 1893.

Quesnel, G. 521

Notions de Géographie générale et étude spéciale des Colonies des nations européennes ; 1 vol. in-8°, Paris, Challamel, 1894.

Girard, J. 1407

La Géographie littorale ; 1 vol. gr. in-8°, Paris, Société d'Editions Scientifiques, 1895.

Dubois, M. et **Kergomard, J.-G.** 520

Précis de Géographie économique ; 1 vol. in-8°, Paris, Masson, 1897.

Voyages de circumnavigation

.... 1602

Histoire générale des voyages ou nouvelle collection de toutes les relations de voyages par mer et par terre ; 19 vol. in-4°, Paris, Didot, 1746-1770.

Anson, G. 1608

Voyage autour du monde fait dans les années 1740-44 ; 1 vol. in-4°, Amsterdam et Leipzig, 1751.

Banks. 1603

Relation des Voyages entrepris par ordre de Sa Majesté Britannique, pour faire des découvertes dans l'hémisphère méridional ; 4 vol. in-4°, Paris, Saillant et Nyon, 1774.

Dalrymple. 526

Voyages dans la mer du Sud, par les Espagnols et les Hollandais ; 1 vol. in-8°, Paris, Saillant et Nyon, 1774.

Le Gentil. 1619

Voyage dans les mers de l'Inde, à l'occasion du passage de Vénus, sur le disque du Soleil, le 6 juin 1761 et le 3 juin 1769 ; 2 vol. in-4°, Paris, Imp. Royale, 1779.

Cook, J. 1605

Voyage dans l'hémisphère austral et autour du monde en 1772-75 (premier et deuxième voyage); 5 vol. in-4°, Paris, Hôtel de Thou, 1778.

Cook, J. 1606

Troisième voyage de Cook ou voyage à l'Océan Pacifique en 1776-80; 4 vol. in-4° et 1 atlas, Paris, Hôtel de Thou, 1785.

Wilson, H. 541

Relation des îles Pelew situées dans la partie occidentale de l'Océan pacifique; 2 vol. in-8°, Paris, Le Jay, 1788.

Portlock et Dixon. 1607

Voyage autour du Monde et principalement à la côte Nord-Ouest d'Amérique en 1785-88; 1 vol. in-4°, Paris, Maradan, 1789.

Omaï. 532

Narrations d'Omaï, insulaire de la mer du Sud, ami et compagnon de voyage du capitaine Cook; 4 vol. in-8°, Paris, Buisson, 1790.

Benyowsky, M.-A. 523

Voyages et Mémoires, contenant ses opérations militaires en Pologne, son exil au Kamchatka, son évasion et son voyage à travers l'Océan Pacifique, au Japon, etc.; 2 vol. in-8°, Paris, F. Buisson, 1791.

Thunberg, C.-P. 790

Voyage au Japon, par le cap de Bonne-Espérance, les îles de la Sonde, etc.; 4 vol. in-8°, Paris, Dandré, 1796.

Vancouver, G. 1801

Voyage de découvertes à l'Océan Pacifique du Nord et autour du Monde, 1790-95; 3 vol. gr. in-4°, Paris, Imp. de la République, an VIII.

Néarque. 816

Voyage des bouches de l'Indus jusqu'à l'Euphrate ou Journal de l'Expédition de la flotte d'Alexandre; 3 vol. in-8°, Paris, Maradan, an VIII.

Pigafetta. 528

Premier voyage autour du Monde, sur l'escadre de Magellan, pendant les années 1519-22; 1 vol. in-8°, Paris, H.-J. Jansen, an IX.

Vancouver, G. 524
Voyages de découvertes, à l'Océan Pacifique du Nord et autour du Monde. Exécutés pendant les années 1790-95; 5 vol. et 1 atlas in-8°, Paris, Didot, An x.

Stavorinus, J.-S. 535
Voyages par le Cap de Bonne-Espérance dans l'Archipel des Molucques de 1768 à 1771 et de 1774 à 1778; 3 vol. in-8°, Paris, Maradan, 1805.

Brougthon, W.-R. 534
Voyages et Découvertes dans la partie septentrionale de l'Océan Pacifique, 1795-98; 2 vol. in-8°, Paris, Dentu, 1807.

Turnbull, J. 531
Voyage autour du Monde, 1800-04; Iles principales de l'Océan Pacifique et les Établissements des Anglais dans la Nouvelle-Galle Méridionale, suivi d'un extrait du voyage de James Grant à la Nouvelle-Hollande; 1 vol. in-8°, Paris, Déterville, 1807.

Dentrecasteaux. 1806
Voyage à la recherche de La Pérouse; 2 vol. gr. in-4°; Paris, Imp. Impériale, 1808.

Freycinet. L. (de). 1805
Voyage autour du Monde exécuté par les corvettes l'*Uranie* et la *Physicienne*, 1817-20; 2 vol. gr. in-4° et 1 atlas, Paris, Pillet, 1826.

Duperrey, L.-J. 1802
Voyage autour du Monde sur la corvette *La Coquille*, 1822-25; 3 vol. in-4° et 2 atlas, Paris, Bertrand, 1829.

Dillon, P. 525
Voyage en 1727-28 aux Iles de la mer du Sud et Relation de la découverte du sort de La Pérouse; 2 vol. in-8°, Paris, Pillet, 1830.

Estancelin, L. 545
Recherches sur les Voyages et Découvertes des Naviga-

teurs Normands en Afrique, dans les Indes Orientales et en Amérique ; 1 vol. in-8°, Paris, A. Pinard, 1832.

Bougainville (B^{on} de). 1804
Journal de la Navigation autour du Globe de la *Thétis* et de l'*Espérance*, 1824-26 ; 2 vol. in-4° et 1 atlas, Paris, A. Bertrand, 1837.

Moerenhout, J.-A. 533
Voyages aux Iles du Grand Océan : 2 vol. in-8°, Paris, A. Bertrand, 1837.

Vaillant. 1404
Voyage autour du Monde de la corvette *La Bonite*, 1836-37 ; 9 vol. gr. in-8° et 3 atlas, Paris, A. Bertrand, 1840-46.

Du Petit-Thouars, A. 1402
Voyage autour du Monde sur la frégate *La Vénus*, 1836-39 ; 9 vol. gr. in-8° et 2 atlas, Paris, Gide, 1840-44.

Laplace. 1401
Campagne de circumnavigation de la frégate *L'Artémise*, 1837-40 ; 4 vol. gr. in-8°, Paris, A. Bertrand, 1841-48.

Albert-Montémont. 536
Voyages nouveaux par mer et par terre effectués de 1837 à 1847, dans les diverses parties du monde ; 5 vol. in-8°, Paris, A. René, 1847.

Cécille et Roy. 1405
Campagne dans les mers de l'Inde et de Chine, à bord de l'*Erigone*, 1841-44 ; 4 vol. gr. in-8°, Paris, A. Bertrand, 1847-50.

Arago, J. 1636
Souvenirs d'un Aveugle. — Voyage autour du Monde ; 1 vol. in-4°, Paris, H. Lebrun, 1868.

Jurien de la Gravière. 203
Voyage de la corvette *La Bayonnaise* dans les mers de Chine ; 2 vol. in-12, Paris, Plon, 1872.

Smith, W. 537
Collection choisie des Voyages autour du Monde et dans les contrées les plus curieuses du monde depuis Christophe Colomb jusqu'à nos jours ; 12 vol. in-8°, Paris, P. Renouard.

Berthelot, S. 542
Journal d'un voyageur ou Recueil de notes pendant un voyage autour du monde ; 1 vol. in-8°, Marseille, Barlatier-Feissat, 1879.

Jurien de la Gravière. 9
Les Anglais et les Hollandais dans les Mers polaires et dans la mer des Indes ; 2 vol. in-12, Paris, Plon, 1890.

Expéditions Arctiques

Phipps, C.-J. 1610
Voyage au pôle Boréal fait en 1773 ; 1 vol. in-4°, Paris, Saillant, 1775.

Barrow, J. 539
Histoire chronologique des voyages vers le pôle Arctique; 2 vol. in-8°, Paris, Gide, 1819.

Parry, W.-Ed. 527
Voyage fait en 1819-20 pour découvrir un passage dans le nord-ouest de l'Océan Atlantique à la mer Pacifique ; 1 vol. in-8°, Paris, Gide fils, 1822.

Dumont d'Urville, J. 1803
Voyage de découvertes de l'Astrolabe 1826-29 ; 1 vol. in-4°, Paris, 1833.

Ross, J. 540
Relations du second voyage fait à la découverte d'un passage au Nord-Ouest en 1829-33 ; 2 vol. in-8°, Paris, Bellizard, 1835.

Dumont d'Urville, J. 1403
Voyage au pôle Sud et dans l'Océanie, sur les corvettes l'Astrolabe et la Zélée, 1837-40; 13 vol. gr. in-8°, et 3 atlas, Paris, Gide, 1841-48.

Bellot, J.-R. 27
Journal d'un voyage aux mers Polaires en 1851 ; à la recherche de sir John Franklin ; 1 vol. in-12, Paris, Perrotin, 1866.

Kane, E.-K. 538
Artic explorations. — The second Grinnell expédition in

Search of sir John Franklin, 1853-55 ; 1 vol. in-8°, London, T. Nelson, 1867.

Payer, J. 1411

L'expédition du Tegetthoff, 1873. — Voyages et découvertes aux 80°-83° de latitude Nord ; 1 vol. gr. in-8°, Paris, Hachette, 1878.

Geslin, J. 28

L'expédition de la *Jeannette* au pôle Nord ; 2 vol. in-12, Paris, Dreyfous, 1882.

Petitot, E. 29

En route pour la mer Glaciale ; 1 vol. in-12, Paris, Letouzey et Ané, 1887.

Hertz, Ch. 1637

La Conquête du Globe. — Géographie contemporaine. — Les pôles. — Expéditions polaires et maritimes ; 1 vol. gr. in-8°, Paris, Tolmer, 1888.

Nansen, Fr. 548

Vers le pôle ; 1 vol. gr. in-8°, Paris, E. Flammarion, 1897.

Voyages en diverses parties du monde

Verdun de la Crenne. 1609

Voyage en diverses parties de l'Europe, de l'Afrique et de l'Amérique, 1771-72 ; 2 vol. in-4°, Paris, Imp. Royale, 1778.

Sonnerat. 789

Voyage aux Indes Orientales et à la Chine, 1774-81 ; 3 vol. in-8°, Paris, Froulé, 1782.

Lade, R. 529

Voyages en Asie, Afrique et Amérique ; 1 vol in-8°, Paris, Leblanc, 1810.

Johnson. 799

Voyage de l'Inde en Angleterre, par la Perse, la Georgie, la Russie, la Pologne et la Prusse, 1817 ; 2 vol. in-8°, Paris, Gide, 1819.

Reybaud, L. 530

La Polynésie et les Iles Marquises. — L'Abyssinie. —

L'Isthme de Panama. — Voyages et marine ; 1 vol. in-8°, Paris, Guillaumin, 1843.

Martins, Ch. 543

Du Spitzberg au Sahara. — Étapes d'un naturaliste ; 1 vol. in-8°, Paris, J.-B. Baillière, 1866.

Simonin, L. 17

Les Pays lointains : La Californie, Maurice, Aden, Madagascar ; 1 vol. in-12, Paris, Challamel, 1867.

Massias, H. 220

Un Voyage dans les Mers de l'Inde, Scènes de la vie maritime ; 2 vol. in-12, Paris, Arnauld de Vresse, 1869.

Pascal, C. 14

A travers l'Atlantique et dans le Nouveau Monde ; 1 vol. in-12, Paris, E. Dentu, 1870.

Drouët, H. 16

Sur Terre et sur Mer. — Excursions d'un naturaliste en France, aux Açores, à la Guyane et à Angola ; 1 vol. in-12, Paris, Hachette, 1870.

Coste, P.-X. 1410

Notes et Souvenirs de Voyages, 1817-77 ; 2 vol. gr. in-8°, Marseille, Cayer, 1878.

Kaltbrunner, D. 522

Aide-Mémoire du Voyageur. — Notions générales de géographie mathématique, physique et politique, de géologie, de biologie et d'anthropologie ; 1 vol. in-8°, Zurich, J. Wurster, 1881.

Aube, Th. 20

Entre deux Campagnes. — Notes d'un marin ; 1re série : Au Sénégal. — La Mégère en Océanie. — Les Samoa. — Les Wallis. — Les Gambiers. — Les Fidji ; 1 vol. in-12, Berger-Levrault, 1881.

Aube, Th. 21

A Terre et à Bord. — Notes d'un marin ; IIe série : Italie et Levant. — Pénétration Afrique Centrale. — Centre Amérique. — Colombie, etc. ; 1 vol. in-12, Paris, Berger-Levrault, 1884.

Gaffarel, P. 19
Les Explorations françaises, 1870-81 ; 1 vol. in-12, Paris, Degorce-Cadot, 1882.

Garnier, F. 23
De Paris au Tibet; notes de voyage; 1 vol. in-12, Paris, Hachette, 1882.

Cotteau, E. 15
De Paris au Japon à travers la Sibérie, voyage exécuté du 6 mai au 7 août 1881; 1 vol. in-12, Paris, Hachette, 1883.

Molinari, G. (de) 295
Au Canada et aux montagnes rocheuses. — En Russie, en Corse, à l'Exposition universelle d'Anvers; 1 vol. in-12, Paris, Reinwald, 1886.

Hübner (de) 747
A travers l'Empire Britannique, 1883-84 ; 2 vol. in-8°, Paris, Hachette. 1886.

Marmier, X. 546
Du Rhin à Constantinople et de Constantinople au Caire, 1845-46 ; 2 vol. in-8°, Paris, V. Lecoffre, 1887.

.... 1807
Les Capitales du Monde ; 1 vol. in-4°, Paris, Hachette, 1890.

Chabrand, E. 13
De Barcelonnette au Mexique. — Inde-Birmanie-Chine-Japon-Etats-Unis ; 1 vol. in-12, Paris, Plon, 1892.

Drouet, F. 1635
De Marseille à Moscou par le Caucase ; 1 vol. in-4°, Rouen, Gagniard, 1893.

Jousset, P. 1634
Un tour de Méditerranée. — De Venise à Tunis par Athènes, Constantinople et le Caire ; 1 vol. in-4°, Paris, Imp. Réunies, 1893.

Loubeau, P. (de) 1808
La Méditerranée pittoresque ; 1 vol. gr. in 8°, Paris, A. Colin, 1894.

Girard, B. 544

Souvenirs maritimes, 1881-83. — Journal de bord d'une campagne en Tunisie, en Egypte et dans le Levant ; 1 vol. in-8°, Paris, Chamuel, 1895,

Leroy-Beaulieu, Pierre. 26

Les nouvelles Sociétés Anglo-Saxonnes : Australie, Nouvelle-Zélande, Afrique Australe ; 1 vol. in-12, Paris, A. Colin, 1897.

Histoire Générale

.... 502

Vocabulaire pour l'intelligence de l'Histoire Moderne ; 1 vol. in-8°, Paris, Lenormant, 1803.

.... 518

L'Univers. Histoire et description de tous les peuples anciens et modernes ; 68 vol. in-8°, Paris, Didot, 1838-63.

Gaudeau, L. 505

Histoire générale de tous les peuples depuis les premiers temps historiques jusqu'à nos jours, et Géographie comparée : 3 vol. gr. in-8°, Paris, 1841.

Marshall, M. 515

Les Missions chrétiennes ; 2 vol. in-8°, Paris, Bray, 1865.

Rouhaud, H. 516

Les régions nouvelles. — Histoire du Commerce et de la Civilisation au nord de l'Océan Pacifique ; 1 vol. in-8°, Paris, E. Dentu, 1868.

Benlœw, L. 501

Les lois de l'Histoire ; 1 vol. in-8°, Paris, Germer-Baillière, 1881.

Chronologie

.... 1821

L'Art de vérifier les dates ; 1 vol. in-f°, Paris, Desprez, 1770.

Lesage, A. 1829

Atlas historique, généalogique, chronologique et géographique ; 1 vol. in-f°, Paris, Leclère, 1829.

Savagner 503
Traité élémentaire de chronologie historique; 1 vol. in-8°, Paris, Pelissonnier, 1837.

Mavidal, J. 1
Annuaire des faits. — Résumé universel, chronologique et alphabétique des événements, 1861-1864 ; 2 vol. in-12, Paris, B. Duprat.

Dreyss, Ch. 2
Chronologie Universelle suivie des listes chronologiques et de tableaux généalogiques; 2 vol. in-12, Paris, Hachette, 1873.

Histoire Ancienne

Moreau de Jonnès, A. 504
Statistique des peuples de l'Antiquité : Les Egyptiens, les Hébreux, les Grecs, les Romains et les Gaulois ; 2 vol. in-8°, Paris, Guillaumin, 1851.

Broglie, A. (de) 507
L'Église et l'empire Romain au IVe siècle ; 4 vol. in-8°, Paris, Didier, 1856-59.

Givodan, L. (de) 3
Histoire des classes privilégiées dans les temps anciens ; 2 vol. in-8°, Paris, 1861.

Fustel de Coulanges. 47
La Cité antique; étude sur le culte, le droit, les institutions de la Grèce et de Rome; 1 vol. in-12, Paris, Hachette, 1870.

Jacobs, A. 22
Les Capitales anciennes : Babylone, Ninive, Ecbatane, Persépolis, Tyr, Sidon, Palmyre, Damas, Sparte, etc. ; 1 vol. in-8°, Paris, P. Dupont, 1886.

Demolins, E. 18
Comment la route crée le type social : Les routes de l'Antiquité : 1 vol. in-12, Paris, Didot.

Europe

Courtanvaux (Mis de). 1611
Journal de Voyage du Havre aux côtes de Hollande. —

Sur la frégate l'*Aurore*; 1 vol. in-4°, Paris, Imp. Royale, 1768.

.... 556

Voyage de deux Français en Allemagne, Danemark, Suède, Russie et Pologne, fait en 1790-92; 5 vol. in-8°, Paris Desenne, 1796.

Young, A. 35

Voyages en Italie et en Espagne en 1787-89; 1 vol. in-12, Paris, Guillaumin, 1860.

Duruy, V. 36

De Paris à Vienne; 1 vol. in-12, Paris, Hachette, 1864.

Liégeard, Stéph. 639

La Côte d'Azur; 1 vol. in-8°, Paris, Lib.-Imp. réunies, 1894.

Léouzon Le Duc. 1422

Souvenirs et Impressions de Voyage dans les Pays du Nord de l'Europe. — Suède, Finlande, Danemark, Russie; 1 vol. gr. in-8°, Paris, Delagrave, 1886.

Deschamps, Ph. 191

De Paris au Soleil de Minuit par Hambourg, le Danemark, la Suède, la Norvège, le Cap Nord, l'Allemagne et la Bohême; 1 vol. in-12, Paris, A. Lemerre, 1898.

Lancrenon, P. 555

De la Seine à la Volga; 1 vol. gr. in-8°, Paris, E. Plon, 1898.

Bainier, P.-F. 1623

Cours de Géographie : Europe; 1 vol. in-4°, Imp. Roucou, 1873.

Niox, G. (Cte). 37

Géographie militaire. — Introduction. — Notion de géologie, etc. — I. France. — II. Grandes Alpes, Suisse et Italie. — III et IV. Europe centrale. — V. Europe orientale et bassin de la Méditerranée; 7 vol. in-12, Paris, Dumaine, 1880-83.

Lanier, L. 32
L'Europe. -- Lectures de Géographie; 1 vol. in-12, Paris, Belin, 1886.

Dubois, M. 31
Géographie économique de l'Europe; 1 vol. in-12, Masson, 1889.

Heeren, L. 506
Essai sur l'influence des Croisades ; 1 vol, in-8°, Paris, Treuttel et Würtz, 1808.

Capefigue. 214
La Réforme et la Ligue, 1450-1588 ; 1 vol. in-12, Paris, Belin-Leprieur, 1843.

Capefigue. 549
Les Diplomates Européens ; 4 vol. in-8°, Paris, Amyot, 1845-47.

Guizot. 511
Histoire des origines du Gouvernement représentatif en Europe ; 2 vol. in-8°, Paris, Didier, 1851.

Thierry, Amédée. 557
Histoire d'Attila et de ses successeurs jusqu'à l'établissement des Hongrois en Europe ; 2 vol. in-8°, Paris, Didier, 1856.

Guizot. 508
L'Église et la Société chrétiennes en 1861 ; 1 vol. in-8°, Paris, Michel Lévy, 1861.

Martin Doisy, 553
L'Italie, l'Allemagne et le Congrès ; 1 vol. in-8°, Paris, Sempé, 1860.

Hans, A. 33
L'Europe nouvelle ; 1 vol. in-12, Paris, E. Dentu, 1870.

Lavisse, E. 30
Vue générale de l'Histoire politique de l'Europe ; 1 vol. in-12, Paris, A. Colin.

Frary, R. 38

Le Péril national. — Les Guerres nationales, l'invasion Germanique, la France en 1881, l'effort nécessaire ; 1 vol. in-18, Paris, Didier, 1881.

Ideville, H. (d'). 150

Journal d'un Diplomate en Allemagne et en Grèce ; Notes intimes pouvant servir à l'Histoire du second Empire. — Dresde-Athènes, 1867-68 ; 1 vol. in-12, Paris, Hachette, 1875.

Rothan, G. 552

L'Allemagne et l'Italie, 1870-71 ; 2 vol. in-8°, Paris, Calmann Lévy, 1884-85.

Meding, O. 5

De Sadowa à Sedan, Mémoires d'un Ambassadeur secret aux Tuileries, publiés par Victor Tissot ; 1 vol. in-12, Paris, E. Dentu, 1885.

Rothan, G. 554

La Prusse et son Roi pendant la Guerre de Crimée ; 1 vol. in-8°, Paris, Calmann Lévy, 1888.

Bled, V. (du). 4

Le Prince de Lignes et ses contemporains ; 1 vol. in-12, Paris, Imp. Chaix, 1889.

Orléans (Duc d'). 8

Duc d'Orléans. — Lettres, 1825-42, publiées par ses fils, le comte de Paris et le duc de Chartres ; 1 vol. in-12, Paris, Calmann Lévy, 1889.

Rothan, G. 550

L'Europe et l'avènement du second Empire ; 1 vol. in-8°, Paris, Calmann Lévy, 1890.

Vogüé, E.-M. (Vte de). 6

Spectacles contemporains ; 1 vol. in-12, Paris, Colin, 1890.

Barral-Montferrat (de). 1412

Dix ans de paix armée entre la France et l'Angleterre, 1783-1793 ; 1 vol. gr. in-8°, Paris, Plon, 1893.

Joinville (P[ce] de). 7

Vieux souvenirs, 1818-1848 ; 1 vol. in-12, Paris, Calmann Lévy, 1894.

Waldteufel, E. 215

Six mois de paix armée. — L'Allemagne. — L'Autriche-Hongrie. — L'Italie. — Toulon. — Paris ; 1 vol. in-12, Paris, A. Savine, 1894.

Rambaud, A. 762

Russes et Prussiens. — Guerre de Sept Ans ; 1 vol. in-8°, Paris, Berger-Levrault, 1895.

France

Wey, F. 41

Dick-Moon en France, journal d'un Anglais ; 1 vol. in-12, Paris, Hachette, 1863.

Young, A. 615

Voyages en France, 1787-89 ; 2 vol. in-8°, Paris, Guillaumin, 1882.

Hurlbert, H. 298

Voyage en France d'un Démocrate américain pendant l'année du centenaire ; 1 vol. in-12, Paris, Calmann Lévy, 1890.

Ardouin-Dumazet. 344

Voyage en France :

1re série : Morvan, Nivernais, Beauce, etc.
2me série : Anjou, Bas-Maine, Suisse Normande, etc.
3me série : d'Arcachon à Belle-Isle, etc.
5me série : Manche et Bretagne péninsulaire.
7me série : Région Lyonnaise et Forez.
8me série : Le Rhône, Bas-Dauphiné, Savoie Rhodanienne.
12me série : Alpes de Provence et Alpes-Maritimes.
14me série : La Corse.
... vol. in-12, Paris, Berger-Levrault.

.... 614

Guide pittoresque du Voyageur en France contenant la statistique et description complète des 86 départements ; 6 vol. in-8°, Paris, Didot, 1835-38.

Hugo, A. 1625

France pittoresque ou description des départements et colonies de la France ; 3 vol. in-4°, Paris, Delloye, 1835.

Malte-Brun, V.-A. 1626

La France illustrée. — Géographie, histoire, administration, statistique; 2 vol. et 1 atlas in-4°, Paris, G. Barba, 1855.

Bainier, P.-F. 1631

Géographie générale de la France; 1 vol. in-4°, Paris, E. Belin, 1877.

Dubois, M. 57

Géographie économique de la France; 1 vol. in-12, Paris, G. Masson, 1889.

Dubois, M. 56

Géographie de la France et de ses colonies; 1 vol. in-12, Paris, G. Masson, 1892.

Vattier d'Ambroyse, V. 1651

Le Littoral de la France ;

I. — Côtes Normandes de Dunkerque au mont Saint-Michel.

II. — Côtes Bretonnes du mont Saint-Michel à Lorient.

III. — Côtes Vendéennes de Lorient à la Rochelle.

IV. — Côtes Gasconnes de La Rochelle à Hendaye.

V. — Côtes Languedociennes du Cap Cerbère à Marseille.

VI. — Côtes Provençales de Marseille à la frontière d'Italie; 6 vol. gr. in-8°, Paris, Sanard, 1892.

Hello, G. 517

Philosophie de l'Histoire de France ; 1 vol. in-8°, Paris, Joubert, 1840.

Mullié, C. 1830

Fastes de la France ou Tableaux Chronologiques, Synchroniques et Géographiques de l'Histoire de France depuis l'établissement des Francs jusqu'à nos jours ; 1 vol. in-f°, Lille, Bohem, 1841.

Mullié, C. 1624

Fastes de la France ; 2 vol. gr. in-8°, Paris, F. Bertin, 1859.

Thierry Amédée. 558
Histoire des Gaulois depuis les temps les plus reculés jusqu'à l'entière soumission de la Gaule à la domination Romaine ; 2 vol in-8°, Paris, Didier, 1857.

Thierry Amédée. 559
Histoire de la Gaule sous l'administration Romaine ; 2 vol. in-8° Paris, Just-Tessier, 1840-1847.

Maury, L.-F. Alfred. 560
Les Forêts de la Gaule et de l'ancienne France ; 1 vol. in-8°, Paris, De Ladrange, 1867.

Thierry, Aug. 561
Récits des temps Mérovingiens précédés de Considérations sur l'Histoire de France ; 2 vol. in-8°, Just-Tessier, 1842.

Guizot. 562
Essai sur l'Histoire de France ; 1 vol. in-8°, Paris, 1847.

Capefigue. 566
Histoire de France. — De Charlemagne, à Louis-Philippe ; 60 vol. in-8°, Paris, 1842-46.

Rott, Ed. 567
Henri IV, la Suisse et la Haute-Italie. — La Lutte pour les Alpes, 1598-1610 ; 1 vol. gr. in-8°, Paris, Plon, 1882.

Martin, Henri. 568
Histoire de France depuis les temps les plus reculés jusqu'à nos jours ; 25 vol. in-8°, Paris, Furne, 1855-85.

Challamel, A. 569
Mémoires du Peuple Français, depuis son origine jusqu'à nos jours ; 8 vol. in-8°, Paris, Hachette, 1866-73.

Dareste. C. 570
Histoire de France depuis les origines jusqu'à nos jours ; 8 vol. in-8°, Paris, E. Plon, 1865-73.

Broc (de). 571
La France sous l'ancien Régime. — Le Gouvernement et les Institutions ; 1 vol, in-8°, Paris, Plon, 1887.

Clément, P. 573
La Police sous Louis XIV ; 1 vol. in-8°, Paris, Didier, 1866.

Luçay (de). 574
Les Origines du pouvoir Ministériel en France. — Les Secrétaires d'État depuis leur institution jusqu'à la mort de Louis XV ; 1 vol. in-8°, Paris, Société Bibliographique, 1881.

Colin et **Raynaud**. 575
Lettres inédites du duché de Vanci, contenant la relation historique du voyage de Philippe d'Anjou, appelé au trône d'Espagne, ainsi que des ducs de Bourgogne et de Berry, ses frères, en 1700 : 1 vol. in-8°, Paris, Lacroix, Sautelet, 1830.

Clément, P. 577
Le Gouvernement de Louis XIV ou la Cour, l'Administration, les Finances et le Commerce, de 1683 à 1689 ; 1 vol. in-8°, Paris, Guillaumin, 1848.

Boutaric, E. 576
Correspondance secrète inédite de Louis XV sur la politique étrangère avec le comte de Broglie, Tercier, etc ; 2 vol. in-8°, Paris, E. Plon, 1866.

.... 578
Paris, Versailles et les Provinces, au XVIIIe siècle. — Anecdotes sur la vie privée de plusieurs ministres, évêques, hommes d'Etat, etc., sous les règnes de Louis XV et Louis XVI ; 3 vol. in-8°, Paris, Nicolle, 1817.

Haussonville (d') 579
Histoire de la réunion de la Lorraine à la France ; 4 vol. in-8°, Paris, Michel Lévy, 1854-59.

Lavergne, L. (de) 580
Les assemblées provinciales sous Louis XVI ; 1 vol. in-8°, Michel Lévy, 1864.

Luçay (de) 572
Les assemblées provinciales sous Louis XVI et les divisions administratives de 1789 ; 1 vol. in-8°, Paris, de Graet, 1871.

Babeau, A. 44
Le Village sous l'ancien régime ; 1 vol. in-12, Paris, Didier, 1882.

Babeau, H. 1432
Les assemblées générales des communautés d'habitants en France du XIIIe siècle à la Révolution ; 1 vol. gr.-in-8°, Paris, Rousseau, 1893.

Thierry, Aug. 581
Essai sur l'Histoire de la formation et les progrès du Tiers-Etat ; 1 vol. in-8°, Paris, Furne, 1853.

Rathery, E.-J.B. 582
Histoire des Etats généraux en France, suivie d'un examen comparatif de ces assemblées et des parlements d'Angleterre ; 1 vol. in-8°, Paris, de Cosse, 1845.

Daudet, E. 583
Histoire de l'Emigration. — Les Bourbons et la Russie pendant la Révolution française ; 1 vol. in-8°, Paris, lib. Illustrée.

Rémusat, Ch. (de). 584
Politique libérale ou fragments pour servir à la défense de la Révolution française ; 1 vol. in-8°, Paris, Michel Lévy, 1860.

Taine, H. 585
Les Origines de la France contemporaine. — L'Ancien Régime. — La Révolution ; 4 vol. in-8°, Paris, Hachette, 1880-85.

Tocqueville, A. 586
L'Ancien régime et la Révolution ; 4 vol. in-8°, Paris, Michel Lévy, 1859.

Masson, F. 587
Le Département des Affaires Étrangères pendant la Révolution, 1787-1804 ; 1 vol. in-8°, Paris, Plon, 1877.

Pizard, A. 588
La France en 1789 : La Société, le Gouvernement, l'Administration ; 1 vol. in-8°, Paris.

Mirecourt, E. (de) 1638
Avant, pendant et après la Terreur, 1788-94 ; 3 vol. in-8°, Paris, E. Dentu, 1866.

Grille, F. 589
Introduction aux Mémoires sur la Révolution Française,

ou Tableau Comparatif des Mandats et Pouvoirs donnés par les provinces à leurs députés aux États-Généraux, de 1789; 2 vol. in-8°, Paris, Pichard, 1825.

.... 590
Collection des Mémoires relatifs à la Révolution Française; 72 vol. in-8°, Paris, Baudouin, 1820-24.

Thiers, A. 591
Histoire de la Révolution Française; 10 vol. in-8°, et atlas, Paris, Lecointe, 1828-29.

Thiers, A. 592
Histoire du Consulat et de l'Empire, faisant suite à l'Histoire de la Révolution Française; 20 vol. in-8°, et 1 atlas, Paulin, 1862, Lheureux, 1845-62. (Annexe : 30 liv. in-4° vign. et port, dessins par Raffet).

Thiers, A. 48
Sainte-Hélène; 1 vol. in-12, Paris, Lheureux, 1862.

Muel, L. 593
Gouvernements, Ministères et Constitutions de la France depuis Cent ans, 1789-1890; 1 vol. in-8°, Paris, A. Durand, 1893.

Muret. Th. 40
L'Histoire sur le Théâtre, 1789-1851; 3 vol. in-12, Paris, Amyot, 1865.

Chaptal (Cte). 594
Mes Souvenirs sur Napoléon; 1 vol. in-8°, Paris, Plon, 1893.

Guizot. 595
Mémoires pour servir à l'Histoire de mon temps, 1807-48 ; 8 vol. in-8°, Paris, Michel Lévy, 1858-67.

Viel-Castel, L. (de) 596
Histoire de la Restauration, 1814-30; 20 vol. in-8°, Paris, Michel Lévy, 1860-78.

.... 597
Histoire de la Restauration et des causes qui ont amené la chute de la branche aînée des Bourbons, par un homme d'Etat; 10 vol. in-8°, Paris, Dufey et Vezard, 1831-33.

Blanc (Louis). 598
Histoire de Dix Ans, 1830-40 ; 5 vol. in-8°, Paris, Pagnerre, 1844.

Raguse (Duc de). 599
Mémoires du maréchal Marmont, duc de Raguse, 1792-1841 ; 9 vol. in-8°, Paris, Perrotin, 1857.

Peyronnet (de) 509
Questions de Juridiction parlementaire ou examen juridique de l'accusation et du jugement portés contre les derniers Ministres de Charles X ; 1 vol. in-8°, Paris, Janet, 1831.

Villemain. 600
Souvenirs contemporains d'Histoire et de Littérature ; 2 vol. in-8°, Paris, Didier, 1854-55.

Harcourt, J. (d'). 601
De la Politique française en 1846 ; 1 vol. in-8°, Paris, Guillaumin, 1847.

Thiboult du Puisact, J. (de). 602
Journal d'un fourrier de l'armée de Condé, Jacques de Thiboult du Puisact, avec l'état de l'infanterie noble du corps de Condé, publié et annoté par le comte Gérard de Contades ; 1 vol. in-8°, Paris, Didier, 1882.

Carné, L. (de) 563
Études sur l'Histoire du gouvernement représentatif en France, 1789-1848 ; 2 vol. in-8°, Paris, Didier, 1855.

Dupin. 564
Mémoires ; 4 vol. in-8°, Paris, Henri Plon, 1855-61.

Duvergier de Hauranne. 565
Histoire du Gouvernement parlementaire en France, 1814-1848 ; 10 vol. in-8°, Paris, Michel Lévy, 1857-71.

Véron, L. 603
Mémoires d'un bourgeois de Paris comprenant : La fin de l'Empire, la Restauration, la Monarchie de Juillet et la République jusqu'au rétablissement de l'Empire ; 6 vol. in-8°, Paris, de Gonet, 1853-55.

Ténot, E. 604
Paris en décembre 1851. — Étude historique sur le coup d'État ; 1 vol. in-8°, Paris, Le Chevalier, 1868.

.... 605
Documents pour servir à l'histoire du second Empire : Circulaires, rapports, notes et instructions confidentielles, 1851-70 ; 1 vol. in-8°, Paris, E. Lachaud, 1872.

Pinard, E. 39
Mon journal ; 3 vol. in-12°, Paris, E. Dentu, 1892-93.

Ollivier, Emile. 52
L'Empire libéral : Études, récits, souvenirs ; 4 vol. in-12, Paris, Garnier frères, 1895-99.

Legrelle, A. 607
La Prusse et la France devant l'histoire. — Essai sur les conséquences de la guerre de 1870-71 ; 1 vol. in-8°, Paris, Cotillon, 1880.

Grand-Carteret, J. 51
La France jugée par l'Allemagne ; 1 vol. in-12, Paris, lib. Illustrée, 1886.

Le Roy de Sainte-Croix. 42
Les Anniversaires glorieux de l'Alsace, 1781-1848 ; 1 vol. in-12, Paris, Berger-Levrault, 1881.

Daudet, Ernest. 608
Histoire diplomatique de l'Alliance Franco-Russe, 1873-93; 1 vol. in-8°, Paris, Ollendorff, 1894.

Pally, L. 54
Les Fêtes Franco-Russes ; 1 vol. in-12, Paris, libraires associés, 1894.

Vachon, M. 1814
Les marins Russes en France ; 1 vol. in-4°, Paris, Lib.-Imp. réunies, 1893.

Hamerton, P.-G. 50
Français et Anglais ; 2 vol. in-12, Paris, Perrin, 1891.

Gers, P. 53
Les Voyages du Président en 1892. — M. Carnot à Bar-le-Duc, Nancy, Lunéville, Toul, Aix-les-Bains, Chambéry, Poitiers, Montmorillon, Châtellerault, Lille ; 1 vol. in-12, Paris, E. Flammarion, 1893.

Leymarie, A. 611
Histoire des Paysans en France depuis l'époque Gallo-Romaine ; 2 vol. in-8°, Paris, Guillaume, 1856.

Hallez, Th. 612
Des Juifs en France, de leur état moral et politique depuis les premiers temps de la monarchie jusqu'à nos jours ; 1 vol. in-8°, Paris, E. Dentu, 1845.

Prévost-Paradol. 613
La France nouvelle ; 1 vol. in-8°, Paris, Michel Lévy, 1868.

Boisjoslin, J. (de) 46
Les peuples de la France. — Ethnographie nationale ; 1 vol. in-12, Paris, Didier, 1878.

Jeannerod, G. 49
La Puissance Française ; 1 vol. in-12, Paris, Calmann-Lévy, 1887.

Demolins, E. 58
Les Français d'aujourd'hui, — Les types sociaux du Midi et du Centre ; 1 vol. in-12, Paris, F. Didot.

Daniel, A. 55
L'Année politique, 1884-1895 ; ... vol. in-12, Paris, G. Charpentier.

France. — Localités

Joanne, A. 60
Géographies départementales : Aisne, Allier, Aube, Alpes (Basses), Bouches-du-Rhône, Cantal, Charente, Charente-Inférieure, Côte-d'Or, Deux-Sèvres, Doubs, Gironde, Hérault, Haute-Saône, Indre-et-Loire, Isère, Landes, Loire, Loiret, Loir-et-Cher, Loire-Inférieure, Meurthe, Nord, Pas-de-Calais, Puy-de-Dôme, Rhône, Seine-Inférieure, Seine-et-Oise, Saône-et-Loire, Somme ; 30 vol. in-12, Paris, Hachette.

Prudhomme. 642
Révolutions de Paris dédiées à la Nation et au district des Petits-Augustins ; 17 vol. in-8°, Paris, 1790-93.

.... 1647
Paris pittoresque ; 2 vol. gr. in-8°, Paris, 1842.

Meindre, A.-J. 643
Histoire de Paris et de son influence en Europe depuis les temps les plus reculés jusqu'à nos jours ; 5 vol. in-8°, Paris, Dentu, 1855.

Dauban, C.-A. 641
Paris en 1794 et 1795. — Histoire de la Rue, du Club et de la Famine ; 1 vol. gr. in-8° Paris, Plon, 1869.

Dumas, A., etc. 1648
Paris et les Parisiens au XIXe siècle. — Mœurs, Arts et Monuments ; 1 vol. gr. in-8°, Paris, Morizot.

Du Camp, Maxime. 644
Paris, ses organes, ses fonctions et sa vie dans la seconde moitié du XIXe siècle ; 6 vol. in-8°, Paris, Hachette, 1869-75.

Vasili, P. 645
La Société de Paris. — I. Le grand Monde. – II. Le Monde politique ; 2 vol. gr. in-8°, Paris, *Nouvelle Revue*, 1887-88.

Lenthéric, Ch. 66
Côtes et Ports français de l'Océan. — Le Travail de l'Homme et l'Œuvre du Temps ; 1 vol. in-12, Paris, Plon-Nourrit, 1901.

Hautefeuille, A. (d') **et Bénard, L.** 68
Histoire de Boulogne-sur-Mer ; 2 vol. in-12, Boulogne-sur-Mer, 1860.

.... 69
Le Havre ancien et moderne et ses environs : 2 vol. in-12, Havre, Chapelle, 1825.

Coninck, F. (de). 1649
Le Havre, son passé, son présent, son avenir ; 1 vol. gr. in-8°, Havre, Lemale, 1869.

Borély, A.-E. 640
Histoire de la ville du Havre et de son ancien gouvernement ; 3 vol. in-8°, Le Havre, Lepelletier, 1880-81.

Girard, B. 638
La Bretagne maritime ; 1 vol. in-8°, Rochefort-sur-Mer, Ch. Thèze, 1889.

Girard, B. 637
La Normandie maritime ; 1 vol. in-8°, Niort, Lemercier, 1899.

Girard, B. 82
L'Aunis et la Saintonge maritimes ; 1 vol. in-12, Niort, 1901.

.... 75
Les Causses et les Cañons du Tarn ; 1 vol. in-12, Mende, 1902.

Delmas, J. 59
Géographie du département de l'Aude ; 1 vol. in-12, Marseille, Arnaud, Cayer, 1867.

Chausenque, V. (de). 72
Les Pyrénées ou Voyages pédestres dans toutes les régions de ces montagnes depuis l'Océan jusqu'à la Méditerranée ; 2 vol. in-12, Agen, P. Noubel, 1854.

Perret, P. 1645
Les Pyrénées françaises. — Lourdes, Cauterets, Luz, Saint-Sauveur, Barèges ; 1 vol. gr. in-8°, Paris, H. Oudin, 1881,

Taine, H. 1414
Voyage aux Pyrénées ; 1 vol. gr. in-8°, Paris, Hachette, 1889.

Dujardin, V. 71
Voyages aux Pyrénées. — Le Roussillon ; 1 vol. in-12, Céret, L. Lamiot, 1890.

Brousse, E. 73
Pyrénées inconnues. — La Cerdagne Française ; 1 vol. in-12, Perpignan, imp. lib. de l'Indépendant, 1896.

Cardaillac, X. (de) 74
Promenades artistiques. — Fontarabie ; 1 vol, in-8°, Paris, Hachette, 1896.

Mazas, A. 1644
La Guienne, le Languedoc et la Provence divisés en départements ; 1 vol. in-4°, Paris, Hivert, 1852.

Mary-Lafon. 616
Histoire politique, religieuse et littéraire du midi de la France depuis les temps les plus reculés jusqu'à nos jours; 4 vol. in-8°, Paris, Mellier, 1845.

Fabvier, E. 1416
Histoire de Lyon et des anciennes provinces du Lyonnais, du Forez et du Beaujolais jusqu'à nos jours ; 2 vol. gr. in-8°, Lyon, Girard, 1846.

Ladoucette, J.-C.-F. 636
Histoire, topographie, antiquités, usages, dialectes des Hautes-Alpes ; 1 vol. in-8°, Paris, Fantin, 1834.

Desor, E. 77
Excursions et séjours dans les glaciers et les hautes régions des Alpes de M. Agassis et de ses compagnons de voyage; 1 vol. in-12, Neufchâtel, Kissling, 1844.

Chaix. B. 635
Préoccupations géographiques, statistiques, pittoresques et synoptiques du département des Hautes-Alpes ; 1 vol. in-8°, Grenoble, Allier, 1845.

Montanel (de). 631
Typographie militaire des Alpes, comprises entre le Petit Saint-Bernard et la Méditerranée. — Mémoire écrit de 1744 à 1782 ; 1 vol. in-8°, Grenoble, Allier, 1874.

Falsan, A. 67
Les Alpes Françaises ; la Flore et la Faune, le rôle de l'Homme dans les Alpes, la Transhumance; 1 vol. in-12, Paris, Baillière, 1893.

Wey, F. 76
La Haute-Savoie. — Récits d'Histoire et de Voyage ; 1 vol. in-12, Paris, Hachette, 1865.

Durier, Ch. 78
Le Mont-Blanc ; 1 vol. in-12, Paris, Fischbacher, 1897.

Lenthéric, Ch. 634
Le Rhône, Histoire d'un Fleuve; 1 vol. in-8°, Paris, Plon, 1892.

Barron, L. 633
Les Fleuves de France : Le Rhône; 1 vol. in 8°, Paris, Renouard, 1892.

Lenthéric, Ch. 63
La Région du Bas-Rhône; 1 vol. in-12, Paris, Hachette, 1881.

Desjardins, E. 1800
Aperçu historique sur les Embouchures du Rhône; 1 vol. in-4°, Paris, Ch. Lahure, 1866.

Lenthéric, Ch. 65
Les Villes Mortes du Golfe de Lyon : Illiberris, Ruscino, Narbon, Agde, Maguelone, Aiguesmortes, Arles, Les Saintes-Maries; 1 vol. in-12, Paris, E. Plon, 1876.

Lenthéric, Ch. 62
La Grèce et l'Orient en Provence : Arles, Le Bas-Rhône, Marseille; 1 vol. in-12, Paris, E. Plon, 1878.

Lenthéric, Ch. 64
La Provence maritime, ancienne et moderne. — La Ciotat, Tauroentum, Toulon, Hyères, Les Maures et l'Estérel, Fréjus, Cannes et Lérins, Antibes, Nice et Cimiez, Menton et Monaco; 1 vol. in-12, Paris, E. Plon, 1880.

Castanier, P. 1639.
Histoire de la Provence dans l'antiquité jusqu'au IVe siècle après J.-C.

I. — La Provence préhistorique et protohistorique jusqu'au VIe siècle avant l'Ère Chrétienne.

II. — Les origines historiques de Marseille et de la Provence; 2 vol. gr. in-8°, Marseille, Flammarion et Aubertin, 1893-96.

Bérenger-Féraud. 510
La Campagne de Marius en Provence (104-101 av. J.-C.), 1 vol. in-8°, Leroux, 1895.

Boisson de la Salle. 620
Essai sur l'Histoire des Comtes Souverains de Provence; 1 vol. in-8°, Aix, Mouret, 1820.

Fabre, Aug. 617
Histoire de Provence ; 4 vol. in-8°, Marseille, Feissat et Demonchy, 1833-35.

Ribbe Ch. (de). 619
Pascalis. — Étude sur la fin de la Constitution Provençale 1787-90 ; 1 vol. in-8°, Paris, Dentu, 1854.

Teissier O. 1641
Biographie des Députés de la Provence à l'Assemblée Nationale de 1789 ; 1 vol. in-4°, Marseille, V. Boy, 1897.

Pelloux, L. 625
Recueil d'Études Géographiques et Historiques sur la Provence ; 1 vol. in-8°, Marseille, Forcalquier, Digne, 1883-95.

Villeneuve (de). 1627
Statistique du Département des Bouches-du-Rhône ; 4 vol. in-4° et 1 atlas, Marseille, Ant. Ricard, 1821-34.

Mortreuil, J.-A.-B. 626
Dictionnaire Topographique de l'arrondissement de Marseille, comprenant les noms anciens et modernes ; 1 vol. in-8°, Marseille, Cayer, 1872.

Saurel, A. 627
Dictionnaire des Villes, Villages et Hameaux du Département des Bouches-du-Rhône ; 2 vol. in-8°, Marseille, Marius Olive, 1877-78.

Saurel, A. 61
Dictionnaire Pratique et Portatif des Bouches-du-Rhône ; 1 vol. in-16, Marseille, T. Samat, 1880.

François d'Aix. 1628
Les Statuts Municipaux et Coutumes anciennes de la Ville de Marseille ; 1 vol. in-4°, Marseille, C. Garcin, 1656.

Rivière (de). 628
Mémoire sur la Camargue ; 1 vol. in-8°, Paris, Huzard, 1826.

Bargès, L. 618
Recherches archéologiques sur les Colonies Phéniciennes établies sur le littoral de la Celtoligurie ; 1 vol. in-8°, Paris, Leroux, 1878.

Barthélemy, L. (Dr). 1640
Inventaire chronologique et analytique des Chartes de la

Maison de Baux ; 1 vol. gr. in-8°, Marseille, Barlatier-Feissat, 1882.

Teissier, O. 1415
Marseille au Moyen Age. — Institutions Municipales. — Topographie. — Plan de Restitution de la Ville, 1250-1480, 1 vol, gr. in-8°, Marseille, V. Boy, 1892.

.... 623
Pièces historiques sur la Peste de Marseille et d'une partie de la Provence, 1720-22 ; 2 vol. in-8°, Marseille, Carnaud, 1820.

Fabre, Aug. 621
Histoire de Marseille ; 2 vol. in-8°, Marseille, Marius Olive, 1829.

Méry, L. et Guindon, F. 622
Histoire de la Commune de Marseille ou Histoire analytique et chronologique des Actes et des Délibérations du Corps et du Conseil de la Municipalité de Marseille, depuis le xe siècle jusqu'à nos jours ; 6 vol. in-8°, Marseille, Barlatier-Feissat et Demonchy, 1841-48.

.... 624
Esquisses historiques. — Marseille depuis 1789 jusqu'en 1815, par un vieux Marseillais ; 2 vol. in-8°, Marseille, Marius Olive, 1844.

Salvador, E. 629
Le Littoral de la Méditerranée. — Marseille moderne et son avenir ; 1 vol. in-8°, Paris, Amyot, 1868.

.... 1643
Marseille. — Association française pour l'avancement des sciences, xxe session, 17 sept. 1891 ; 1 vol. in-4°, Marseille, Barlatier-Feissat, 1891.

Charles-Roux, J. 1642
Vingt ans de vie publique. — Questions municipales. — Travaux divers. — Rapports sur délégations en France et à l'Etranger. — Etudes économiques et Discours parlementaires ; 1 vol. in-4°, Paris, Guillaumin, 1892.

Bertol-Graivil. 1646
Voyage de M. Carnot dans le Midi et la Corse ; 1 vol. in-4°, Paris, Paul Boyer, 1890.

Noyon, N. 630
Statistique du département du Var : 1 vol. in-8°, Draguignan, Bernard, 1846.

Denis, A. 70
Hyères ; ancien et moderne ; promenades pittoresques, scientifiques, littéraires sur son territoire, ses environs et ses îles ; 1 vol. in-8°, Hyères, H. Souchon.

Bérenger-Féraud. 217
Contes populaires des Provençaux de l'antiquité et du moyen âge ; 1 vol. in-12, Paris, Leroux, 1887.

Bérenger-Féraud. 1458
Traditions et réminiscences populaires de la Provence (coutumes, légendes, superstitions, etc.) ; 1 vol. gr. in-8°, Paris, Leroux, 1886.

Bérenger-Féraud. 1460
Les légendes de la Provence ; 1 vol. gr. in-8°, Paris, Leroux, 1888.

Courmaceul, V. (de). 606
Nice et la France. — Histoire de dix ans, 1860-70 ; Étude sur les Séparatistes et la Question niçoise ; 1 vol. in-8°, Nice, 1871.

La Rocca J. (de) 632
La Corse et son avenir ; 1 vol. in-8°, Paris, Plon, 1857.

Lemps (de) 79
Panorama de la Corse ou histoire abrégée de cette île ; 1 vol. in-18, Montpellier, Gras, 1862.

Léonard de Saint-Germain. 80
Itinéraire descriptif et historique de la Corse ; 1 vol. in-12, Paris, Hachette, 1869.

Faure, G. 81
Voyage en Corse. — Récits dramatiques et pittoresques ; 2 vol. in-12, Paris, V. Palmé, 1885.

About, Edmond. 45
Alsace, 1871-72 ; 1 vol. in-12, Paris, Hachette, 1873.

Kaeppelin. 43
L'Alsace à travers les âges. — Son unité d'origine et de

races avec la France. — Ses liens avec la Lorraine. — Ses Rapports avec l'Allemagne ; 1 vol. in-12, Paris, Fischbacher, 1890.

Italie

Brydone, 126
Voyage en Sicile et à Malte ; 2 vol. in-12, Paris, Pissot, 1726.

Dupré. A, 692
Relation d'un voyage en Italie, suivie d'observations sur les anciens et les modernes, avec des tableaux historiques à l'appui ; 2 vol. in-8°, Paris, Boucher, 1826.

Romanelli, D. 118
Voyage à Pompéï ; 1 vol. in-12, Paris, Houdaille et Veniger, 1829.

Fulchiron, J.-C. 693
Voyage dans l'Italie méridionale, Pise, Florence, Sienne et Campagne de Rome ; 4 vol. in-8°, Lyon, Dumoulin, 1840-43.

Mercey, P. 695
Le Tyrol et le nord de l'Italie. — Journal d'une excursion dans ces contrées en 1830 ; 2 vol. in-8°, Paris, A. Bertrand, 1845.

Simonin, L. 127
La Toscane et la mer Tyrrhénienne. — Études et explorations. — La Maremme, Carrare, l'Ile d'Elbe, Arezzo, le val de Chiana et les ruines de Chiusi ; 1 vol. in-12, Paris, Challamel, 1868.

Musset, P. (de). 1653
Voyage pittoresque en Italie (partie méridionale) et en Sicile ; 1 vol. gr. in-8°, Paris, Morizot.

Taine, H. 123
Voyage en Italie : Naples, Rome, Florence, Venise ; 2 vol. in-12, Paris, Hachette, 1874.

Boissier, G. 119
Promenades archéologiques : Rome et Pompéï ; 1 vol. in-12, Paris, Hachette, 1887.

Bourget, Paul, 122
Sensations d'Italie : Toscane, Ombrie, Grande Grèce ; 1 vol. in-12. Paris, A. Lemerre, 1891.

Potocka, A. (C[sse]) 125
Voyage d'Italie ; 1 vol. in-12, Paris, Plon, 1899.

Chabrol de Volvic (de). 1615
Statistique des provinces de Savone, d'Oneille, d'Acqui et de la partie de la province de Mondovi formant l'ancien département français de Montenotte ; 2 vol. in-4°, Paris, Didot, 1824.

Beaujour, F. (de) 691
De l'expédition d'Annibal en Italie et de la meilleure manière d'attaquer et de défendre la péninsule italienne ; 1 vol. in-8°, Paris, Didot, 1832.

Simonde de Sismondi 690
Histoire des Républiques italiennes du moyen âge ; 10 vol. in-8°, Paris, Furne, 1840.

Fanucci, G.-B. 694
Storia dei tre celebri Popoli marittimi dell'Italia, Veneziani, Genovesi e Pisani ; 2 vol. in-8°, Livorno, 1853.

Breton, E. 1654
Pompéïa suivi d'une notice sur Herculanum ; 1 vol. gr. in-8°, Paris, Gide et Baudry, 1855.

Dumesnil, J. 124
Voyageurs Français en Italie depuis le seizième siècle jusqu'à nos jours ; 1 vol. in-12, Paris, Renouard, 1865.

Gourdault, J. 1819
L'Italie ; 1 vol. in-4°, Paris, Hachette, 1877.

Lenormant, F. 84
La Grande Grèce. — Paysages et histoire ; 3 vol. in-12, Paris, A. Lévy, 1881-84.

Méreu, H. 120
L'Italie contemporaine ; 1 vol. in-12, Paris, E. Dentu, 1888.

Neukomm, E. 121
Voyage au pays du déficit : La Nouvelle Italie ; 1 vol. in-12, Paris, lib. des Auteurs modernes, 1890.

Arcoléo, G. 699
Palerme et la civilisation en Sicile ; 1 vol. in-8°, Paris, Guillaumin, 1898.

Mimaut. 696
Histoire de la Sardaigne, ancienne et moderne, considérée dans ses lois, sa topographie, ses productions et ses mœurs ; 2 vol. in-8°, Paris, Blaise, 1825.

La Marmora (de) 697
Itinéraire de l'Ile de Sardaigne ; 2 vol. in-8°, Turin, Bocca, 1860.

Boullier, A. 698
L'Ile de Sardaigne ; description, histoire, statistique, mœurs, état social ; 1 vol. in-8°, Paris, E. Dentu, 1865.

Miège. 700
Histoire de Malte, précédée d'un rapport lu à l'Académie de Marseille par M. Clapier ; 3 vol. in-8°, Paris, Paulin, 1840.

Balme, L.-A. 128
La République de Saint-Marin ; 1 vol. in-12, Paris, E. Dentu, 1885.

Espagne. — Portugal

Gautier, Th. 131
Voyage en Espagne ; 1 vol. in-12, Paris, Charpentier, 1865.

Gautier, Th. 1655
Voyage en Espagne ; 1 vol. gr. in-8°, Paris, Laplace, Sanchez.

Teste, L. 130
L'Espagne contemporaine, Journal d'un voyageur ; 1 vol. in-12, Paris, Germer-Baillière, 1872.

Murphy, J. 1657

Voyage en Portugal en 1789-90 ; 1 vol. in-4°, Paris, Denné, 1797.

Linck. 706

Voyage en Portugal, 1797-99 ; 2 vol. in-8°, Paris, Levrault, 1803.

La Dixmerie. 704

Lettres sur l'Espagne ou Essai sur les mœurs, les usages et la littérature de ce pays, suivi d'un Précis sur les formes judiciaires de l'Inquisition ; 2 vol. in-8°, Paris, 1809.

Viardot, L. 701

Histoire des Arabes et des Mores d'Espagne traitant de la constitution du peuple Arabe-Espagnol, de sa civilisation, de ses mœurs et de son influence sur la civilisation moderne ; 2 vol. in-8°, Paris, Pagnerre, 1851.

Mazade, Ch. (de). 129

L'Espagne moderne. — Histoire, mœurs, littérature ; 1 vol. in-12, Paris, Michel Lévy, 1855.

Garrido, F. 702

L'Espagne contemporaine. — Ses progrès moraux et matériels au XIXe siècle ; 1 vol. in-8°, Bruxelles, Lacroix Verboeckhoven, 1862.

Goury du Roslan. 703

Essai sur l'Histoire économique de l'Espagne ; 1 vol. in-8°, Paris, Guillaumin.

Schœfer, H. 1656

Histoire du Portugal depuis sa séparation de la Castille jusqu'à nos jours ; 1 vol. gr. in-8°, Paris, Delahays, 1858.

Vogel, Ch. 705

Le Portugal et ses colonies. — Tableau politique et commercial de la Monarchie portugaise dans son état actuel ; 1 vol. in-8°, Paris, Guillaumin, 1860.

Septenville, E. (B^{on} de). 132

Découvertes et Conquêtes du Portugal dans les Deux-Mondes ; 1 vol. in-12, Paris, E. Dentu, 1863.

Suisse

Bougy, A. (de) 133
Voyage dans la Suisse française et le Chablais ; 1 vol. in-12, Paris, Poulet-Malassis ; 1860.

Marmier, X. 1659
Voyage en Suisse ; 1 vol. gr. in-8°, Paris, Morizot, 1862.

Gourdault, J. 1827
La Suisse. — Etudes et voyages à travers les 22 cantons ; 2 vol. gr. in-4°, Hachette, 1880.

Bourrit, T. 707
Description des Alpes Pennines et Rhetiennes (Suisse) ; 1 vol. in-8°, Genève, Bonnaut, 1781.

.... 1658
La Suisse illustrée, description et histoire de ses vingt-deux cantons ; 2 vol. in-4°, Paris, Didier, 1851.

Tschudi F. (de) 134
Le Monde des Alpes ou description des montagnes de la Suisse et particulièrement des animaux qui les peuplent ; 3 vol. in-12, Genève, Fick, 1858.

Cherbuliez, J. 135
Genève, ses institutions, ses mœurs, son développement intellectuel et moral. — Esquisse historique et littéraire, 1 vol. in-12. Genève-Paris, Cherbuliez, 1868.

Autriche. — Hongrie

Fortis (Abbé). 689
Voyage en Dalmatie ; 1 vol. in-8°, Berne, 1778.

Townson, R. 713
Voyage en Hongrie, précédé d'une description de la ville de Vienne et des jardins impériaux de Schœnbrun ; 3 vol. in-8°, Paris, E. Dentu, 1803.

Thiébault (Bon). 720
Vingt semaines de séjour à Munich (hiver de 1855-56) ; 1 vol. in-8°, Paris, Dentu, 1861.

Tissot, V. 1660

La Hongrie. — De l'Adriatique au Danube ; impressions de voyage ; 1 vol. gr. in-8°, Paris, Plon, 1883.

Marcel de Serres. 137

L'Autriche ou mœurs, usages et coutumes ; 6 vol. in-18, Paris, Nepveu, 1821.

Desprez, H. 708

Les Peuples de l'Autriche et de la Turquie. — Histoire contemporaine des Illyriens, des Magyars, des Roumains et des Polonais ; 2 vol. in-8°, Paris, 1850.

Boldenyi, J. 1661

La Hongrie ancienne et moderne. — Histoire, Arts, Littérature, Monuments ; 1 vol. gr. in-8°, Paris, Lebrun, 1853.

Chassin. Ch.-L. 711

La Hongrie, son génie, sa mission. — Étude historique suivie de Jean de Hunyad, récit du XVe siècle ; 1 vol. in-8°, Paris, Garnier, 1856.

Saint-René Taillandier. 109

Bohême et Hongrie, XV et XIXe siècles, 1 vol. in-12, Paris, Didier, 1869.

Roux, X. 136

L'Autriche-Hongrie ; 1 vol. in-12, Paris, V. Palmé, 1879.

Vasili, P. 710

La Société de Vienne ; 1 vol. in-8°, Paris, *Nouvelle Revue*, 1885.

Beust (Cte de). 709

Mémoires, avec des notes inédites sur cet ancien chancelier de l'empire d'Autriche-Hongrie ; 2 vol. in-8°, Paris, Westhausser, 1888.

Chélard, R. 712

La Hongrie millénaire ; 1 vol. in-8°, Paris, Chailley, 1896.

Allemagne

Staël (de). 148

De l'Allemagne ; 1 vol. in-12, Paris, Garnier.

Jahn, F.-L. 716
Recherches sur la Nationalité, l'Esprit des peuples Allemands et les Institutions qui seraïent en harmonie avec leurs mœurs et leur caractère; 1 vol. in-8°, Paris, Bossange, 1825.

Jahn, F.-L. 717
Essai historique sur les Mœurs, la Littérature et la Nationalité des Peuples de l'Allemagne; 1 vol. gr. in-8°, Paris, Doyen, 1832.

Delrieu, A. 154
Le Rhin, son cours, ses bords, légendes, mœurs, traditions, monuments, histoire du fleuve depuis sa source jusqu'à son embouchure; 1 vol. in-12, Paris, Dessart, 1846.

Matter. 719
De l'état moral, politique et littéraire de l'Allemagne; 2 vol. in-8°, Paris, Amyot, 1847.

Cazalès, E. (de) 138
Études historiques et politiques sur l'Allemagne contemporaine; 1 vol. in-12, Paris, Sagnier et Bray, 1853.

Saint-René Taillandier. 145
Allemagne et Russie. — Études historiques et littéraires; 1 vol. in-12, Paris, Michel Lévy, 1856.

Chasles, P. 141
La Littérature des Mœurs de l'Allemagne au XIXe siècle; 1 vol. in-12, Paris, Amyot, 1861.

Heine, H. 147
De l'Allemagne; 2 vol. in-12, Paris, Michel Lévy, 1863.

Hugo, V. 153
Le Rhin; 3 vol. in-12, Paris, Hachette, 1863.

Laboulaye, E. 144
Études contemporaines sur l'Allemagne et les Pays Slaves; 1 vol. in-12, Paris, Charpentier, 1865.

Hillebrand, K. 151
La Prusse contemporaine et ses Institutions; 1 vol. in-12, Paris, Germer-Baillière, 1867.

Selden, C. 146
L'Esprit moderne en Allemagne; 1 vol. in-12, Paris, Didier, 1869.

.... 140
L'Allemagne, par un Officier français; 1 vol. in-12, Rouen, Deshays, 1871.

Legoyt, A. 149
Forces matérielles de l'Empire d'Allemagne, d'après les documents officiels; 1 vol. in-12, Paris, E. Dentu, 1877.

Cohen, J. 718
Études sur l'Empire d'Allemagne: 1 vol. in-8°, Paris, Lévy, 1879.

Peÿ, A. 139
L'Allemagne d'aujourd'hui, 1862-82. — Études politiques, sociales et littéraires; 1 vol. in-12, Paris, Hachette, 1883.

Didon (père) 714
Les Allemands; 1 vol. in-8°, Paris, Lévy, 1884.

Pigeon, A. 715
L'Allemagne de M. de Bismark; 1 vol. in-8°, Paris, Giraud, 1885.

Lavisse, E. 142
Essais sur l'Allemagne Impériale; 1 vol. in-12, Paris, Hachette, 1888.

Lockroy, E. 152
M. de Moltke, ses mémoires et la guerre future; 1 vol. in-12, Paris, E. Dentu, 1892.

Simon, E.
L'Allemagne et la Russie au XIXe siècle; 1 vol. in-12, Paris, Alcan, 1893.

Angleterre

Young, A. 166
Voyage en Irlande; 2 vol. in-8°, Paris, Moutardier, An VIII.

Ferri de Saint-Constant. 739
Londres et les Anglais; 4 vol. in-8°, Paris, Fain, An XII.

Dupin, Ch. (Bon). 1663
Voyages dans la Grande Bretagne, entrepris relativement aux services publics de la Guerre, de la Marine et des Ponts et Chaussées, au Commerce et à l'Industrie depuis 1816 ; 6 vol. in-4° et 1 atlas, Paris, Bachelier, 1825-26.

Trabaud, P. 170
D'Inverness à Brighton. — Notes et sentiments sur les Iles Britanniques ; 1 vol. in-12, Londres, H. Baillière, 1853.

Enault, L. 1664
Angleterre, Ecosse, Irlande. — Voyage pittoresque ; 1 vol. gr. in-8°, Paris, Morizot.

Boucher de Perthes. 167
Voyage en Angleterre, Écosse et Irlande en 1860; 1 vol. in-12, Paris, Jung-Treuttel, 1868.

Amicis, E. (de). 740
Ricordi di Londra ; 1 vol. in-8°, Milano, Treves, 1877.

Lolme (de). 734
Constitution de l'Angleterre ou État du Gouvernement anglais, comparé avec la forme républicaine et les autres monarchies de l'Europe ; 1 vol. in-8°, Paris, Audin, 1819.

Villemain. 725
Histoire de Cromwell d'après les mémoires du temps et les recueils parlementaires ; 2 vol. in-8°, Paris, Maradan, 1819.

Guizot. 723
Histoire de la Révolution d'Angleterre depuis l'avènement de Charles Ier jusqu'à la restauration de Charles II, 1625-1649 ; 2 vol. in-8°, Paris, Lacroix, 1825.

Thierry, Aug. 730
Histoire de la conquête de l'Angleterre par les Normands ; 4 vol. in-8°, et 1 atlas, Paris, Just. Teissier, 1843.

Viel-Castel, L. (de). 745
Essai historique sur les deux Pitt ; 2 vol. in-8°, Paris, Labitte, 1845.

Ledru-Rollin. 738
De la décadence de l'Angleterre ; 2 vol. in-8°, Paris, Escudier, 1850.

Guizot. 724
Études biographiques sur la Révolution d'Angleterre. — Parlementaires, Cavaliers, Républicains, Niveleurs. 1597-1721 ; 1 vol. in-8°, Paris, Didier, 1851.

Guizot. 726
Histoire de la République d'Angleterre et de Cromwell, 1649-58 ; 2 vol. in-8°, Paris, Didier, 1854.

Guizot. 727
Histoire de Charles 1er depuis son avènement jusqu'à sa mort, 1625-49 ; 2 vol. in-8°, Paris, Didier, 1854.

Rémusat, Ch. (de). 728
L'Angleterre au dix-huitième siècle. — Études et portraits pour servir à l'histoire du gouvernement anglais depuis la fin du règne de Guillaume III, 1678-1806 ; 2 vol. in-8°, Paris, Didier, 1856.

Kervigan, A. 159
L'Angleterre telle qu'elle est ou seize ans d'observations dans ce pays ; 2 vol. in-12, Paris, Le Clère, 1860.

Perraud, A. 742
Études sur l'Irlande contemporaine ; 2 vol. in-8°, Paris, Douniol, 1862.

Franqueville, Ch. (de). 733
Les institutions politiques, judiciaires et administratives de l'Angleterre ; 1 vol. in-8°, Paris, Hachette, 1863.

Le Cerf, Th. 746
L'Archipel des îles Normandes : Jersey, Guernesey, Auregny, Sark et dépendances ; Institutions communales, judiciaires et féodales ; 1 vol. in-8°, Paris, Plon 1863.

Beaumont, G. (de). 165
L'Irlande sociale, politique et religieuse ; 2 vol. in-12, Paris, Michel Lévy, 1863.

Russell, J. 735
Essai sur l'histoire du gouvernement et de la constitution

Britanniques, depuis le règne de Henri VII jusqu'à l'époque actuelle ; 1 vol. in-8°, Paris, E. Dentu, 1865.

Blanc, L. 737
Lettres sur l'Angleterre, 1861-62 ; 2 vol. in-8°, Paris, Lacroix Verboeckhoven, 1865-66.

Dilke, Ch.-W. 681
Greater Britain : a record of travel in English-Speaking countries, 1866-67 ; 1 vol. in-8°, London, Macmillan, 1869.

Karcher, Th. 732
Etudes sur les institutions politiques et sociales de l'Angleterre ; 1 vol. in-8°, Paris, Lacroix Verboeckhoven, 1867.

Menche de Loisne. 736
Le Gouvernement et la Constitution britannique au dix-huitième siècle ; 1 vol. in-8°, Paris, E. Dentu, 1868.

Dauphin, J.-J. 161
La Liberté anglaise mise à nu ; 1 vol. in-12, Paris, A. Sagnier, 1872.

Taine, H. 163
Notes sur l'Angleterre ; 1 vol. in-12, Paris, Hachette, 1872.

Trabaud, P. 169
Outre-Manche. — Notes et sentiments sur les Iles Britanniques ; 1 vol. in-12, Paris, Hachette, 1875.

Le Play, F. 160
La Constitution de l'Angleterre considérée dans ses rapports avec la loi de Dieu et les coutumes de la paix sociale ; 2 vol. in-12, Tours, Mame, 1875.

Schwabe, S. 744
Richard Cobden ; 1 vol. in-8°, Paris, Guillaumin, 1879.

Escott, S. 729
L'Angleterre. — Le pays, les institutions, les mœurs ; 2 vol. in-8°, Paris, Dreyfous,

Molinari, G. (de) 164
L'Irlande. Le Canada. Jersey. — Lettres adressées au *Journal des Débats* ; 1 vol. in-12, Paris, E. Dentu, 1881.

Victoria (Reine) 741
Feuillets détachés de mon Journal en Ecosse, 1862-82 ; 1 vol. in-8°, Paris, Rouveyre, 1884.

Mac Carthy. 731
Histoire contemporaine d'Angleterre depuis l'avènement de la reine Victoria, 1837-80 ; 4 vol. in-8°, Paris, Perrin, 1885.

Jupilles, F. (de). 162
La moderne Babylone. — Londres et les Anglais ; 1 vol. in-12, Paris, Lib. Illustrée, 1885

Pressensé, F. (de). 743
L'Irlande et l'Angleterre depuis l'acte d'union jusqu'à nos jours, 1800-1888 ; 1 vol. in-8°, Paris, Plon, 1889.

Belgique-Hollande

Texier, E. 1662
Voyage pittoresque en Hollande et en Belgique ; 1 vol. gr. in-8°, Paris, Morizot.

Hymans, L. 155
La Belgique contemporaine, mœurs, histoire, institutions et politique ; 1 vol, in-12, Mons, Manceaux, 1880.

Havard, H. 1667
La Flandre à vol d'oiseau ; 1 vol. gr. in-8°, Paris, G. Decaux, 1883.

Motley, J.-L. 721
Histoire des Provinces-Unies des Pays-Bas depuis la mort de Guillaume-le-Taciturne jusqu'à la Trève de douze ans, 1584-1609 ; 3 vol. in-8°, Paris, Lacroix-Verboeckhoven, 1870.

Carr. J. 722
Voyage en Hollande et dans le midi de l'Allemagne sur les deux rives du Rhin, dans l'été de 1806 ; 2 vol. in-8°, Paris, Collin, 1809.

Du Camp, M. 158
En Hollande ; 1 vol. in-12, Paris, Michel Lévy, 1868.

Havard, H. 157
La Hollande pittoresque. — Voyage aux villes mortes du Zuiderzée, 1 vol. in-12, Paris, E. Plon, 1875.

Havard, H. 156
La Hollande pittoresque. — Les frontières menacées ; 1 vol. in-12, Paris, E. Plon, 1876.

Danemark

Troil (de). 749
Lettres sur l'Islande : 1 vol. in-8°, Paris, 1781.

Lasiauve, E. 748
Etudes sur le Schleswig-Holstein, avant et après le 24 mars 1848 ; 1 vol. in-8°, Paris, Garnier, 1849.

Comettant, O. 192
Le Danemark tel qu'il est ; 1 vol. in-12, Paris, A. Faure, 1865.

Suède-Norvège

Outhier. 190
Voyage au Nord, 1736-37 ; 1 vol. in-12, Amsterdam, H.-G. Löhner, 1746.

Acerbi, J. 751
Voyage au cap Nord, par la Suède, la Finlande et la Laponie ; 3 vol. in-8°, Paris, Levrault, 1804.

Chaillu, P. (du). 1665
Le Pays du Soleil de Minuit. — Voyages d'été en Suède, en Norvège, en Laponie septentrionale et en Finlande ; 1 vol. gr. in-8°, Paris, Calmann Lévy, 1882.

Camoin de Vence. 195
Souvenirs et Impressions de Norvège, 1884 ; 1 vol. in-12, Paris, E. Thorin, 1885.

Ljungberg. 1420
La Suède, son développement moral, industriel et commercial ; 1 vol. gr. in-8°, Paris, Dubuisson, 1867.

Nilsson, S. 750
Les Habitants primitifs de la Scandinavie. — Essai d'ethnographie comparée. — Matériaux pour servir à l'Histoire du développement de l'homme.— L'âge de la pierre ; 1 vol. in-8°, Paris, Reinwald, 1868.

Sidenbladh, E. 194
La Suède. — Exposé statistique ; 1 vol. in-12, Paris, K. Nilsson, 1876.

Sundbärg. 1419
La Suède, son peuple et son industrie. — Exposé historique et statistique publié par ordre du Gouvernement ; 1 vol. gr. in-8°, Stockholm, 1900.

.... 1411
La Norvège (ouvrage publié à l'occasion de l'Exposition Universelle de Paris, 1900) ; 1 vol. gr. in-8°, Kristiania, Imprimerie Centrale, 1900.

Empire de Russie

Reuilly, J. 766
Voyage en Crimée et sur les bords de la mer Noire pendant l'année 1803 ; 1 vol. in-8°, Paris, Bossange, 1806.

Klaprosh, J. 765
Voyage au Mont Caucase et en Géorgie ; 2 vol. in-8°, Paris, Gosselin, 1823.

Gautier, Th. 184
Voyage en Russie ; 1 vol. in-12, Paris, Charpentier.

André, Ed. 183
Un mois en Russie. — Notes de voyage d'un membre du jury à l'exposition internationale d'horticulture de Saint-Pétersbourg ; 1 vol. in-12, Paris, Masson, 1870.

Fontenay, L. (de). 174
Voyage agricole en Russie ; 1 vol. in-12, Paris, A. Goin, 1872.

Brougham. 763
Précis historique du partage de la Pologne, avec une introduction et un appendice par A. Clapier ; 1 vol. in-8°, Marseille, Feissat, 1831.

Chodźko, L. 768
Tableau de la Pologne ancienne et moderne ; 2 vol. in-8°, Paris, Aimé-André, 1830.

Forster, C. 1423
La vieille Pologne. — Recueil historique et poétique ; 1 vol. gr. in-8°. Paris, Brockhaus, 1839.

Léouzon Le Duc. 758
La Finlande ; son histoire primitive, sa mythologie, sa poésie épique ; 2 vol. in-8°, Paris, Labitte, 1845.

Tegoborski, L. (de). 759
Études sur les forces productives de la Russie ; 2 vol. in-8°, Paris, Renouard, 1852.

Saint-Julien, Ch. (de). 1668
Voyage en Russie ; suivi d'un voyage en Sibérie, par M. R. Bourdier ; 1 vol. in-8°, Paris, Belin-Leprieur, 1853.

Léouzon Le Duc. 193
Les Iles d'Aland (Finlande) ; 1 vol. in-12, Paris, Hachette, 1854.

Gerebtzoff, N. (de). 754
Essai sur l'histoire de la civilisation en Russie ; 2 vol. in-8°, Paris, Amyot, 1858.

.... 1670
Lettres sur le Caucase et la Crimée ; 1 vol. gr. in-8°, Paris, Gide, 1859.

Jourdier, A. 760
Des Forces productives, destructives et improductives de la Russie ; 1 vol. in-8°, Paris, Franck, 1860.

Galitzin, A. 175
La Russie au XVIIIe siècle, Mémoires inédits sur les règnes de Pierre le Grand, Catherine Ire et Pierre II ; 1 vol. in-12, Paris, Didier, 1863.

Porochine (de). 1424
Nos Questions Russes ; 1 vol. in-8°, Paris, Vallée, 1865.

Talbot, E. 34
L'Europe aux Européens ; 1 vol. in-12, Paris, Lacroix Verboeckhoven, 1867.

Villeneuve (de). 185
La Géorgie ; 1 vol. in-12, Paris, F. Didot, 1870.

Barry, H. 178
La Russie contemporaine ; 1 vol. in-12, Paris, Germer-Baillière, 1873.

Wahl, W. 764
The Land of the Czar ; 1 vol. in-8°, London, Chapman, 1875.

Molinari, G. (de). 173
Lettres sur la Russie ; 1 vol. in-12, Paris, E. Dentu, 1877.

Korczak-Branicki, X. 188
Les Nationalités Slaves, lettres au R. P. Gagarin ; 1 vol. in-12, Paris, Dentu, 1879.

Mackenzie Wallace, D. 172
La Russie, le pays, les institutions, les mœurs ; 2 vol. in-12, Paris, Dreyfous, 1879.

Bulmerincq (de). 180
Le passé de la Russie depuis les temps les plus reculés jusqu'à la paix de San-Stefano, 1878 ; 1 vol. in-12, Paris, G. Frichbacher, 1882.

Créhange, G. 176
Histoire de la Russie depuis la mort de Paul Ier jusqu'à nos jours ; 1 vol. in-12, Paris, Germer-Baillière, 1882.

Leroy-Beaulieu, Anatole. 756
L'Empire des Tzars et les Russes ; 2 vol. in-8°, Paris, Hachette, 1883.

Marbeau, E. 187
Slaves et Teutons, Notes et impressions de voyage ; 1 vol. in-12, Paris, Hachette, 1883.

Leroy-Beaulieu, Anatole. 181
Un Homme d'État Russe : Nicolas Milutine, d'après sa correspondance inédite. — Étude sur la Russie et la Pologne pendant le règne d'Alexandre II, 1855-72 ; 1 vol. in-12, Paris, Hachette, 1884.

Combes de Lestrade, G. 179
L'Empire Russe en 1885 ; 1 vol. in-12, Paris, Dreyfous.

Tikhomiro, L. 752
La Russie politique et sociale ; 1 vol. in 8°, Paris, Giraud, 1886.

Stepniack. 757
La Russie sous les Tzars ; 1 vol. in-8°, Paris, 1887.

Leger, L. 186
Russes et Slaves. — Etudes politiques et littéraires ; 1 vol. in-12, Paris, Hachette, 1890.

Cyon, E. (de) 177
La Russie contemporaine. — Les Principes de l'autocratie. — La France et la Russie. — La question des Juifs; 1 vol. in-12°, Paris, Calmann Lévy, 1891.

Revel, J. 171
Six semaines en Russie, sites, mœurs, beaux-arts, industrie, finances, exposition de Moscou ; 1 vol. in-12, Paris, Berger-Levrault, 1893.

Notovich, N. 761
Le Tsar, son armée et sa flotte ; 1 vol. in-8°, Paris, Rouam, 1893.

Delavaud. 753
La Russie, géographique, ethnologique, historique, administrative, etc.; 1 vol. in-8°, Paris, Larousse, 1894.

.... 755
Souvenirs de Sébastopol recueillis et rédigés par S. M. I. Alexandre III ; 1 vol. in-8°, Paris, Ollendorff, 1894.

Notovitch, N. 182
L'Empereur Alexandre III et son entourage ; 1 vol. in-8°, Ollendorff, 1895.

Coxe. 1618
Les nouvelles découvertes des Russes entre l'Asie et l'Amérique, avec l'histoire de la Conquête de la Sibérie, et

du commerce des Russes et des Chinois ; 1 vol. in-4°, Paris, hôtel de Thou, 1781.

Pallas, P.-S. 1617

Voyages en différentes provinces de l'empire de Russie et dans l'Asie septentrionale ; 5 vol. et 1 atlas, in-4°, Paris, 1788-93.

Lesseps (de) 769

Journal historique du voyage de M. de Lesseps, consul de France, employé dans l'expédition de M. le comte de la Pérouse, en qualité d'interprète du Roi ; 2 vol. in-8°, Paris, Imp. Royale, 1790.

Wrangell (de). 770

Le Nord de la Sibérie, voyage parmi les peuplades de la Russie Asiatique et dans la mer glaciale; 1 vol. in-8°, Paris, Amyot, 1843.

Hansteen, Ch. 771

Souvenirs de voyage en Sibérie ; 1 vol. in-8°, Paris, Perrotin, 1857.

Sachot, O. 772

La Sibérie Orientale et l'Amérique Russe. — Le Pôle Nord et ses habitants ; 1 vol. in-8°, Paris, Ducrocq, 1877,

Nordenskiöld et Théel. 1425

Expéditions suédoises de 1876 au Yénisséi ; 1 vol. gr. in-8°, Upsal, Edquist, 1877.

Boulangier, E. 1427

Notes de Voyage en Sibérie. — Le chemin de fer Transibérien et la Chine; 1 vol. gr. in-8°, Paris, Société d'éditions, 1890.

Dmitrief-Mamonof. 1426

Guide du grand chemin de fer Transsibérien ; 1 vol. gr. in-8°, Saint-Pétersbourg, 1900.

Grèce — Turquie — Principautés Danubiennes

Depellegrin. 91

Relation de voyage dans le royaume de Morée ; 1 vol. in-18, Marseille, Boy, 1722.

Guys. 651
Voyage littéraire de la Grèce ou lettres sur les Grecs anciens et modernes, avec un parallèle de leurs mœurs ; 2 vol. in-8°, Paris, Vve Duchesne, 1776.

Grasset Saint-Sauveur, A. 678
Voyage historique, littéraire et pittoresque dans les îles et possessions ci-devant vénitiennes du Levant; 2 vol. in-8°, et 1 atlas, Paris, Tavernier, an VIII.

Lechevalier, J.-B. 653
Voyage de la Troade fait en 1785-86 ; 3 vol. in-8°, Paris, Dentu, 1802.

Pouqueville, L. 654
Voyage en Morée, à Constantinople, en Albanie et dans plusieurs autres parties de l'empire ottoman, 1798-1801 ; 3 vol. in-8°, Paris, Gabon, 1805.

Castellan, A.-L. 652
Lettres sur la Morée et les Iles de Cerigo, Hydra et Zante, 1796-97 ; 1 vol. in-8°, Paris, Agasse, 1808.

Zallony, M. 656
Voyage à Tine, l'une des Iles de l'archipel de la Grèce ; 1 vol. in-8°, Paris, A. Bertrand, 1809.

.... 103

Voyage à Constantinople fait à l'occasion de l'ambassade de M. le comte de Choiseul-Gouffier à la Porte Ottomane ; 1 vol. in-12, Paris, Janet, 1819.

Vialla, L.-C. 688
Voyage historique et politique au Monténégro, 1807-13 ; 2 vol. in-8°, Paris, Eymery, 1820.

Lagarde (Cte de). 681
Voyage de Moscou à Vienne par Kiow, Odessa, Constantinople, Bucharest et Hermanstadt ; 1 vol. in-8°, Paris, Treuttel et Wurtz, 1824.

.... 1666
Deux années à Constantinople et en Morée, 1825-26, ou esquisses historiques sur Mahmoud, les Janissaires, les nouvelles troupes, Ibrahim-Pacha, etc. ; 1 vol. gr. in-8°, Paris, 1828.

Cousinéry, E.-M. 1614
Voyage dans la Macédoine, contenant les recherches sur l'histoire, la géographie et les antiquités de ce pays; 2 vol. in-8°, Paris, Imp. Royale, 1831.

Michel, J, 683
Voyage sur le Danube, de Pest à Routchouk, par navire à vapeur; 2 vol. in-8°, Paris, A. Bertrand, 1836.

Blanqui. 107
Voyage en Bulgarie, 1841; 1 vol. in-12, Paris, Coquebert, 1843.

Buchon, J.-A. 92
La Grèce continentale et la Morée, voyage, séjour et études historiques en 1840-41; 1 vol. in-12, Paris, Gosselin, 1843.

Bellanger, S. 687
Le Keroutza, voyage en Moldo-Valachie; 2 vol. in-8°, Paris, 1846.

Perrot, G. 88
L'Ile de Crète. — Souvenirs de Voyage; 1 vol. in-12, Paris, Hachette, 1867.

Amicis, E. (de). 101
Constantinople, 1 vol. in-12, Paris, Hachette, 1878.

Reinach, J. 114
Voyage en Orient. — Danube. — Bosphore. — Grèce. — Adriatique. — La Question d'Orient en Orient; 2 vol. in-12, Paris, G. Charpentier, 1879.

Erdic. J. 108
En Bulgarie et en Roumélie, 1884; 1 vol. in-12, Paris, A. Lemerre, 1885.

La Croix (de). 116
Mémoire contenant diverses relations très curieuses de l'empire ottoman; 2 vol. in-12, Paris, Barbin, 1684.

.... 657
Empire ottoman. — Tableau historique, politique et moderne; 2 vol. in-8°, Paris, Tavernier, an VII.

Dallaway, J. 672
Constantinople ancienne et moderne et description des côtes et îles de l'Archipel de la Troade ; 2 vol. in-8°, Paris, Denné, an VII.

Pertusier, Ch. 676
La Bosnie considérée dans ses rapports avec l'empire Ottoman ; 1 vol. in-8°, Paris, Gosselin, 1822.

Zallony, M.-P. 650
Essai sur les Fanariotes, suivi de quelques réflexions sur l'état actuel de la Grèce : 1 vol. in-8°, Marseille, Ricard, 1824.

Urquhart, D. 658
La Turquie, ses ressources, son organisation municipale, son commerce, suivis de considérations sur l'état du commerce anglais dans le Levant ; 1 vol. in-8°, Paris. A. Bertrand, 1836.

Hammer (de). 1652
Histoire de l'empire Ottoman ; 3 vol. gr. in-8°, Paris, Parent-Desbarres, 1840-42.

Régnault, E. 682
Histoire politique et sociale des Principautés danubiennes ; 1 vol. in-8°, Paris, Paulin, 1855.

Enault, L. 100
Constantinople et la Turquie.— Tableau historique, pittoresque, statistique et moral de l'Empire Ottoman ; 1 vol. in-12, Paris, Hachette, 1855.

Mathieu, H. 93
La Turquie et ses différents peuples ; 2 vol. in-12, Paris, E. Dentu, 1857.

Guys, Ch.-Ed. 675
Le Guide de la Macédoine ; 1 vol. in-8°, Paris, B. Duprat, 1857.

Vimercati, C. 659
Constantinople et l'Egypte ; 1 vol. in-8°, Paris, Gaittet, 1858.

Heuschling, X. 669
L'Empire de Turquie ; 1 vol. in-8°, Paris, Guillaumin, 1860.

Thiers, H. 684
La Serbie, son passé et son avenir ; 1 vol. in-8°, Paris, Dramard-Baudry, 1862.

Desdevises-du-Dézert, Th. 674
Géographie ancienne de la Macédoine ; 1 vol. in-8°, Paris, A. Durand, 1863.

Collas, C. 671
La Turquie en 1864 ; 1 vol. in-8°, Paris, E. Dentu, 1864.

Ubicini, A. 97
Les Serbes de Turquie. — Études historiques, statistiques et politiques sur la Principauté de Serbie, le Monténégro et ies pays serbes adjacents ; 1 vol. in-12, Paris, E. Dentu, 1865.

Davesiès de Pontès, L. 110
Études sur l'Orient ; 1 vol. in-12, Paris, Michel Lévy, 1865.

Salaheddin, Bey. 662
La Turquie à l'Exposition Universelle de 1867 ; 1 vol. in-8°, Paris, Hachette, 1867.

Caston, A. (de). 102
Constantinople en 1869. — Histoire des Hommes et des Choses ; 1 vol. in-12, Paris, Kugelmann, 1868.

Millingen, F. 660
La Turquie sous le règne d'Abdul-Aziz, 1862-67 ; 1 vol. in-8°, Paris, Lacroix Verboeckhoven, 1868.

Djelaleddin, M. 665
Les Turcs anciens et modernes ; 1 vol. in-8°, Paris, Lacroix Verboeckhoven, 1870.

. 647
Les Grecs à toutes les époques, depuis les temps les plus reculés jusqu'à l'affaire de Marathon en 1870 ; 1 vol. in-8°, Paris, E. Dentu, 1870.

Pricot de Sainte-Marie. 686
Les Slaves méridionaux ; leur origine et leur établissement dans l'ancienne Illyrie ; 1 vol. in-8°, Paris, A. Le Chevallier, 1874.

Dumont, A. 99

Le Balkan et l'Adriatique. — Les Bulgares et les Albanais. — L'administration en Turquie. — La vie des campagnes. — Le panslavisme et l'hellénisme ; 1 vol. in-12, Paris, Didier, 1874.

Saint-René Taillandier. 98

La Serbie au XIXe siècle. — Kara-George et Milosch ; 1 vol. in-12, Paris, Didier, 1875.

Frilley, G. 106

Le Monténégro contemporain ; 1 vol. in-12, Paris, Plon, 1876.

Jurien de la Gravière. 117

La station du Levant, 1816-30 ; 2 vol. in-12, Paris, Plon, 1876.

Roque, P. 86

Athènes d'après le colonel Leake ; 1 vol. in-12, Paris, E. Plon, 1876.

Crousse, F. 648

La péninsule Gréco-Slave, son passé, son présent et son avenir. — Etude historique et politique ; 1 vol. in-8°, Bruxelles, Spineux, 1876.

Moraïtinis, A, 1417

La Grèce telle qu'elle est ; 1 vol, gr. in-8°, Paris, Didot. 1877.

.... 668

L'Empire Ottoman, 1839-77. — L'Angleterre et la Russie dans la question d'Orient ; 1 vol. in-8°, Paris, E. Dentu, 1877.

Hoch, Ch. 112

La question d'Orient ; exposé historique ; 1 vol. in-12, Paris, Sandoz et Fischbacher, 1877.

Léouzon Le Duc, L. 663

Midhat Pacha ; 1 vol. in-8°, Paris, E. Dentu, 1877.

Beaure, A. et Mathorel, H. 685

La Roumanie ; géographie, histoire, organisation politique, religieuse, etc. ; 1 vol. in-8°, Calmann Lévy, 1878.

Desmaze, E. 87
Études et souvenirs helléniques ; 1 vol. in-12, Paris, Garnier, 1878.

Paparrigopoulo, C. 646
Histoire de la civilisation hellénique ; 1 vol. in-8°, Paris, Hachette, 1878.

Hamilton Lang, R. 105
Chypre, son passé, son présent et son avenir ; 1 vol. in-12, Paris, A. Quentin, 1879.

Baker, J, 661
La Turquie, le pays, les institutions, les mœurs ; 1 vol. in-8°, Paris, Dreyfous, 1880.

Durand (abbé). 670
La Turquie ; 1 vol. in-8°, Paris, 1881.

Vogel, C. 1408
L'Europe Orientale depuis le traité de Berlin. — Russie, Turquie, Roumanie, Serbie, autres principautés et Grèce ; 1 vol. gr. in-8°, Paris, Reinwald, 1881.

Engelhardt, Ed. 664
La Turquie et le Tanzimat ou Histoire des réformes dans l'Empire Ottoman depuis 1826 jusqu'à nos jours ; 1 vol. in-8°, Paris, Cotillon, 1882.

Charmes, G. 95
L'Avenir de la Turquie. — Le Panislamisme ; 1 vol. in-12, Paris, Calmann Lévy, 1883.

Rüstow, W. 111
La Question d'Orient; Histoire de la Péninsule des Balkans ; 1 vol. in-12, Paris, Westhausser, 1888.

Hamard (abbé). 1413
Par delà l'Adriatique et les Balkans. — Autriche méridionale, Serbie, Bulgarie, Turquie et Grèce ; 1 vol. gr. in-8°, Paris, Delhomme, 1891.

Régla, P. (de) 94
La Turquie officielle. — Constantinople. — Son Gouvernement et son avenir ; 1 vol. in-12, Paris, lib. Imp, Réunies, 1891.

Georgiadès, D. 1418
La Turquie actuelle. — Les Peuples affranchis du joug Ottoman et les intérêts français en Orient ; 1 vol. gr. in-8°, Paris, Calmann Lévy, 1892.

Deschamps, G. 85
La Grèce d'aujourd'hui ; 1 vol. in-12, Paris, A. Colin, 1892.

Fillion, G. 189
Entre Slaves. — Le prince Alexandre. — Russes, Bulgares et Serbes. — Stamboulof, le prince Ferdinand ; 1 vol. in-12, Paris, Société des Écrivains Français, 1894.

Blancard, Th. 649
Les Mavroyéni. — Essai d'étude additionnelle à l'Histoire moderne de la Grèce, de la Turquie et de la Roumanie ; 1 vol. in-8°, Paris, E. Flammarion, 1895.

Thouvenel, L. 667
Trois années de la Question d'Orient, 1856-59 ; 1 vol. in-8°, Paris, Calmann Lévy, 1897.

Bérard, V. 96
La Turquie et l'Hellénisme contemporain. — La Macédoine : Hellènes, Bulgares, Valaques, Albanais, Autrichiens, Serbes ; 1 vol. in-12, Paris, F. Alcan, 1897.

Bérard, V. 90
La Macédoine. Le Pays et ses races ; 1 vol. in-12, Paris, Calmann Lévy, 1897.

Combes, P. 89
L'Ile de Crète. — Étude géographique, historique, politique et économique ; 1 vol. in-12, Paris, Joseph-André, 1897.

Albin, C. 655
L'île de Crète. — Histoire et souvenirs ; 1 vol. in-8°, Paris, Sanard et Dérangeon, 1898.

Lamy, E. 666
La France du Levant ; 1 vol. in-8°, Paris, Plon, 1900.

Olivier, L. 1815
La Bosnie et l'Herzégovine ; 1 vol. in-4°, Paris, A. Colin, 1901.

Voyages dans divers pays du Levant

Tavernier, J.-B. 1616
Six voyages en Turquie, en Perse et aux Indes ; 2 vol. in-4°. Paris, Clouzier, 1681.

Pitton de Tournefort. 677
Relation d'un voyage au Levant, contenant l'histoire ancienne et moderne de plusieurs Iles de l'Archipel, de Constantinople, des côtes de la mer Noire, de l'Arménie, de la Géorgie, des frontières de Perse et de l'Asie Mineure ; 3 vol. in-8°, Lyon, Anisson et Posuel, 1717.

Le Bruyn, C. 1620
Voyage au Levant ; Asie-Mineure, îles Chio, Rhodes, Chypre, Egypte, Syrie, Terre-Sainte, etc. ; 5 vol. in-4°, Rouen, Ch. Ferrand, 1725.

Olivier, G.-A. 1613
Voyage dans l'Empire Ottoman, L'Egypte et la Perse ; 3 vol. et 1 atlas in-4°, Paris, Agasse, An IX.

Chardin, J. 228
Voyage en Perse et autres lieux de l'Orient, 1665-1713 ; 20 vol. in-18, Paris, Lecointe, 1830.

Besse, C. (de). 767
Voyage en Crimée, au Caucase, en Géorgie, en Arménie, en Asie-Mineure et à Constantinople, 1829-30 ; 1 vol. in-8°, Paris, Delaunay, 1838.

Poujoulat, B. 825
Voyage dans l'Asie-Mineure, en Mésopotamie, à Palmyre, en Syrie, en Palestine et en Egypte ; 2 vol. in-8°, Paris, Ducollet, 1840.

Salle, E. (de). 679
Pérégrinations en Orient ou voyage pittoresque historique, politique en Egypte, Nubie, Syrie, Turquie, Grèce, 1837-39, 2 vol. in-8°, Paris, Pagnerre, 1840.

Vimercati, C. 673
Voyage à Constantinople et en Egypte ; 1 vol. in-8°, Paris, Poussielgue, 1852.

Marcellus (Cte de). 113
Souvenirs de l'Orient. 1 vol. in-12, Paris, Garnier, 1861.

Verhaeghe, L. 115
Voyage en Orient, Danube, Constantinople, Grèce, Syrie, Palestine, Egypte; 1 vol. in-12, Paris, Lacroix-Verboekhoven, 1865.

Lycklama A. Nijeholt. 1669
Voyage en Russie, au Caucase et en Perse dans la Mésopotamie, le Kurdistan, la Syrie, la Palestine et la Turquie, 1866-68 ; 4 vol. gr. in-8°, Paris, A Bertrand, 1872-75.

Asie. — Généralités

Gobineau, A. (de) 812
Trois ans en Asie, 1855-58; 1 vol. in-8°, Paris, Hachette, 1859.

Lanier, L. 196
L'Asie, choix de lectures; 2 vol. in-8°, Paris, E. Belin, 1889-92.

Lacoin, A., de Vilmorin 1434
De Paris à Bombay par la Perse; 1 vol. in-8°, Paris, Didot, 1895.

Asie antérieure

Mariti (abbé) 104
Voyage dans l'île de Chypre, la Syrie et la Palestine, avec l'histoire générale du Levant; 2 vol. in-8°, Paris, Belin, 1791.

Heude, W. 680
Voyage de la Côte de Malabar à Constantinople, par le Golfe Persique, l'Arabie, la Mésopotamie, le Kourdistan et la Turquie d'Asie, 1817, 1 vol. in-8°, Paris, Gide, 1820.

Jaubert, P.-A. 814
Voyage en Arménie et en Perse, 1805-06 ; 1 vol. in-8°, Paris, Pélicier, 1821.

Jaubert, P.-A. 815
Voyage en Arménie et en Perse, précédé d'une notice sur l'auteur, par M. Sédillot ; 1 vol. in-8°, Paris, E. Ducrocq.

Guys, H. 817
Relation d'un séjour de plusieurs années à Beyrouth et dans le Liban ; 2 vol. in-8°, Paris, 1847.

Carmoly, E. 826
Itinéraire de la Terre-Sainte des XIIIe-XVIIe siècles ; 1 vol. in-8°, Bruxelles, A. Vandale, 1847.

Guys, H. 824
Un dervich algérien en Syrie, peinture des mœurs musulmanes, chrétiennes et israélites ; 1 vol. in-8°, Paris, Just-Rouvier, 1854.

Langlois, V. 1439
Voyages dans la Cilicie et dans les montagnes de Taurus ; 1 vol. gr. in-8°, Paris, Duprat, 1861.

Perrier, F. 818
La Syrie sous le gouvernement de Méhémet-Ali jusqu'en 1840 ; 1 vol. in-8°, Paris, A. Bertrand, 1842.

Poujoulat, B. 819
La vérité sur la Syrie et l'expédition française ; 1 vol. in-8°, Paris, Gaume, 1861.

Saint-Marc Girardin. 230
La Syrie en 1861. — Conditions des chrétiens en Orient ; 1 vol. in-12, Paris, Didier, 1862.

Richard, E. 1436
La Syrie, 1840-62 ; 1 vol. gr. in-8°, Paris, Amyot, 1862.

Guys, H. 821
Esquisse de l'état politique et commercial de la Syrie ; 1 vol. in-8°, Paris, France, 1862.

Guys, H. 823
La Nation Druse, son histoire, sa religion, ses mœurs et son état politique ; 1 vol. in-8°, Paris, France, 1863.

Guys, H. 822
Théogonie des Druses ou Abrégé de leur système religieux ; 1 vol. in-8°, Paris, Imp. Impériale, 1863.

Lallemand, C. 1676
Galerie universelle des Peuples. — La Syrie ; 1 vol. in-4°, Paris, 1865.

Tchihatchef, P. (de). 224
Une Page sur l'Orient ; 1 vol. in-12, Paris, Morgand, 1868.

Baudicour, L. (de). 231
La France au Liban ; 1 vol. in-12, Paris, E. Dentu, 1879.

Scherzer, Ch. (de). 827
Smyrne considérée au point de vue géographique, économique et intellectuel ; 1 vol. in-8°, Leipzig, Knapp, 1880.

Dutemple, E. 229
En Turquie d'Asie. — Notes de voyage en Anatolie ; 1 vol. in-12, Paris, Charpentier, 1883.

Rey, E. 820
Les Colonies franques de Syrie au XIIe et XIIIe siècles ; 1 vol. in-8°, Paris, Picard, 1883.

Georgiadès, D. 1437
Smyrne et l'Asie-Mineure au point de vue économique et commercial ; 1 vol. gr. in-8°, Paris, Chaix, 1885.

Niebuhr. 1612
Description de l'Arabie ; 1 vol. in-4°, Paris, Brunet, 1779.

Mayeux, F.-J. 233
Les Bédouins ou Arabes du désert. — Egypte et Syrie ; 3 vol. in-18, Paris, Ferra, 1816.

Sédillot, L.-A. 232
Histoire des Arabes ; 1 vol. in-12, Paris, Hachette, 1854.

Palgrave, W.-G. 1435
Une Année de voyage dans l'Arabie Centrale, 1862-63 ; 2 vol. gr. in-8°, Paris, Hachette, 1866.

Avril, A. (d'). 813
L'Arabie contemporaine avec la description du pèlerinage de la Mecque ; 1 vol. in-8°, Paris, E. Maillet, 1868.

Blunt, A. (Lady). 1438
Voyage en Arabie, pèlerinage au Nedjed, berceau de la race Arabe ; 1 vol. gr. in-8°, Paris, Hachette, 1882.

Asie Centrale

Thurner, S. 773
Ambassade au Thibet et au Boutan ; 2 vol. in-8° et 1 atlas, Paris, F. Buisson, 1800.

Ferrier, J.-P. 811
Voyages en Perse, dans l'Afghanistan, le Béloutchistan et le Turkestan ; 2 vol. in-8°, Paris, E. Dentu. 1860.

Bonvalot, G. 198
En Asie Centrale. — De Moscou en Bactriane ; 1 vol. in-12, Paris, Plon, 1884.

Bonvalot, G. 199
En Asie Centrale. — Du Kohistan à la Caspienne ; 1 vol. in-12, Paris, Plon, 1885.

Ney, N. 774
En Asie Centrale à la vapeur. — Notes de voyage ; 1 vol. in-8°, Paris, Garnier, 1888.

Pontevès de Sabran, J. (de). 197
Notes de voyage d'un hussard. — Un Raid en Asie ; 1 vol. in-12, Paris, Calmann Lévy, 1890.

Bonvalot, G. 200
L'Asie inconnue. — A travers le Thibet ; 1 vol. in-12, Paris, E. Flammarion, 1895.

Moser, H. 775
L'irrigation en Asie Centrale. — Étude géographique et économique ; 1 vol. in-8°, Paris, Société d'Éditions Scientifiques, 1894.

.... 809
Les Beautez de la Perse, ou la description de ce qu'il y a de curieux dans ce royaume, par le sieur A. D. D. V. ; 1 vol. in-4°, Paris, Gervais Clouzier, 1673.

Julien de Rochechouart. 810
Souvenirs de voyage en Perse ; 1 vol. in-8°, Paris, Challamel, 1867.

Bernard, L. 225

Histoire de Perse, mœurs, usages et coutumes ; 1 vol. in-12, Paris, F. Denn.

Jourdain, A. 227

La Perse ou Tableau de l'histoire, du gouvernement, de la religion, de la littérature, des mœurs et coutumes ; 5 vol. in-18, Paris, Ferra, 1814.

Jurien de la Gravière. 223

Les campagnes d'Alexandre. — I. L'héritage de Darius. — II. Le drame Macédonien. — III. L'Asie sans maître. — IV. La conquête de l'Inde et le voyage de Néarque. — V. Le démembrement de l'Empire (épilogue) ; 5 vol. in-12, Paris, Plon, 1883-84.

Inde. — Indo-Chine

Howel, T. 1673

Voyage en retour de l'Inde, par terre et par une route en partie inconnue jusqu'ici ; 1 vol. in-4°, Paris, Imp. de la République, an V.

Stavorinus. 800

Voyage au Bengale ; 2 vol. in-8°, Paris, Emery, an VII.

.... 804

Voyage dans l'Inde, en Perse, etc., avec la description de l'île Poulo-Pinang, nouvel établissement des Anglais près la côte de Coromandel ; 1 vol. in-8°, Paris, Lavillette, 1801.

Hiram Cox. 806

Voyage dans l'empire des Birmans ; 2 vol. in-8°, Paris, A. Bertrand, 1825.

Jacquemont, V. 216

Correspondance avec sa famille et plusieurs de ses amis pendant son voyage dans l'Inde, 1828-32 ; 2 vol. in-12, Paris, Garnier, 1861.

Bohan, H. 1430

Voyage aux Indes Orientales. — Leur importance politique et commerciale ; 1 vol. gr. in-8°, Paris, Chamerot, 1866.

Bonvalot, G. 1678
Du Caucase aux Indes à travers le Pamir ; 1 vol. in-4°, Paris, E. Plon, 1889.

Deschamps, E. 1431
Au pays des Veddas.— Ceylan ; 1 vol. gr. in-8°, Paris, 1892.

Michel Symes. 805
Relation de l'Ambassade anglaise, envoyée en 1795 dans le royaume d'Ava ou l'empire des Birmans ; 2 vol. in-8°, Paris, F. Buisson, 1800.

Bougthon, T. 226
Les Marattes ou mœurs, usages et coutumes de ce peuple ; 2 vol. in-18, Paris, Nepveu, 1817.

Vivien de Saint-Martin. 803
Étude sur la Géographie et les Populations primitives du nord-ouest de l'Inde, d'après les hymnes védiques, précédée d'un aperçu de l'état actuel des études sur l'Inde ancienne ; 1 vol. in-8°, Paris, Imp. Impériale, 1860.

Verney Lowett Cameron. 218
Notre future route de l'Inde ; 1 vol. in-12, Paris, Hachette, 1883.

Veuillot, E. 807
La Cochinchine et le Tonkin. — Le Pays, l'Histoire et les Missions ; 1 vol. in-8°, Paris, Amyot, 1859.

Doudart de Lagrée. 1813
Voyage d'exploration en Indo-Chine, 1866-68, publié par M. Francis Garnier ; 2 vol. in-4° et 2 atlas, Paris, Hachette, 1873.

Bouillevaux, C.-E. 808
L'Annam et le Cambodge. — Voyages et Notices historiques ; 1 vol. in-8°, Palmé, 1874.

Delaporte, L. 1679
Voyage au Cambodge. — L'Architecture Khmer ; 1 vol. gr. in-8°, Paris, Ch. Delagrave, 1880.

Bonnetain, P. 1677
L'Extrême-Orient ; 1 vol. in-4°, Paris, libr. Imp. Réunies, 1887.

Filoz, N. 1433
Cambodge et Siam. — Voyage et séjour aux ruines des monuments Khmers ; 1 vol. gr. in-8°, Paris, Gédalge, 1889.

Chine. — Japon

.... 786
Voyage à Canton, capitale de la province de ce nom ; 1 vol. in-8°, Paris, André, An VII.

Robert Fortune. 785
Voyage agricole et horticole en Chine ; 1 vol. in-8°, Paris, Bouchard-Huzard, 1853.

Huc. 207
Souvenirs d'un voyage dans la Tartarie et le Thibet, 1844-1846 ; 2 vol, in-12, Paris, Gaume, 1868.

Huc. 208
L'Empire Chinois (faisant suite au voyage dans la Tartarie et le Thibet) ; 2 vol. in-12, Paris, Gaume, 1862.

Carné, L. (de). 209
Voyage en Indo-Chine et dans l'Empire Chinois ; 1 vol. in-12, Paris, E. Dentu, 1872.

Piassetsky, P. 1674
Voyage à travers la Mongolie et la Chine ; 1 vol. gr. in-8°, Paris, Hachette, 1883.

Rousset, L. 210
A travers la Chine ; 1 vol. in-12, Paris, Hachette, 1886.

...... 211
Description de l'isle Formosa en Asie. — Dressée sur les mémoires du sieur George Psalmanaazaar ; 1 vol. in-12, Amsterdam, P. Mortier, 1708.

Grosier (abbé). 783
Description générale de la Chine ; 2 vol. in-8°, Paris, Moutard, 1787.

Fortia d'Urban (Mis de). 201
Histoire Anté-Diluvienne de la Chine ou Histoire de la

Chine jusqu'au déluge d'Yao, l'An 2298 avant notre ère ; 2 vol. in-12, Paris, Ed. Garnot, 1840.

Fortia d'Urban (Mis de). 202
Description de la Chine et des Etats tributaires de l'Empereur ; 3 vol. in-12, Paris, Garnot, 1839-40.

Bonacossi. 777
La Chine et les Chinois ; 1 vol. in-8°, Paris, 1847.

Dabry, P. 780
Organisation militaire des Chinois ou la Chine et ses armées ; 1 vol. in-8°, Paris, Plon, 1859.

Hervey-Saint-Denys (Mis d'). 781
La Chine devant l'Europe; 1 vol. in-8°, Paris, Amyot, 1859.

Pauthier, G. 784
Histoire des relations politiques de la Chine avec les puissances occidentales depuis les temps les plus reculés jusqu'à nos jours ; 1 vol. in-8°, Paris, Didot, 1859.

Milne, C. 206
La vie réelle en Chine ; 1 vol. in-12, Paris, Hachette, 1860.

Du Bosch, A.-J. 204
La Chine contemporaine ; 2 vol. in-12, Paris, A. Bohné, 1860.

Lucy, A. 1428
La Campagne de Chine en 1860 (Lettres intimes) ; 1 vol. gr. in-8°, Marseille, Barile, 1861.

Negroni, J.-L. (de) 1429
Souvenirs de la Campagne de Chine, 1860 ; 1 vol. gr. in-8°, Paris, Renon, 1864.

Escayrac de Lauture (d') 1816
Mémoires sur la Chine ; 1 vol. gr. in-4°, Paris, 1865.

Ferrari, J. 782
La Chine et l'Europe. — Leur Histoire et leurs Traditions comparées ; 1 vol. in-8°, Paris, Didier, 1867.

Irisson, M. (d'). 778
Étude sur la Chine contemporaine; 1 vol. in-8°, Paris, Chamerot, 1869.

Girard, O. 776
France et Chine; Vie publique et privée des Chinois anciens et modernes; Passé et Avenir de la France dans l'Extrême-Orient; 2 vol. in-8°, Paris, Hachette, 1869.

Strauss, L. 779
La Chine, son Histoire, ses Ressources; 1 vol. in-8°, Paris, Ghio, 1874.

Rocher, E. 1671
La Province Chinoise du Yün-nan; 2 vol. gr. in-8°, Paris, E. Leroux, 1879-80.

Simon, G.-Eug. 205
La Cité Chinoise; 1 vol. in-12, Paris, *Nouvelle Revue*, 1886.

Garnot (cap.) 787
L'Expédition Française de Formose, 1884-85; 1 vol. in-8° et 1 atlas, Paris, Delagrave, 1894.

.... 1675
Chambre de Commerce de Lyon. — La Mission Lyonnaise d'Exploration Commerciale en Chine, 1895-97; 1 vol. in-4°, Lyon, A. Rey, 1898.

Bard, E. 219
Les Chinois chez eux; 1 vol. in-12, Paris, A. Colin, 1901.

Elgin (d') 788
La Chine et le Japon; mission du comte d'Elgin, 1857-59; 2 vol. in-8°, Paris, Michel-Lévy, 1860.

Du Pin. 792
Le Japon : Mœurs, coutumes, descriptions, géographie, rapport avec les Européens; 1 vol. in-8°, Paris, Bertrand, 1868.

Fraissinet, E. 212
Le Japon, histoire et description, rapport avec les Européens; Expédition américaine; 2 vol. in-12, Paris, Bertrand.

Bousquet, G. 794
Le Japon de nos jours et les Échelles de l'Extrême-Orient; 2 vol. in-8°, Paris, Hachette, 1877.

. . . . 795
Le Japon à l'Exposition universelle de 1878. Géographie, histoire, art, industrie, productions, etc.; 1 vol. in-8°, Paris, 1878.

Metchenikoff, L. 1672
L'Empire Japonais; 1 vol. in-4°, Genève, 1881.

Rémy, Ch. 793
Notes et Mémoires variés sur le Japon; 1 vol. in-8°, Paris, Balitout, 1884.

Forcade, T.-A. (Mgr). 796
Le premier Missionnaire catholique du Japon au XIXe siècle; 1 vol. in-8°, Lyon, Missions Catholiques, 1885.

Lamairesse, E. 791
Le Japon : Histoire, religion, civilisation; 1 vol. in-8°, Paris, Challamel, 1892.

Loonen, Ch. 213
Le Japon moderne; 1 vol. in-8°, Paris, Plon, 1894.

Afrique. — Généralités

Le Vaillant. 839
Voyage dans l'intérieur de l'Afrique par le Cap de Bonne-Espérance, 1780-85; 2 vol. in-8°, Paris, Leroy, 1790.

Bruce James et Paterson, W. 1621
Voyage en Nubie et en Abyssinie (1768-1773) et quatre voyages dans le pays des Hottentots et la Cafrerie, 1777-1779; 5 vol. et 1 atlas in-4°, Paris, Hôtel du Thou, 1790-91.

Bory de Saint-Vincent. 836
Voyage dans les quatre principales îles des mers d'Afrique, 1801-02; 3 vol. in-8°, et 1 atlas, Paris, F. Buisson, 1804.

Denham. 840
Voyages et découvertes dans le Nord et les parties centrales de l'Afrique, 1822-24; 3 vol. in-8°, et 1 atlas, Paris, A. Bertrand, 1826.

Lanoye F. (de). 285
Le Niger et les explorations de l'Afrique Centrale, depuis

Mungo Park jusqu'au Dr Barth; 1 vol. in-12, Paris, Hachette, 1860.

Barth, H. 837
Voyages et découvertes dans l'Afrique septentrionale et centrale, 1849-55 ; 4 vol. in-8°, Paris, Didot, 1861.

Chaillu, P. (du). 1687
Voyages et aventures dans l'Afrique équatoriale ; mœurs et coutumes des habitants, chasses ; 1 vol. in-8°, Paris, Michel Lévy, 1863.

Chaillu, P. (du). 1479
A Journey to Ashango-Land ; and further penetration into equatorial Africa ; 1 vol. gr. in-8°, London, J. Murray, 1867.

Chaillu, P. (du). 1686
L'Afrique sauvage, nouvelles excursions au pays des Ashangos ; 1 vol. gr. in-8°, Paris, Michel Lévy, 1868.

Chaillu P. (du). 1701
L'Afrique occidentale. — Nouvelles aventures de chasses et de voyages chez les sauvages ; 1 vol. gr. in-8°, Paris, Michel Lévy, 1875.

Stanley, H. 1442
A travers le Continent mystérieux ; de l'Océan Indien à l'Atlantique ; 2 vol. gr. in-8°, Paris, Hachette, 1879.

Gros, J. 835
Nos explorateurs en Afrique ; 1 vol. in-8°, Paris, Picard et Kaan.

Stanley, H. 1443
Dans les ténèbres de l'Afrique. — Recherche, délivrance et retraite d'Emin Pacha ; 2 vol. gr. in-8°, Paris, Hachette, 1890.

Casati, G. 1693
Dix années en Equatoria. — Le retour d'Emin Pacha et l'expédition de Stanley ; 1 vol. gr. in-8°, Paris, F. Didot, 1892.

Alis, Harry. 1440
Nos Africains. — Missions géographiques ; 1 vol. gr. in-8°, Paris, Hachette, 1894.

Foa E. 235
De l'Océan Indien à l'Océan Atlantique. — La traversée de l'Afrique. — Du Zambèze au Congo français ; 1 vol. in-12, Paris, Plon, 1900.

.... 1683
Annales de l'Institut d'Afrique, 1841-47 ; 1 vol. in-4°, Paris.

Walckenaer, C.-A. 845
Recherches géographiques sur l'intérieur de l'Afrique septentrionale ; 1 vol. in-8°, Paris, Bertrand, 1821.

Furnari, S. 895
Voyage médical dans l'Afrique septentrionale ou de l'ophthalmologie considérée dans ses rapports avec les différentes races ; 1 vol. in-8°, Paris, Baillière, 1845.

Guillain. 1486
Documents sur l'histoire, la géographie et le commerce de l'Afrique Orientale ; 3 vol. in-8° et 1 atlas, Paris, A. Bertrand, 1856.

Vivien de Saint-Martin. 1682
Le Nord de l'Afrique dans l'antiquité grecque et romaine ; 1 vol. gr. in-8°, Paris, Imp. Impériale, 1863.

Banning, E. 834
L'Afrique et la Conférence géographique de Bruxelles ; 1 vol. in-8°, Bruxelles, Muquardt, 1877.

Bainier, P.-F. 1684
La Géographie appliquée à la marine, au commerce, à l'agriculture, etc. — Afrique ; 1 vol. gr. in-8°, Paris, E. Belin, 1878.

Hartmann, R. 832
Les Peuples de l'Afrique ; 1 vol. in-8°, Paris, Germer-Baillière, 1880.

.... 1441
A l'assaut des pays nègres. — Journal des Missions d'Alger dans l'Afrique équatoriale ; 1 vol. gr. in-8°, Paris, 1884.

White, A.-S. 833
Le développement de l'Afrique ; 1 vol. in-8°, Bruxelles, Muquardt, 1894.

Préville, A. (de). 831
Les Sociétés africaines. — Leur origine, leur évolution, leur avenir ; 1 vol. in 8°, Paris, F. Didot, 1894.

Poskin, A. (Dr). 1454
L'Afrique équatoriale. — Climatologie. — Nosologie. — Hygiène ; 1 vol. gr. in-8°, Paris, F. Alcan, 1897.

Egypte — Soudan égyptien — Grands Lacs

Savary. 856
Lettres sur l'Égypte ; 1 vol. in-8°, Paris, Blenet, 1798.

Sonnini, C.-S. 865
Voyage dans la haute et basse Égypte ; 3 vol. in-8° et 1 atlas, Paris, F. Buisson, an VII.

Grobert, J. 1444
Description des Pyramides de Ghize, du Caire et de ses environs ; 1 vol. in-4°, Paris, Logerot, an IX.

Joubert, J. 1447
En Dahabieh. — Du Caire aux Cataractes : Le Caire, le Nil, Thèbes, la Nubie, l'Égypte Ptolémaïque ; 1 vol. gr. in-8°, Paris, E. Dentu.

Lejean G. 1820
Voyage aux deux Nils. — Nubie, Kordofan, Soudan-Oriental, 1860-64 ; 1 vol. in-4°, et 1 atlas, Paris, Hachette.

Baillière, H. 870
En Égypte : Alexandrie, Port-Saïd, Suez, Le Caire ; 1 vol. in-8°, Paris, Baillière, 1867.

Ampère, J.-J. 869
Voyage en Égypte et en Nubie ; 1 vol. in-8°, Paris Michel Lévy, 1867.

Meignan, V. 867
Souvenirs de la Haute-Égypte et de la Nubie ; 1 vol. in-8°, Paris, Renouard, 1873.

Blanc, C. 871
Voyage de la Haute-Égypte. — Observations sur les arts égyptien et arabe ; 1 vol. gr. in-8°, Paris, Renouard, 1876.

Alis, Harry. 251
Promenade en Égypte ; 1 vol. in-12, Paris, Hachette, 1895.

Jomard. 1822
Mémoire sur le lac de Mœris comparé au lac du Fayoum ; Syène et les cataractes ; l'île d'Éléphantine ; Ombos et les environs ; antiquités d'Edfou ; Erment ou Hermonthis ; 1 vol. in-f°, Paris, 1800.

Quatremère, E, 853
Mémoires géographiques et historiques sur l'Égypte et sur quelques contrées voisines; 2 vol. in-8°, Paris, Schoell, 1811.

Miot, J. 855
Mémoires pour servir à l'histoire des expéditions de Bonaparte en Égypte et en Syrie ; 1 vol. in-8°, Paris, Le Normant, 1814.

Le Père, J.-M. 1823
Mémoire sur la communication de la mer des Indes à la Méditerranée ; 1 vol. in-f°, Paris, Imp. Royale, 1815.

Jomard. 1826
Description de la ville et des environs du Caire ; 1 vol. in-f°, Paris, Imp. Royale, 1829.

Rifaud, J.-J. 868
Tableau de l'Egypte, de la Nubie et des lieux circonvoisins ; 1 vol. in-8°, Paris, Treuttel et Wurtz, 1830.

Verninac Saint-Maur (de). 863
Voyage du Luxor en Egypte, entrepris pour transporter, de Thèbes à Paris, l'un des obélisques de Sésostris ; 1 vol. in-8°, Paris, A. Bertrand, 1835.

Clot-Bey, A.-B. 242
Aperçu général sur l'Egypte ; 1 vol. in-12, Bruxelles, 1840.

Gardner Wilkinson. 857
Modern Egypt and Thebes ; 2 vol. in-8°, London, Murray, 1843.

Hamont, P.-N. 852
L'Egypte sous Mehemet-Ali ; 2 vol. in-8°, Paris, Leautey, 1843.

Gouin, E. 1691

L'Egypte au XIXe siècle. — Histoire militaire et politique, anecdotique et pittoresque de Mehemet-Ali, Ibrahim-Pacha, Soliman-Pacha ; 1 vol. gr. in-8°, Paris, Boizard, 1847.

Camp, M. (Du). 250

Le Nil. — Egypte et Nubie ; 1 vol. in-12, Paris, Lib. Nouvelle, 1854.

Brun-Rollet. 874

Le Nil Blanc et le Soudan. — Etudes sur l'Afrique Centrale ; 1 vol. in-8°, Paris, Maison, 1855.

Poncet, J. 875

Le Fleuve Blanc, notes géographiques et ethnologiques et les chasses à l'éléphant dans les pays des Dinka et des Djour ; 1 vol. in-8°, Paris, A. Bertrand.

Barthélemy Saint-Hilaire. 246

Lettres sur l'Egypte ; 1 vol. in-12, Paris, Michel Lévy, 1857.

Merruau, P. 851

L'Egypte contemporaine, de Mehemet-Ali à Saïd-Pacha ; 1 vol. in-12, Paris, Didier, 1864.

Gardey L. 866

Voyage du Sultan Abd-Ul-Aziz, de Stamboul au Caire ; 1 vol. in-8°, Paris, Dentu, 1865.

Champollion Le Jeune. 854

Lettres écrites d'Egypte et de Nubie, 1828-29 ; 1 vol. in-8°, Paris, Didier, 1867.

Gottberg, E. (de). 1812

Des Cataractes du Nil et spécialement de celles de Hannek et de Kaybar ; 1 vol. in-4°, Paris, Simon Raçon, 1867.

Guillemin, A. 850

L'Egypte actuelle, son agriculture et le percement de l'Isthme de Suez ; 1 vol. in-8°, Paris, Challamel, 1867.

Charles Edmond. 1690

L'Egypte à l'Exposition Universelle de 1867 ; 1 vol. gr. in-8°, Paris, E. Dentu, 1867.

Mariette-Bey. 861

Notice des principaux monuments du Musée d'Antiquités Egyptiennes de Boulaq (2e édition) ; 1 vol. in-8°, Alexandrie, Mourès, 1868.

.... 862

Notice des principaux monuments du Musée d'Antiquités Egyptiennes de Boulaq (5me édition) ; 1 vol. in-12, Le Caire, Mourès, 1874.

Mariette-Bey, A. 243

Aperçu de l'histoire d'Egypte depuis les temps les plus reculés jusqu'à la conquête musulmane ; 1 vol. in-12, Paris, Frank, 1870.

Matthey, A. 244

Les Tombes d'Egypte. — Nouvelles recherches dans les Nécropoles de Memphis et de Thèbes ; 1 vol. in-12, Genève, Richard, 1872.

Dor, E. 859

L'instruction publique en Egypte ; 1 vol. in-8°, Paris, Lacroix Verboeckhoven, 1872.

Lenoir, P. 249

Le Fayoum, Le Sinaï et Pétra ; expédition dans la moyenne Egypte et l'Arabie Pétrée ; 1 vol. in-12, Paris, Plon, 1872.

Couvidou, H. 1445

Etude sur l'Egypte contemporaine ; 1 vol. gr. in-8°, Le Caire, Barbier, 1873.

Caix de Saint-Aymour. 238

Les intérêts français dans le Soudan Ethiopien ; 1 vol. in-12, Paris, Challamel, 1884.

Lepic, L. 1692

La dernière Egypte ; 1 vol. gr. in-8°, Paris, G. Charpentier, 1884,

Schweiger-Lerchenfeld. 858

La Tripolitaine et l'Egypte. — L'Expédition anglaise en Egypte et le soulèvement du Soudan ; 1 vol. in-8°, Paris, Delagrave, 1884.

Hennebert. 860

Les Anglais en Egypte. — L'Angleterre et le Mâdhî. — Arabi et le Canal de Suez ; 1 vol. in-8°, Paris, Jouvet, 1884.

Paponot, F. 1446
L'Egypte, son avenir agricole et financier ; 1 vol. in-8°, Paris, Baudry, 1884.

Lecointre, E. 864
La Campagne de Moïse pour la sortie d'Egypte ; 1 vol. in-8°, Paris, Gauthier-Villars, 1882.

Cordon (Gal). 1449
Journal du siège de Khartoum ; 1 vol. gr. in-8°, Paris, Didot, 1886.

Scotidis, N. 245
L'Egypte contemporaine et Arabi Pacha ; 1 vol. in-12, Paris, Marpon et Flammarion, 1887.

Plauchut, E. 248
L'Egypte et l'occupation anglaise ; 1 vol. in-12, Paris, Plon, 1889.

Bourguet, A. 247
La France et l'Angleterre en Egypte ; 1 vol. in-12, Paris, Plon, 1897.

Dehérain, H. 1448
Le Soudan Egyptien sous Mehemet-Ali ; 1 vol. gr. in-8°, Paris, Carré, 1898.

Burton (Capne). 1451
Voyage aux grands lacs de l'Afrique Orientale en 1857 ; 1 vol. gr. in-8°, Paris, Hachette, 1862.

Speke, J.-H, 1452
Les sources du Nil. — Journal de voyage ; 1 vol. gr. in-8°, Paris, Hachette, 1865.

Baker, S.-W. 1450
Découverte de l'Albert N'yanza. — Nouvelles explorations des sources du Nil ; 1 vol. gr. in-8°, Paris, Hachette, 1868.

Chanel, J. 1485
Voyage au Kilima-Ndjaro ; 1 vol. in-8°, Paris.

Le Roy, A. 1681
Kilima-Ndjaro ; 1 vol. gr. in-8°, Paris, de Soye.

Abyssinie et Pays des Somalis

Gobat, S. 877

Journal d'un séjour en Abyssinie, 1830-32 ; 1 vol. in-8°, Paris, Risler, 1834.

Combes et **Tamisier.** 876

Voyage en Abyssinie, dans le Pays des Galla, de Choa et d'Ifat ; 4 vol. in-8°, Paris, Passard, 1843.

Rochet d'Héricourt. 879

Voyages sur les deux rives de la Mer Rouge, dans le Pays des Adels et le royaume de Choa ; 2 vol. et 1 atlas gr. in-8°, Paris, A. Bertrand, 1841-46.

Lefebvre, T. 1453

Voyage en Abyssinie, 1839-43 ; 3 vol. gr. in-8°, Paris, A. Bertrand, 1845.

Arnauld d'Abbadie. 880

Douze ans dans la haute Ethiopie (Abyssinie) ; 1 vol. in-8°, Paris, Hachette, 1868.

Girard, A. 878

Souvenirs d'un voyage en Abyssinie, 1868-69 ; 1 vol. in-8°, Le Caire, Ebner, 1873.

Révoil, G. 1825

Souvenirs de voyage au pays Çomalis, 1880-81 ; 1 album in-4°, de photographies-types Çomalis, etc., 1880-81.

Révoil, G. 1487

Faune et Flore des pays Çomalis ; 1 vol. gr. in-8°, Paris, Challamel aîné, 1882,

Borelly, Jules. 1689

Ethiopie Méridionale. — Journal de mon voyage aux pays Amhara, Oromo et Sidama, 1885-88 ; 1 vol. in-8°, Paris, Lib.-Imp. Réunies, 1890.

Salma, L. (de). 240

Obock. — Exploration du Golfe de Tadjoura, du Gubbet-Kharab et de Bahr-Assal ; 1 vol. in-12, Paris, Faivre, 1893.

Lejean, G. 236

Théodore II. — Le nouvel empire d'Abyssinie et les intérêts

français dans le sud de la Mer Rouge ; 1 vol. in-12, Paris, Amyot, 1865.

Raffray, A. 239
Abyssinie ; 1 vol. in-12, Paris, Plon, 1876.

Caix de Saint-Aymour. 237
La France en Ethiopie. — Histoire des relations de la France avec l'Abyssinie chrétienne sous les règnes de Louis XIII et de Louis XIV, 1634-1706 ; 1 vol. in-12, Paris, Faivre et Teillard, 1892.

Combes, P. 241
L'Abyssinie en 1896. — Le pays, les habitants, la lutte italo-abyssine ; 1 vol. in-12, Paris, André, 1896.

Afrique barbaresque

Poiret (abbé) 873
Voyages en Barbarie ou Lettres écrites de l'ancienne Numidie, 1785-86 ; 2 vol. in-8°, Paris, 1789.

Hornemann, F. 841
Voyage dans l'Afrique Septentrionale, depuis le Caire jusqu'à Mourzouk ; 2 vol. in-8°, Paris, Dentu, 1803.

Pezant, A. 872
Voyage en Afrique au Royaume de Barcah et dans la Cyrénaïque à travers le désert ; 1 vol. in-8°, Paris, Armand-Aubrée, 1840.

Lyon, G.-F. 838
Voyage dans l'intérieur de l'Afrique Septentrionale, 1818-1820 ; 1 vol. in-8°, Paris, Gide, 1822.

.... 1475
Mission de Ghadamés, 1862. — Rapports officiels et documents ; 1 vol. gr. in-8°, Alger, Duclaux, 1863.

Charmes, G. 257
La Tunisie et la Tripolitaine ; 1 vol. in-12, Paris, Lévy, 1883.

Fournel, M. 254
La Tripolitaine. — Les Routes du Soudan ; 1 vol. in-12, Paris, Challamel, 1887.

Bernard, M. 1694
Autour de la Méditerranée. — Les Côtes Barbaresques. — De Tripoli à Tunis; 1 vol. gr. in-8°, Paris, Renouard, 1892.

Frisch et David. 277
Guide français en pays arabe; 1 vol. in-12, Paris, Berger-Levrault, 1892.

Tunisie

Maggill, T. 887
Nouveau voyage à Tunis publié en 1811; 1 vol. in-8°, Paris, Panckoucke, 1815.

Brandin, A.-V. 886
Considérations sur le Royaume de Tunis dans ses rapports avec l'état actuel de l'Algérie; 1 vol. in-8°, Paris, Dubois, 1846.

Dunant, H. 1455
Notice sur la Régence de Tunis; 1 vol. gr. in-8°, Genève, Fick, 1857.

Lumbroso, A. 885
Lettres médico-statistiques sur la Régence de Tunis; 1 vol. gr. in-8°, Marseille, Roux, 1860.

Guérin, V. 1457
Voyage archéologique dans la Régence de Tunis; 2 vol. gr. in-8°, Paris, Plon, 1862.

Rousseau, A. 882
Annales tunisiennes ou aperçu historique sur la Régence de Tunis; 1 vol. gr. in-8°, Alger, Bastide, 1864.

Flaux, A. (de). 881
La Régence de Tunis au XIXe siècle; 1 vol. in-8°, Paris, Challamel, 1865.

Antinori, O. 256
Lettere sulla Tunisia e specialmente sulle province di Susa e Monastir; 1 vol. in-12, Firenze, Civelli, 1867.

Zaccone, P. 883
Notes sur la Régence de Tunis; 1 vol. in-8°, Paris, Tanera, 1875.

Sainte-Marie, E. (de). 1456

La Tunisie chrétienne ; 1 vol gr. in-8°, Lyon, Missions catholiques, 1878.

Clarin de la Rive, Abel. 255

Histoire générale de la Tunisie depuis l'an 1590 avant Jésus-Christ jusqu'en 1883 ; 1 vol. in-12, Tunis, Demoflys, 1883.

Tissot, Charles. 1695

Exploration scientifique de la Tunisie. — Géographie comparée de la Province romaine d'Afrique ; 2 vol. et 1 atlas in-4°, Paris, Imp. Nationale, 1884-88.

Fournel, M. 258

La Tunisie. Le Christianisme et l'Islam dans l'Afrique Septentrionale ; 1 vol. in-12, Paris, Challamel, 1886.

Rouire. 884

La Découverte du Bassin hydrographique de la Tunisie Centrale et l'emplacement de l'ancien lac Triton (ancienne mer intérieure d'Afrique) ; 1 vol. in-8°, Paris, Challamel, 1887.

Cagnat, R. et Saladin H. 259

Voyage en Tunisie ; 1 vol. in-12°, Paris, Hachette, 1894.

Algérie

Baude (Bon). 890

L'Algérie ; 2 vol. in-8°, Paris, A. Bertrand. 1841.

Bavoux, E. 893

Alger. — Voyage politique et descriptif dans le nord de l'Afrique ; 2 vol. in-8°, Paris, Brockhaus, 1841.

...... 263

L'Algérie. — Landscape africain. — Promenades pittoresques et chroniques algériennes ; 1 vol. in-12, Paris, Louis, Janet.

Farine, C. 1465

A travers la Kabylie ; 1 vol. gr. in-8°, Paris, Ducrocq, 1865.

Roches, L. 253

Trente-deux ans à travers l'Islam, 1832-64. — Algérie. — Abd-El-Kader. — Mission à la Mecque. — Le maréchal Bugeaud en Afrique ; 2 vol. in-8°, Paris, F. Didot, 1884.

Fallot, E. 269

Par delà la Méditerranée. — Kabylie, Aurés, Kroumirie ; 1 vol. in-12, Paris, Plon, 1887.

Baudel, J. 1467

Un an à Alger. — Excursions et souvenirs ; 1 vol. gr. in-8°, Paris, Delagrave, 1887.

Robert, G. 1696

Voyages à travers l'Algérie. — Notes et croquis ; 1 vol. in-4°, Paris, E. Dentu.

Daumas, E. (Gal). 275

Le grand Désert. — Itinéraire d'une caravane du Sahara au pays des Nègres. — Royaume de Haoussa ; 1 vol. in-12, Paris, Michel Lévy, 1856.

Colomb, L. (de). 1481

Notice sur les oasis du Sahara et les routes qui y conduisent ; 1 vol. in-8°, Paris, Lahure, 1860.

Duveyrier, H. 899

Exploration du Sahara. -- Les Touaregs du Nord ; 1 vol. in-8°, Paris, Challamel, 1864.

Largeau, V. 276

Le Sahara. — Voyage d'exploration ; 1 vol. in-12, Genève, Desrogis, 1877.

Lenz, O. 1470

Timbouctou. — Voyage au Maroc, au Sahara et au Soudan ; 2 vol. gr. in-8°, Paris, Hachette, 1886.

Foureau, F. 1468

Une Mission au Tadémayt (territoire d'In-Salah) en 1890 ; 1 vol. gr. in-8°, Paris, Challamel, 1890.

Vinchon (de). 888

Histoire de l'Algérie et des autres Etats barbaresques depuis les temps les plus anciens jusqu'à ce jour ; 1 vol. in-8°, Paris, Pougin, 1839.

Clausolles, P. 1697

L'Algérie pittoresque ou Histoire de la Régence d'Alger, depuis les temps les plus reculés ; 1 vol. in-4°, Toulouse, Paya, 1843.

Esterhazy, W. 1466
Notice historique sur le Maghzen d'Oran ; 1 vol. gr. in-8°, Oran, Perrier, 1849.

Dureau de la Malle. 273
L'Algérie. — Histoire des guerres des Romains, des Byzantins et des Vandales ; 1 vol. in-12, Paris, F. Didot, 1852.

Daumas, E. (G^al^). 270
Mœurs et coutumes de l'Algérie, Tell, Kabylie, Sahara ; 1 vol. in-12, Paris, Hachette, 1855.

Bargès (abbé). 897
Tlemcen, ancienne capitale du royaume de ce nom, sa topographie, son histoire, etc. ; 1 vol. in-8°, Paris, B. Duprat, 1859.

Devoulx, A. 892
Les archives du Consulat de France à Alger ; 1 vol. in-8°, Alger, Bastide, 1865.

Béhaghel, A. 268
L'Algérie ; histoire, géographie, climatologie, hygiène, etc. ; 1 vol. in-12, Alger, Tissier, 1865.

Daumas, E. (G^al^). 829
La vie arabe et la Société Musulmane ; 1 vol. in-8°, Paris, Michel Lévy, 1869.

Fillias, A. 267
Géographie physique et politique de l'Algérie ; 1 vol. in-12. Paris, Hachette, 1875.

Niel, O. 265
Géographie de l'Algérie ; 1 vol. in-12, Bône, Legendre et Cauvy, 1876.

Niel, O. 266
Géographie de l'Algérie ; géographie physique, agricole, industrielle, commerciale, politique et itinéraires de l'Algérie ; 1 vol. in-12, Alger, Jourdan, 1882.

Rinn, L. 1463
Marabouts et Khouan. — Etude sur l'Islam en Algérie ; avec une carte des ordres religieux Musulmans ; 1 vol. gr. in-8°, Alger, Jourdan, 1884.

Plantet, E. 1461
Correspondance des Deys d'Alger avec la cour de France, 1579-1833; 2 vol. gr. in-8°, Paris, F. Alcan, 1889.

Boissier, Gaston. 260
L'Afrique romaine. — Promenades archéologiques en Algérie et en Tunisie ; 1 vol. in-12, Paris, Hachette, 1895.

Maroc

Grey Jackson, J. 1698
An account of the empire of Marocco; 1 vol. in-4°, London, Bulmer W., 1814.

Drummond-Hay. 280
Le Maroc et ses tribus nomades. — Excursion dans l'intérieur, chasses, mœurs, superstitions, etc.; 2 vol. in-12, Bruxelles, 1844.

Thomassy, R. 905
Le Maroc et ses caravanes, ou relations de la France avec cet empire ; 1 vol. in-8°, Paris, Didot, 1845.

Erckmann, J. 903
Le Maroc moderne ; 1 vol. in-8°, Paris, Challamel, 1845.

Campou, L. (de). 278
Un Empire qui croule. — Le Maroc contemporain ; 1 vol. in-12, Paris, Plon, 1886.

Charmes, Gabriel. 279
Une Ambassade au Maroc ; 1 vol. in-12, Paris, Calmann Lévy, 1887.

Ganniers. A. (de). 904
Le Maroc d'aujourd'hui, d'hier et de demain ; 1 vol. in-8°, Paris, Furne, 1894.

Mouliéras, A. 1469
Le Maroc inconnu. — Exploration du Rif ; 1 vol. gr. in-8°, Paris, 1895.

Frisch, R.-J. 221
Le Maroc. — Géographie, organisation, politique ; 1 vol. in-12, Paris, E. Leroux, 1895.

Afrique Occidentale
(Bassins du Sénégal, du Niger et du Tchad)

.... 908
Les Iles Fortunées ou Archipel des Canaries ; 2 vol. in-8°, Paris, Lacroix, Verboeckhoven, 1869.

Labarthe, P. 286
Voyage à la Côte de Guinée ou description des Côtes d'Afrique, depuis le cap Tagrin jusqu'au cap de Lopez-Gonzalves ; 1 vol. in-8°, Paris, Debray, 1803.

Durand, L. 1702
Voyage au Sénégal, 1785-86 ; 1 vol. et 1 atlas in-4°, Paris, Dentu, 1807.

Mollien, G. 842
Voyages dans l'intérieur de l'Afrique. — Aux sources du Sénégal et de la Gambie, 1818; 2 vol. in-8°, Paris, A. Bertrand, 1822.

.... 906
Voyage dans le Timanni, le Kouranko et le Soulimana, 1822 ; 1 vol.in-8°, Paris, Delaforest, 1826.

Adams, R. 843
Nouveau voyage dans l'intérieur de l'Afrique, 1810-14; 1 vol. in-8°, Paris, Michaud, 1827.

Clapperton (Capitaine). 844
Second voyage dans l'intérieur de l'Afrique, depuis le golfe de Bénin jusqu'à Sackatou, 1825-27; 2 vol. in-8°, Paris, A. Bertrand, 1829.

Caillé, René. 846
Journal d'un voyage à Tombouctou et à Jenné dans l'Afrique Centrale, 1824-28; 3 vol. in-8°, Paris, Imp. Royale, 1830.

Lander, R. et J. 913
Voyage sur le Niger depuis Yaourie jusqu'à son embouchure; 3 vol. in-8°, Paris, Paulin, 1832.

Raffenel, A. 1472
Voyage dans l'Afrique Occidentale, 1843-44; 1 vol. gr. in-8° et 1 atlas, A. Bertrand, Paris, 1846.

Hecquard, H. 1700
Voyage sur la Côte et dans l'intérieur de l'Afrique Occidentale; 1 vol. gr. in-8°, Paris, Bénard, 1853.

Escayrac de Lauture (Comte de) 1473
Le Désert et le Soudan; 1 vol. gr. in-8°, Paris, Dumaine, 1853.

Trémaux, P. 911
Le Soudan ; 1 vol. in-8°, Paris, Hachette.

Mage, E. 1476
Voyage dans le Soudan Occidental (Sénégambie-Niger); 1 vol. gr. in-8°, Paris, Hachette, 1868.

Zweifel, J. et Moustier, M. 1478
Expédition C. A. Verminck, 1879. — Voyage aux sources du Niger; 1 vol. gr. in-8°. Marseille, Barlatier-Feissat, 1880.

Olivier de Sanderval, A. 1471
De l'Atlantique au Niger, par le Foutah-Djallon ; 1 vol. gr. in-8°, Paris, Ducrocq, 1882.

Soleillet, P. 910
Voyage à Ségou, 1878-79; 1 vol. in-8°, Paris, A. Challamel, 1887.

Olivier de Sanderval, A. 1474
Soudan Français. — Kahel ; 1 vol. gr. in-8°, Paris, F. Alcan, 1893.

Laumann, E.-M. 284
A la Côte Occidentale d'Afrique ; 1 vol. in-12, Paris, F. Didot, 1844.

Madrolle, Cl. 1811
En Guinée; 1 vol. in-4°, Paris, Le Soudier, 1895.

Dybowski, J. 1685
La route du Tchad. — Du Loango au Chari ; 1 vol. gr. in-8°, Paris, F. Didot, 1893.

Brunache, P. 848
Au centre de l'Afrique. — Autour du Tchad ; 1 vol. in-8°, Paris, F. Alcan, 1894.

Foureau, F. 849
D'Alger au Congo, par le Tchad (Mission Saharienne Foureau-Lamy) ; 1 vol. in-8°, Paris, Masson, 1902.

Bassin du Congo

Labat, J.-B. 234
Relation historique de l'Ethiopie occidentale ; contenant la description des Royaumes de Congo, Angolla et Matamba ; 5 vol. in-12, Paris, Delespine, 1732.

Blaise, P. 1477
Le Congo. — Histoire, description, mœurs et coutumes ; 1 vol. gr. in-8°, Paris, Lecène et Oudin.

Compiègne (de). 283
L'Afrique équatoriale. — Gabonais, Okanda ; 2 vol. in-12, Paris, E. Plon, 1875.

Afrique Australe. — Bassins du Zambèze et de l'Orange. — Iles

Alberti, L. 914
Description physique et historique des Cafres sur la côte méridionale de l'Afrique ; 1 vol. in-8°, Amsterdam, Maaskamp, 1811.

Livingstone, D. 1484
Explorations dans l'intérieur de l'Afrique Australe et à travers le continent de Saint-Paul de Loanda à l'embouchure du Zambèze, 1840-56 ; 1 vol. gr. in-8°, Paris, Hachette, 1859.

Livingstone, D. et **Ch.** 1483
Narrative of an expedition to the Zambesi and its tributaries ; and of the discovery of the lakes shirwa and Nyassa, 1858-64 ; 1 vol. in-8°, London, Murray, 1865.

Livingstone, D. et **Ch.** 1482
Explorations du Zambèze et de ses affluents, et découvertes des lacs Chiroua et Nyassa, 1858-64 ; 1 vol. gr. in-8°, Paris, Hachette, 1866.

Haussmann. A. 916
Souvenirs du Cap de Bonne-Espérance ; 1 vol. in-8°, Paris, Challamel, 1866.

Deléage, P. 288
Trois mois chez les Zoulous et les derniers jours du prince Impérial ; 1 vol. in-12, Paris, E. Dentu, 1880.

Manheimer, E. 289
Le Nouveau Monde Sud-Africain. — La vie au Transvaal ; 1 vol. in-12, Paris, Flammarion, 1896.

Aubert G. 915
L'Afrique du Sud ; 1 vol. in-8°, Paris, Flammarion, 1898.

Aubert, G. 290
Le Transvaal et l'Angleterre en Afrique du Sud ; 1 vol. in-12, Paris, Flammarion, 1899.

Milbert, J. 912
Voyage pittoresque à l'Ile de France, au Cap de Bonne Espérance et à l'Ile de Ténériffe ; 2 vol. in-8°, Paris, Nepveu, 1812.

Maupoint, A.-R. 291
Madagascar et ses deux premiers Evêques, 1737-64 : 2 vol. in-12, Paris, C. Dillet, 1864.

Amérique. — Généralités

Chastellux (de). 920
Voyages dans l'Amérique septentrionale, 1780-82 ; 2 vol. in-8°, Paris, Prault, 1786.

.... 936
Journal d'un voyage fait dans l'intérieur de l'Amérique septentrionale ; 2 vol. in-8°, Paris, La Villette, 1793.

Pitou, L.-A. 965
Voyage à Cayenne, dans les deux Amériques et chez les anthropophages ; 2 vol. in-8°, Paris, 1805.

Domenech, E. (abbé). 1710
Voyage pittoresque dans les grands déserts du Nouveau Monde ; 1 vol. gr. in-8°, Paris, Morizot, 1862.

Ampère, J.-J. 931
Promenade en Amérique, Etats-Unis, Cuba, Mexique ; 2 vol. in-8°, Paris, Michel Lévy, 1855.

Enault, L, 1712
L'Amérique Centrale et Méridionale ; 1 vol. gr. in-8°, Paris, Mellado, 1866.

Leborgne de Boigne. 917
Essai de la conciliation de l'Amérique et de la nécessité de l'union de cette partie du monde avec l'Europe ; 1 vol. in-8°, Paris, Béraud, Delaunay, 1818.

Humboldt A. (de). 956
Examen critique de l'histoire de la géographie du nouveau continent et des progrès de l'astronomie nautique aux xve et xvie siècles ; 5 vol. in-8°, Paris, Gide, 1836.

Gaffarel P. 918
Etude sur les rapports de l'Amérique et de l'ancien continent avant Christophe Colomb ; 1 vol. in-8°, Paris, Thorin, 1869.

Nadaillac (Mis de). 1488
L'Amérique préhistorique ; 1 vol. gr. in-8°, Paris, Masson, 1883.

Aubert, G. 292
Les nouvelles Amériques, notes sociales et économiques ; Etats-Unis, Mexique, Cuba, Colombie, Guatémala, etc. ; 1 vol. in-12, Paris, Flammarion, 1901.

Canada. — États-Unis

Weld, J. 921
Voyage au Canada, 1795-97 ; 3 vol. in-8°, Paris, Gérard, 1803.

Lewis et **Clarke.** 937
Voyage depuis l'embouchure du Missouri jusqu'à l'entrée de la Colombia dans l'Océan Pacifique, 1804-06 ; 1 vol. in-8°, Paris, A. Bertrand, 1810.

Duvergier de Hauranne, E. 303

Huit mois en Amérique. — Lettres et notes de voyage. 1864-65 ; 2 vol. in-12, Paris, Lacroix, Verboeckhoven, 1866.

Comettant, O. 1711

Voyage pittoresque et anecdotique dans le nord et le sud des États-Unis d'Amérique ; 1 vol. gr. in-8°, Paris, A. Laplace, 1866.

Milton et **Cheadle.** 928

Voyage de l'Atlantique au Pacifique à travers le Canada, les montagnes rocheuses et la colonie anglaise ; 1 vol. in-8°, Paris, Hachette, 1866.

Turenne, L. (de). 301

Quatorze mois dans l'Amérique du Nord, 1875-76 ; 2 vol. in-12, Paris, Quantin, 1879.

Cullen Bryant, W. 1817

L'Amérique du Nord pittoresque. — États-Unis et Canada ; 1 vol. in-4°, Paris, A. Quantin, 1880.

Tissandier, A. 1459

Six mois aux États-Unis ; 1 vol. gr. in-8°, Paris, Masson, 1886.

Emory, W.-H. 939

Notes of Military reconnoissance from fort leavenworth in Missouri to San-Diego, in California ; 1 vol. in-8°, Washington, Wendell, 1848.

Molinari, G. (de). 307

Lettres sur les États-Unis et le Canada, adressées au *Journal des Débats* à l'occasion de l'Exposition universelle de Philadelphie ; 1 vol. in-12, Paris, Hachette, 1876.

Gerbié, F. 923

Le Canada et l'émigration française ; 1 vol. in-8°, Paris, Challamel, 1885.

Gailly de Taurines. 296

La Nation canadienne. — Étude historique sur les populations françaises du nord de l'Amérique ; 1 vol. in-12, Paris, E. Plon, 1894.

Chevalier, Michel. 919
Lettres sur l'Amérique du Nord ; 2 vol. in-8°, Paris, Gosselin, 1836.

Tocqueville, A. (de). 927
De la Démocratie en Amérique ; 4 vol. in-8°, Paris, Gosselin, 1842.

Guizot. 932
Washington. — Fondation de la République des États-Unis d'Amérique ; 6 vol. in-8°, Paris, Didier 1851.

Goodrich, S.-G. 934
Les États-Unis d'Amérique. — Aperçu statistique, historique, géographique, industriel et social ; 1 vol. in-8°, Paris, Guillaumin, 1852.

Lorain, P. 302
Origine et Fondation des États-Unis d'Amérique ; 1 vol. in-12, Paris, Hachette, 1853.

Eyma, X. 926
Les Trente-quatre étoiles de l'Union Américaine. — Histoire des Etats et territoires ; 2 vol. in-8°, Paris, Michel Lévy, 1862.

Gasparin, A. (de). 929
L'Amérique devant l'Europe. — Principes et intérêts ; 1 vol. in-8°, Paris, Michel Lévy, 1862.

Bigelow, J. 935
Les Etats-Unis d'Amérique en 1863 ; 1 vol. in-8°, Paris, Hachette, 1863.

Semmes, R. 308
Croisières de l'Alabama et du Sumter ; 1 vol. in-12, Paris, E. Dentu, 1864.

Carlier, A. 925
Histoire du peuple Américain (Etats-Unis) et de ses rapports avec les Indiens ; 2 vol. in-8°, Paris, Michel Lévy, 1864.

Lothian (de). 930
La question américaine ; 1 vol. in-8°, Paris, A. Faure, 1865.

Portalis, E. 310
Les Etats-Unis, le Self-Government et le Césarisme ; 1 vol. in-12, Paris, Le Chevalier. 1869.

Simonin, L. 304
Le Grand-Ouest des Etats-Unis ; 1 vol. in-12, Paris, Charpentier, 1869.

Boissier, L. 300
Histoire du conflit américain. — Etude sur les causes de la guerre civile aux Etats-Unis ; 1 vol. in-12, Paris, Bocquet, 1870.

Balch, T. 933
Les Français en Amérique pendant la guerre de l'Indépendance des Etats-Unis, 1777-83 ; 1 vol. in-8°, Paris, A. Sauton, 1872.

Dixon, H. 924
La Nouvelle Amérique ; 1 vol. in-8°, Paris, A. Lacroix, 1874.

Jannet, Claudio. 293
Les Etats-Unis contemporains ou les mœurs, les institutions et les idées depuis la guerre de la Sécession ; 1 vol. in-12, Paris, E. Plon, 1876.

Simonin, L. 305
Le Monde Américain. — Souvenirs de mes voyages aux Etats-Unis ; 1 vol. in-12, Paris, Hachette, 1876.

Donnat, L. 309
L'Etat de Californie. — Recueil de faits observés en 1877-78 ; 1 vol. in-12, Paris, Delagrave, 1878.

Bacourt (de). 297
Souvenirs d'un diplomate. — Lettres intimes sur l'Amérique ; 1 vol. in-12, Paris, Calmann Lévy, 1882.

Gigot, A. 299
La Démocratie autoritaire aux Etats-Unis. — Le Général André Jackson ; 1 vol. in-12, Paris, Calmann Lévy, 1885.

Jannet, Claudio. 294
Les Etats-Unis contemporains (IVe édition) ; 2 vol. in-12, Paris, E. Plon, 1889.

Varigny, G. (de). 306
La Femme aux Etats-Unis ; 1 vol, in-12, Paris, A. Colin, 1893,

Bryce, J. 922
La République américaine ; 4 vol. in-8°, Paris, Girard et Brière, 1900-1902.

Mexique

Combier, C. 938
Voyage au Golfe de Californie, 1828-31. — Nuits de la Zone torride ; 1 vol. in-8°, Paris, A. Bertrand.

Saint-Amant (de). 978
Voyages en Californie et dans l'Orégon ; 1 vol. in-8°, Paris, L. Maison, 1854.

Brasseur de Bourbourg (abbé). 945
Voyage dans l'Isthme de Thuantepec, dans l'Etat de Chiapas et la République de Guatemala, 1859-60 ; 1 vol. in-8°, Paris, A. Bertrand, 1862.

Dupin de Saint-André, A. 313
Le Mexique d'aujourd'hui. — Impressions et souvenirs de voyage ; 1 vol. in-12, Paris, Plon, 1884.

Beulloch. 944
Le Mexique en 1823 ; 2 vol. in-8°, Paris, Eymery, 1824.

Beltrami, J.-C. 943
Le Mexique ; 2 vol. in-8°, Paris, Delaunay, 1830.

Bussierre, T. (de) 942
L'empire Mexicain. — Histoire des Toltèques, des Chichimèques, des Aztèques et de la conquête Espagnole ; 1 vol. in-8°, Paris, E. Plon, 1863.

Vigneaux, E. 312
Souvenirs d'un prisonnier de guerre au Mexique, 1854-55; 1 vol. in-12, Paris, Hachette, 1863.

Chevalier, Michel. 314
Le Mexique ancien et moderne ; 1 vol. in-12, Paris, Hachette, 1864.

Thoumas (G[al]). 941

Les Français au Mexique. — Récits de guerre, 1862-67 ; 1 vol. in-8°, Paris, Bloud et Barral.

Lejeune, L. 311

Au Mexique ; 1 vol. in-12, Paris, L. Cerf, 1892.

Zayas Enriquez, R. (de) 940

Les Etats-Unis Mexicains. — Leurs ressources naturelles, leur progrès, leur situation actuelle ; 1 vol. in-8°, Mexico, 1899.

Zayas Enriquez, R. (de). 1818

Los Estados Unidos Mexicanos sus progresos en veinte años de paz, 1877-97, 1 vol. gr. in-4°, New-York, Rost, 1900.

Amérique Centrale et Antilles

Dauxion Lavaysse. 954

Voyage aux Iles de Trinidad, de Tabago, de la Marguerite, et dans diverses parties du Vénézuéla ; 2 vol. in-8°, Paris, Schoëll, 1813.

Chevalier, Michel. 947

L'Isthme de Panama. — Examen historique et géographique des différentes directions suivant lesquelles on pourrait le percer et des moyens à y employer ; 1 vol. in-8°, Paris, Gosselin, 1844.

Gamond (de) et **Belly, F.** 1709

Carte d'étude pour le tracé et le profil du Canal de Nicaragua et documents ; 1 vol. in-4° et 1 carte, Paris, Dalmont et Dunod, 1858.

Molinari, G. (de). 315

A Panama. — L'Isthme de Panama, La Martinique, Haïti ; Lettres adressées au *Journal des Débats* ; 1 vol. in-12, Paris, Guillaumin, 1886.

Montero Barrantes. 946

Elementos de Historia de Costa Rica ; 1 vol. in-8°, San-José, 1892.

Malo, Ch. 952

Histoire d'Haïti (Saint-Domingue) depuis sa découverte jusqu'en 1824 ; 1 vol. in-8°, Paris, Janet, 1825.

Placide-Justin. 950

Histoire politique et statistique de l'Ile d'Haïti (Saint-Domingue); 1 vol. in-8°, Paris, Brière, 1826.

Lepelletier de Saint-Remy. 951

Saint-Domingue. — Etude et solution nouvelle de la question haïtienne ; 2 vol. in-8°, Paris, A. Bertrand, 1846.

Huber, B. 948

Aperçu statistique de l'Ile de Cuba ; 1 vol. in-8°, Paris, P. Dufart, 1826.

Vasquez Queipo. 949

Cuba, ses ressources, son administration, sa population, au point de vue de la colonisation européenne ; 1 vol. in-8°, Paris, Imp. Nationale, 1851.

Amérique du Sud

Stevenson, W.-B. 961

Voyage en Araucanie, au Chili, au Pérou et dans la Colombie, suivi d'un précis des Révolutions des colonies Espagnoles de l'Amérique du Sud ; 3 vol. in-8°, Paris, Leroi, 1832.

Grandidier, E. 960

Voyage dans l'Amérique du Sud : Pérou et Bolivie ; 1 vol. in-8°, Paris, Michel Lévy, 1861.

Bossi, B. 1713

Viage pintoresco por los Rios Parana, Paraguay, S[n] Lorenzo, Cuyabà ; 1 vol. gr. in-8°, Paris, Dupray de la Mahérie, 1863.

Robiano, E. (de). 317

Dix-huit mois dans l'Amérique du Sud. — Le Brésil, l'Urugay, la République Argentine, les Pampas et le voyage au Chili par la Cordillère des Andes ; 1 vol. in-12, Paris, Plon, 1878.

Le Moyne, A. 323

Voyages et séjour dans l'Amérique du Sud ; La Nouvelle-Grenade, Santiago de Cuba, la Jamaïque et l'Isthme de Panama ; 2 vol, in-12, Paris, Quantin, 1880.

.... 974
Voyage d'Exploration d'un Missionnaire Dominicain chez les Tribus sauvages de l'Equateur ; 1 vol. in-8°, Paris, 1889.

Ursel, Ch. (d'). 319
Sud Amérique : Séjours et voyages au Brésil, à la Plata, au Chili, en Bolivie et au Pérou ; 1 vol. in-12, Paris, Plon, 1889.

Monnier, M. 982
Des Andes au Para : Equateur, Pérou, Amazone ; 1 vol. gr. in-8°, Paris, Plon, 1890.

Thouar, A. 318
Explorations dans l'Amérique du Sud. — A la recherche de la mission Crevaux ; dans le delta du Pilcomayo ; de Buenos-Aires à Sucre ; dans le Chaco Boréal ; 1 vol. in-12, Paris, Hachette, 1891.

Macola, F. 955
L'Europa alla conquista dell'America Latina : 1 vol. in-8°. Venezia, Ougania, 1894.

Mollien. 959
Voyage dans la République de Colombia en 1823 ; 2 vol. in-8°, Paris, A. Bertrand, 1825.

Lallement. 957
Histoire de la Colombie ; 1 vol. in-8°, Paris, Eymery, 1826.

Pereira, R.-S. 958
Les Etats-Unis de Colombie : précis d'histoire et de géographie physique, politique et commerciale ; 1 vol. in-8°, Paris, Marpon et Flammarion, 1883.

Onfroy de Thoron. 973
Amérique Equatoriale : son histoire pittoresque et politique, sa géographie et ses richesses naturelles ; 1 vol. in-8°, Paris, Renouard, 1886.

.... 316
Notice sur les Etats-Unis du Vénézuela (en français, anglais, espagnol, allemand, italien) ; 1 vol. in-12, Paris, P. Dupont, 1889.

Agassiz, L. 985
Voyage au Brésil ; 1 vol. gr. in-8°, Paris, Hachette, 1869.

Santa-Anna Néry (de). 979
Le Pays des Amazones, L'El Dorado, Les Terres à caoutchouc ; 1 vol. gr. in-8°, Paris, Frinzine, 1885.

Coudreau, Henri-A. 977
Etudes et Voyages à travers les Guyanes et l'Amazonie ; 2 vol. et 1 atlas gr. in-8°, Paris, Challamel, 1887.

Coudreau, Henri. 1714
Voyage à Itaboca et à l'Itacayuna, 1er juillet 1897, 11 octobre 1897 ; 1 vol. in-4°, Paris, A. Lahure, 1898.

Coudreau, Henri. 1715
Voyage entre Tocantins et Xingú, 3 avril 1898, 3 novembre 1898 ; 1 vol. in-4°, Paris, A. Lahure, 1899.

Coudreau, Henri. 1716
Voyage au Yamunda, 21 janvier 1899, 27 juin 1899 ; 1 vol. in-8°, Paris, A. Lahure 1899.

Coudreau, O. 1717
Voyage au Trombetas, 7 août 1899, 25 novembre 1899 ; 1 vol. in-4°, Paris, A. Lahure, 1900.

Coudreau, O. 1718
Voyage au Cuminá, 20 avril 1900, 7 septembre 1900 ; 1 vol. in-4°, Paris, A. Lahure, 1901.

Sigaud, X. 984
Du climat et des maladies du Brésil ; 1 vol. in-8°, Paris, Fortin, Masson, 1844.

Reybaud, C. 966
La colonisation du Brésil ; 1 vol. in-8°, Paris, Guillaumin, 1858.

Expilly, Ch. 967
La traite, l'émigration et la colonisation au Brésil ; 1 vol. in-8°, Paris, Guillaumin, 1865.

Expilly, Ch. 980
Le Brésil, Buenos-Ayres, Montevidéo et le Paraguay devant la civilisation ; 1 vol. gr. in-8°, Paris, E. Dentu, 1866.

.... 983
L'empire du Brésil à l'Exposition Universelle en 1876 à Philadelphie ; 1 vol. in-8°, Rio-de Janeiro, 1876.

Coudreau, H.-A. 968
Les Français en Amazonie ; 1 vol. in-8°, Paris, Picard et Kaan, 1887.

Chaffanjon, J. 321
L'Orénoque et le Caura, 1886-87 ; 1 vol. in-12, Paris, Hachette, 1889.

.... 1824
Estados Unidos do Brazil de 1889. — Album do Parà em 1899 na administraçào do Governo José Paes de Carvalho; 1 vol. in-f°.

Zarate, A. (de). 975
Histoire de la Découverte et de la Conquête du Pérou ; 1 vol. in-8°, Paris, 1830.

Fuentès, M.-A. 1688
Lima. — Esquisses historiques, statistiques, administratives, commerciales et morales ; 1 vol. gr. in-8°, Paris, F. Didot, 1866.

Robiano, E. (de) 322
Chili. — L'Araucanie, le détroit de Magellan et retour par le Sénégal ; 1 vol. in-12, Paris, Plon, 1882.

Rengger et Longchamp. 970
Essai historique sur la Révolution au Paraguay et le Gouvernement dictatorial du docteur Francia ; 1 vol. in-8°, Paris, Bossange, 1827.

Du Gratry, A.-M. 971
La République du Paraguay ; 1 vol. in-8°, Bruxelles, Muquardt, 1862.

Poucel, B. 981
Le Paraguay moderne et l'Intérêt général du Commerce ; 1 vol. gr. in-8°, Marseille, Olive, 1867.

La Poëpe, C. (de). 972
La Politique du Paraguay. — Identité de cette politique

avec celle de la France et de la Grande-Bretagne dans le Rio de la Plata ; 1 vol. in-8°, Paris, E. Dentu, 1869.

Bourgade La Dardye (de). 320
Le Paraguay ; 1 vol. in-12, Paris, Plon, 1889.

Vaillant, A. 969
La République orientale de l'Uruguay à l'Exposition de Vienne ; 1 vol. in-8°, Montevideo, 1873.

Poucel, B. 963
Rapport sur le Rejistro Estadistico de la République Argentine ; 1 vol. in-8°, Marseille, Cayer, 1868.

Napp, R. 962
La République Argentine ; 1 vol. in-8°, Buenos-Ayres, 1876.

Daireaux, E. 976
La Vie et les Mœurs à la Plata ; 2 vol. gr. in-8°, Paris, Hachette, 1889.

Wiener, Ch. 1719
La République Argentine ; 1 vol. gr. in-8°, Paris, 1899.

Pernetty. 964
Histoire d'un voyage aux Iles Malouines, 1763-64, avec des observations sur le détroit de Magellan et sur les Patagons ; 2 vol. in-8°, Paris, Saillant, 1770.

Océanie

Sonnerat. 1622
Voyage à la Nouvelle-Guinée ; 1 vol. in-4°, Paris, Ruault, 1776.

Fontanier, V. 801
Voyage dans l'Archipel Indien ; 1 vol. in-8°, Paris, Ledoyen, 1852.

La Gironière, P. (de) 1707
Aventures d'un gentilhomme Breton aux Iles Philippines ; 1 vol. gr. in-8°, Paris, Lacroix-Comon, 1855.

Foleÿ, A.-E. 987
Quatre années en Océanie ; 1 vol. in-8°, Paris, Hetzel, 1866.

Marsden. 986
Histoire de Sumatra ; 2 vol. in-8°, Paris, Buisson, 1788.

Backer, L. (de) 802
L'Archipel Indien : Origines, langues, littératures, religions, morale, droit public et privé des populations ; 1 vol. in-8°, Paris, Thorin, 1874.

Vincendon-Dumoulin. 989
Iles Marquises ou Nouka-Hiva : Histoire, géographie, mœurs et considérations générales ; 1 vol. in-8°, Paris, A. Bertrand, 1843.

Vincendon Dumoulin. 988
Iles Taïti : Esquisse historique et géographique ; 2 vol. in-8°, Paris, A. Bertrand, 1844.

.... 324
Luçon et Mindanao ; 1 vol. in-12, Paris, Michel Lévy, 1870.

.... 1026
Album des Missions de la Nouvelle-Guinée ; 1 vol. oblong, Issoudun.

Mager, H. 287
Le Monde Polynésien ; 1 vol. in-12, Paris, Schleicher, 1902.

Rudesindo Salvado. 990
Mémoires historiques sur l'Australie et une Histoire de la découverte de l'Or ; 1 vol. in-8°, Paris, Pringuet, 1854.

Stuart, J. 992
Explorations in Australia, 1858-62 ; 1 vol. in-8°, London, Saunders, 1864.

.... 994
Australie. — La Nouvelle-Galles du Sud en 1881 ; 1 vol. in-8°, Bordeaux, 1882.

Marin La Meslée, E. 325
L'Australie Nouvelle ; 1 vol. in-12, Paris, Plon, 1883.

Journet, F. 991
L'Australie : Description du pays, colons et natifs, gou-

vernement, productions, etc.; 1 vol. in-8°, Paris, J. Rothschild, 1885.

Hanson, W. 995

Geographical Encyclopœdia of new south wales; 1 vol. in-8°, Sydney, Potter, 1892.

.... 993

La Nouvelle-Galles du Sud. — La Colonie-mère des Australies; 1 vol. in-8°, Sydney, Potter, 1896.

Coghlan, T.-A. 996

The wealth and progress of new south wales, 1894; 2 vol. in-8°, Sydney, Potter, 1895.

Coghlan, T.-A. 997

New south wales. — Statiscal register for 1894, and previous years ; 1 vol. in-8°, Sydney, Potter, 1896.

Biographie

Pellissery (de). 1005

Eloge politique de Colbert ; 1 vol. in-8°, Lausanne, 1775.

Clément, P. 1007

Histoire de la vie et de l'administration de Colbert, précédée d'une étude historique sur Nicolas Fouquet ; 1 vol. in-8°, Paris, Guillaumin, 1846.

Dussieux, L. 1006

Etude biographique sur Colbert ; 1 vol. in-8°, Paris, Lecoffre, 1886.

Kippis (Dr). 1604

Vie du capitaine Cook ; 1 vol. in-4°, Paris, Hôtel du Thou, 1789.

Desclosières, G. 326

Biographie des grands inventeurs dans les sciences et l'industrie ; 2 vol. in-12, Paris, Pigoreau.

Barjavel, C. 1017

Dictionnaire biographique, historique et bibliographique du département de Vaucluse ; 2 vol. in-8°, Carpentras, Devillario, 1841.

.... 1019
Biographie d'Albert de Haller ; 1 vol. in-18, Paris, Delay, 1845.

Chassériau, F. 999
Vie de l'amiral Duperré ; 1 vol. gr. in-8°, Paris, Imp. Nationale, 1848.

Guizot. 1004
Corneille et son temps : 1 vol. in-8°, Paris, Didier, 1852.

Grün, A. 1013
La vie publique de Montaigne ; 1 vol. in-8°, Paris, Amyot, 1855.

Houssaye, A. 1009
Histoire du 41e fauteuil de l'Académie française ; 1 vol. in-8°, Paris, V. Lecou, 1855.

Guizot. 1003
Etudes sur la Révolution d'Angleterre : Portraits politiques ; 1 vol. in-8°, Paris, Didier, 1855.

Clément, P. 328
Portraits historiques : Suger, Sully, le président de Novion, le comte de Grignan, le garde des sceaux d'Argenson, Jean Law, Machault d'Arnonville, les frères Paris, l'abbé Terray, le duc de Gaëte, le comte Mollin ; 1 vol. in-12, Paris, Didier, 1855.

Loménie, L. (de). 1008
Beaumarchais et son temps, études sur la société en France au XVIIIe siècle ; 2 vol. in-8°, Paris, Michel Lévy, 1856.

Roselly de Lorgues, 1022
Christophe Colomb, sa vie et ses voyages ; 2 vol. in-8°, Paris, Didier, 1856.

Irving, W. 1021
Vie et voyages de Christophe Colomb ; 3 vol.in-8°, Paris, Lacroix, Verboeckhoven, 1864.

Roselly de Lorgues.. 1023
Histoire posthume de Christophe Colomb ; 1 vol. in-8°, Paris, Perrin, 1885.

Rémusat (de). 1020
Bacon, sa vie, son temps, sa philosophie et son influence jusqu'à nos jours ; 1 vol. in-8°, Paris, Didier, 1857.

Cunat, Ch. 1018
Saint-Malo illustré par ses marins ; 1 vol. in-8°, Rennes, Péalat, 1857.

Barante (de). 1012
Le Parlement et la Fronde. — La vie de Mathieu Molé ; 1 vol. in-8°, Paris, Didier, 1859.

Forgues, E.-D. 336
Histoire de Nelson d'après les dépêches officielles et ses correspondances privées ; 1 vol. in-12, Paris, Charpentier, 1860.

Tissot, J. 1011
Turgot, sa vie, son administration, ses ouvrages ; 1 vol. in-8°, Paris, Didier, 1862.

With. E. 327
Les inventeurs et leurs inventions ; 1 vol. in-12, Paris, Lacroix, 1864.

Audiat, L. 339
Bernard Palissy ; 1 vol. in-12, Paris, Gauthier-Villars, 1864.

France, A. 340
Les œuvres de Bernard Palissy publiées d'après les textes originaux avec une notice historique et bibliographique et une table analytique ; 1 vol. in-12, Paris, Charavay, 1880.

Parchappe, M. 330
Galilée, sa vie, ses découvertes et ses travaux ; 1 vol. in-12, Paris, Hachette, 1866.

Labouchère, A. 337
Oberkampf, 1738-1815, fabricant d'indiennes coloriées ; 1 vol. in-12, Paris, Hachette, 1866.

Lagrange, L. 341
Pierre Puget. Peintre, sculpteur, architecte, décorateur de vaisseaux ; 1 vol. in-12, Paris, Didier, 1868.

Lavollée, R. 1010
Portalis ; sa vie et ses œuvres ; 1 vol. in-8°, Paris, Didier, 1869.

Nervo (de). 1000
Le comte Corvetto, ministre secrétaire d'Etat des finances sous le roi Louis XVIII ; 1 vol. in-8°, Paris, Michel Lévy, 1869.

Karcher. Th. 1002
Les écrivains militaires de la France ; 1 vol. in-8°, Paris, Reinwald, 1872.

Klaczko, J. 1024
Deux chanceliers : le prince Gortchakof et le prince de Bismarck ; 1 vol. in-8°, Paris, Plon, 1876.

Bamberger, L. 329
Monsieur de Bismarck ; 1 vol. in-12, Paris, Michel Lévy frères, 1868.

Simon, E. 1025
Histoire du prince de Bismarck, 1847-87 ; 1 vol. in-8°, Paris, Ollendorff, 1887.

Martin, F. 334
Le Marquis de Montcalm et les dernières années de la colonie française au Canada, 1756-60 ; 1 vol. in-12, Paris, Tequi, 1879.

Falgairolle, E. 335
Montcalm devant la postérité ; 1 vol. in-12, Paris, Challamel, 1886.

Baude de Maurceley. 342
Le commandant Rivière et l'expédition du Tonkin ; 1 vol. in-12, Paris, Ollendorff, 1884.

Mossmann, X. 998
Un Industriel alsacien. — Vie de Engel-Dollfus ; 1 vol. gr. in-8°, Mulhouse, Brustlein, 1886.

Ernouf (B^on^). 343
Paulin Talabot ; sa vie et son œuvre, 1799-1885 ; 1 vol. in-12, Paris, Plon, 1886.

Mickiewicz, L. 333
Adam Mickiewicz; sa vie et son œuvre; 1 vol. in-12, Paris, Savine, 1888.

Ignoti. 1016
Les portraits de l'Indépendant du Var ; 1 vol. in-8°, Draguignan, Luo, 1892.

Pélissier, J. 1001
Profils coloniaux ; 1 vol. gr. in-8°, Paris, Faivre et Teillard. 1892.

Tardieu. A. 1809
Histoire généalogique des Tardieu ; 1 vol. in-4°, Herment, (Puy-de-Dôme), 1893.

Lemire, J. 332
Le Cardinal Manning et son action sociale ; 1 vol. in-12, Paris, Lecoffre, 1893.

Dronsart, M. 331
William Ewart Gladstone ; 1 vol. in-12, Paris, Calmann Lévy, 1893.

Bonneville, L. 1014
Le Chevalier de Vergennes, son ambassade à Constantinople ; 2 vol. in-8°, Paris, Plon, 1894.

Oddo, H. 338
Le Chevalier Paul, lieutenant-général des armées navales du Levant, 1598-1668 ; 1 vol. in-12, Paris, Le Soudier, 1896.

Oddo, H. 1015
Le Chevalier Roze. — Campagne d'Espagne, 1707.— Peste de Marseille, 1720; 1 vol. in-8°, Paris, Le Soudier, 1899.

.... 1810
Fête du soixantenaire de M. Ferdinand Chalmeton, directeur de la Compagnie Houillère de Bessèges ; 1 vol. in-4°, Nîmes, J. Navatel, 1901.

Numismatique

Dewamin, E. 1828
Cent ans de Numismatique française, 1789-1889. — Papiers

monnaies. — Histoire du numéraire. — Atlas, 1re partie : Numéraire pour la France continentale ; 3 vol. in-f°, Paris, D. Dumoulin, 1893-99.

Evrard de Fayolle, A. 1650
Histoire numismatique de la Chambre de Commerce de Bordeaux, 1705-1898 ; 1 vol. in-4°, Bordeaux, G. Gounouilhou, 1900.

Cartes et Atlas

Michelot et Bremond. 2101
Grand Atlas des nouvelles cartes des côtes de l'Océan, de la mer Méditerranée, de la Baye de Cadis et du détroit de Gibraltar, des côtes d'Espagne, etc.; 16 cartes marines. — I. Coupe d'un vaisseau amiral de 104 canons. — II. Description de toutes les pièces qui entrent dans la construction d'un vaisseau du premier rang. — III. Coupe d'une galère avec ses proportions. Quille d'une galère sur le chantier ; 1 vol. in-f°, pl. rel. maroq. Marseille, Laurens Bremond, 1715-23.

Fer (de). 2051
L'Atlas curieux ou le Monde représenté dans des cartes générales et particulières du ciel et de la terre ; 2 vol. in-4°, obl., Paris, Bernard, 1725.

Robert père et fils. 2102
Atlas universel (108 cartes) ; 1 vol. in-f°, Paris, Boudet, 1757.

Stieler, A. 2052
Hand Atlas ; 1 vol. in-4°, Gotha, Justus Perthes, 1865.

Bianconi, F. 2008
Cartes commerciales publiées par la librairie Chaix ; vol. in-4°, Paris, 1885-88.
Région d'Orient : Macédoine, Albanie et Epire, Thrace, Serbie, Bulgarie et Roumélie Orientale, Syrie, Liban et Chypre, Tonkin.
Région d'Extrême-Orient : Cochinchine et Cambodge.
Afrique : Egypte, Algérie.
Amérique-Sud : République Argentine, Bolivie, Brésil, Colombie et Equateur.

Amérique-Centre : Honduras et Salvador, Guatémala.
Amérique-Nord : Mexique.

Vivien de Saint-Martin et **Schrader, F.** 2103

Atlas universel de Géographie moderne, ancienne et au Moyen-âge ;... in-f°, Paris, Hachette, 1877.

Hugues (William). 2104

Grand Atlas universel. — 51 cartes gravées sur acier et comprimées en couleur. — 4e édition, précédée d'une préface, par E. Cortambert; 1 vol. in-f°, Paris, J. Rothschild, 1888.

Schrader F., Prudent, F., Anthoine, E. 2054

Atlas de Géographie moderne ; 1 vol. in-4°, Paris, Hachette, 1889.

Vidal-Lablache. 2055

Histoire et Géographie. — Atlas général; 1 vol. in-4°, Paris, A. Colin, 1894.

Cassini. 2105

Carte topographique, minéralogique et statistique de la France, réduite à l'échelle de 1/388,800, par Alexis Donnet; 1 vol. in-f°, Paris, Langlois, H.

Joanne, A. 2053

Atlas de la France contenant 95 cartes tirées en quatre couleurs et 94 notices géographiques et statistiques; 1 vol. in-4°, Paris, Hachette, 1870.

.... 2001

Cartes du dépôt de la guerre et des fortifications, tirage sur cuivre à l'échelle de 1/80.000e ; 263 feuilles, collées sur toile, enfermées dans des étuis.

Matheron, Philippe. 2166

Carte géologique du département des Bouches-du-Rhône à l'échelle de 1/50.000e ; Marseille, 1843.

.... 2007

Map. of Africa by Keith Johnston; 1 feuille collée sur toile et reliée, Edimburghand London, 1876.

Vivien Saint-Martin. 2151

Carte de l'Afrique, extraite de l'Atlas universel, dressée par M. Marius Chesneau ; 1 feuille, Paris, Hachette.

Olivier (L^{t}). 2155

Afrique. — Carte générale des voies de communications ; 1 feuille, échelle de 1/15.000.000^{e}, Paris, Service géographique des Colonies, 1897.

Titre, Derrien et **Parisot**. 2002

Carte de l'Algérie dressée au Dépôt de la Guerre, 1876 ; 4 feuilles collées sur toile, dans un étui.

Gaboriaud (Cap^{ne}). 2003

Carte du Sahara algérien dressée d'après les renseignements pris et fournis par le lieutenant-colonel Daumas ; 2 feuilles gr. aigle, collées sur toile et dans un étui, Paris, Langlois, 1845.

Levasseur (Cap^{ne}). 2156

Carte des régions méridionales de la Guinée et du Soudan français ; 2 feuilles, échelle 1/500.000^{e}, Paris, Service géographique des Colonies, 1894.

Pobeguin (Cap^{ne}). 2157

Côte d'Ivoire. — Carte levée et dressée par ordre de M. le gouverneur Binger ; 13 feuilles, échelle 1/500.000^{e}, Paris, Ministère des Colonies, 1892-96.

Marchand (Cap^{ne}) 2158

Le Transnigérien, le Bandama et le Bagoé (Mission Marchand). Carte dressée de 1892 à 1895, échelle 1/500.000^{e} ; 2 feuilles et 1 notice, Paris, H. Barrère, 1896.

Spicq (Cap^{ne}). 2159

Carte de la boucle du Niger, échelle 1/1.500.000^{e} ; 2 feuilles et 1 notice, Paris, Henry Barrère, 1898.

Hansen, J. 2160

Congo français ; 2 feuilles et 1 notice, échelle 1/1.500.000^{e}, Paris, Service géographique des Colonies, 1895.

Hourst, Baudry et **Bluzet**. 2161

Cours du Niger de Tombouctou à Boussa, levé expédié, exécuté en 1896 ; 1 atlas de 50 feuilles à l'échelle de 1/50.000^{e}, Paris, Service hydrographique de la Marine, 1899.

Blondiaux. 2162

Carte de la Mission (Soudan français) 1897-98 ; 4 feuilles, échelle 1/250.000^{e}, Paris, Henry Barrère.

Meunier, A. 2163
Carte de la Guinée française ; 4 feuilles, échelle de 1/500.000^{e}, Paris, H. Barrère.

Chastrey, H. 2164
Hydrographie du Congo et de l'Oubanghi, de Brazzaville au poste d'Abiras, 1883-1901 ; échelle de 1/800.000^{e}.

Bonnet, Ed. 2165
Carte routière et agronomique du département des Bouches-du-Rhône ; 2 feuilles, échelle de 1/100.000^{e}.

Gautier, Emile. 2152
Carte de Madagascar ; 1 feuille, échelle de 1/1.500.000, Paris, Challamel, 1902.

.... 2004
Asie Orientale comprenant l'Empire chinois et le Japon, les États de l'Indo-Chine et le grand archipel d'Asie ; 1 feuille collée sur toile dans un étui, Paris, Andreveau-Goujon, 1862.

Dutreuil de Rhins. 2005
Carte de l'Indo-Chine Orientale, collée sur toile et dans un étui ; Paris, dépôt des cartes et plans de la Marine en 1881.

Friquegnon (Cap^{ne}). 2154
Chine Méridionale et Tonkin ; 1 feuille, échelle de 1/1.200.000, Paris, Henry Barrère, 1899.

Friquegnon (Com^{t}). 2153
Tonkin et haut Laos ; 4 feuilles, échelle de 1/1.500.000^{e}, Paris, Challamel, 1902.

Destelle (Cap^{ne}). 2006
Carte de la Nouvelle-Calédonie en 1886 ; 1 feuille collée sur toile et dans un étui.

ÉCONOMIE POLITIQUE, INDUSTRIELLE, SOCIALE

Dictionnaires et Périodiques

E

Ganilh 379
Dictionnaire analytique d'économie politique ; 1 vol. in-8°, Paris, Ladvocat, 1826.

Coquelin C. et Guillaumin. 893
Dictionnaire de l'Economie politique, 3me édition ; 2 vol. gr. in-8°, Paris, Guillaumin, 1864.

Say L. et Chailley. J. 894
Nouveau dictionnaire d'Economie politique ; 3 vol. gr. in-8°, Paris, Guillaumin, 1896-97.

Fix, T. 309
Revue Mensuelle d'Economie politique ; 5 vol. in-8°, Paris, 1833-1836.

Leroy-Beaulieu, Paul. 901
L'Economiste Français, 1873 à ... ; vol. in-4°, Paris (en cours de publication).

Beauregard, Paul. 902
Le Monde Economique, 1891 à ... ; .. vol. in-4°, Paris (en cours de publication).

Théry, Edmond. 903
L'Economiste Européen, 1893 à ... ; .. vol. in-4°, Paris (en cours de publication).

Guillaumin. 904
Journal des Economistes, 1841 à ... ; . vol, in-8°, Paris, (en cours de publication).

Courtois fils, Alph. 905
Annales de la Société d'Economie politique, 1846 à 1887 ; 16 vol. in-8°, Paris, Guillaumin, 1889-96.

Courtois fils, Alph. 906

Bulletin de la Société d'Economie politique, 1888 à ... (suite des Annales) ; .. vol. gr. in-8°, Paris, Guillaumin (en cours de publication).

Demolins, Edmond. 907

La Science sociale, suivant la méthode de F. Le Play, 1886 à ... ; .. vol. gr. in-8°, Paris, F. Didot (en cours de publication).

Demolins, Edmond. 908

Le mouvement social. — Bulletin de la Société de science sociale pour le développement de l'initiative privée et la vulgarisation de la science sociale ; 3 vol. gr. in-8°, Paris, 1892-97.

.... 909

La Réforme sociale. — Bulletin de la Société d'Economie sociale et des Unions de la Paix sociale, 1881 à ... ; .. vol. gr. in-8°, Paris (en cours de publication).

Doctrines économiques

Montchrétien, A. (de). 346

L'Économie politique patronale. — Traité de l'économie politique dédié en 1615 au roy et à la reyne mère ; 1 vol. in-8°, Paris, Plon, 1883.

Économistes financiers du XVIIIe siècle. 602

Vauban, projet d'une dime royale ; *Boisguillebert*, détail de la France, Factum de la France, opuscules ; *J. Law*, considérations sur le numéraire et le commerce, etc. ; *Melon*, essais sur le commerce ; *Dutot*, réflexions politiques sur le commerce et les finances ; 1 vol. gr. in-8°, Paris, Guillaumin, 1843.

Smith, Adam. 609

Recherches sur la nature et les causes de la richesse des nations ; 2 vol. gr. in-8°, Paris, Guillaumin, 1843.

Malthus. 607

Principes d'économie politique considérés, sous le rapport de leur application pratique ; 1 vol. gr. in-8°, Paris, Guillaumin, 1846.

Say. J.-B. 604
Traité d'économie politique, ou simple exposition de la manière dont se forment, se distribuent et se consomment les richesses ; 1 vol. gr. in-8°, Paris, Guillaumin, 1841.

Say, J.-B. 605
Œuvres diverses : catéchisme d'économie politique. — Fragments et opuscules inédits. — Correspondance générale. — Olbie. — Petit volume. — Mélanges de Morales et de Littérature ; 1 vol, gr. in-8°, Paris, Guillaumin, 1848.

Ricardo, D. 606
Œuvres complètes ; 1 vol. gr. in-8°, Paris, Guillaumin, 1847.

.... 610
Mélanges d'économie politique. — David Hume. — V. de Forbonnais, Condillac, Condorcet, Lavoisier et Lagrange, B. Franklin, Necker, Galiani, Montyon, J. Bentham ; 2 vol. gr. in-8°, Paris, Guillaumin, 1848.

Smith, Adam. 313
Recherches sur la nature et les causes de la richesse des nations ; 5 vol. in-8°, Paris, Buisson, An III.

Simonde de Sismondi, J.-C.-L. 319
De la richesse commerciale ou principes d'économie politique appliqués à la législation du commerce ; 2 vol, in-8°, Genève, Paschoud, 1803.

Malthus, T.-R. 321
Principes d'économie politique considérés sous le rapport de leur application pratique ; 2 vol. in-8°, Paris, Aillaud, 1820.

Ganilh, C. 324
Des systèmes d'économie politique, de la valeur comparative de leurs doctrines ; 2 vol. in-8°, Paris, Treuttel et Würtz, 1821.

Ganilh, C. 317
La théorie de l'économie politique ; 2 vol. in-8°, Paris, Treuttel et Würtz, 1822.

Smith, Adam. 314
Recherches sur la nature et les causes de la richesse des nations ; avec des notes et observations nouvelles, par le marquis Garnier ; 6 vol. in-8°, Paris, Agasse, 1822.

Storch, H. 312
Cours d'économie politique, ou exposition des principes qui déterminent la prospérité des nations ; 4 vol. in-8°, Paris, Aillaud, 1823.

Mill, J. 342
Éléments d'économie politique ; 1 vol. in-8°, Paris, Bossange, 1823.

Du Bois-Aymé. 358
Examen de quelques questions d'économie politique et notamment de l'ouvrage de M. Ferrier intitulé : Du Gouvernement considéré dans ses rapports avec le commerce, 1 vol. in-8°, Paris, Pelicier, 1823.

Mac Culloch, J.-R. 331
Discours sur l'origine, les progrès, les objets particuliers et l'importance de l'économie politique; 1 vol. in-8°, Genève, Paschoud, 1825.

Say, J.-B. 316
Traité d'économie politique ou simple exposition de la manière dont se forment, se distribuent et se consomment les richesses ; 3 vol. in-8°, Paris, Rapilly, 1826.

Simonde de Sismondi, J.-C.-L. 318
Nouveaux principes d'économie politique ou de la richesse dans ses rapports avec la population ; 2 vol. in-8°, Paris, Delaunay, 1827.

Say, J.-B. 311
Cours complets d'économie politique pratique; 6 vol. in-8°, Paris, Rapilly, 1828.

Skarbek, F. (Cte). 385
Théories des richesses sociales, suivie d'une bibliographique de l'économie politique; 2 vol. in-8°, Paris, A. Sautelet, 1829.

Say, J.-B. 367
Mélanges et correspondance d'économie politique (ouvrage posthume) ; 1 vol. in-8°, Paris, Chamerot, 1833.

Villeneuve-Bargemont, A. (de). 364
Économie politique chrétienne, ou recherches sur la nature et les causes du paupérisme en France et en Europe; 3 vol. in-8°, Paris, Paulin, 1834.

Ricardo, D. 322
Des principes de l'économie politique et de l'impôt; 2 vol. in-8°, Paris, Aillaud, 1835.

Ganilh. 601
Principes d'économie politique et de finance; 1 vol. gr. in-8°, Paris, Levrault, 1835.

Senior, N.-W. 323
Principes fondamentaux de l'Économie politique; 1 vol. in-8°, Paris, Aillaud, 1836.

Blanqui, Aîné. 347
Cours d'Economie industrielle, 1836-37 et sur le commerce des ports de Marseille et de Bordeaux ; 1 vol. in-8°, Paris, Angé.

Blanqui, Aîné. 348
Cours d'Economie industrielle, 1838-39 ; 1 vol. in-8°, Paris, L. Mathias.

Rossi, P. 337
Cours d'Economie politique ; 2 vol. in-8°, Paris, Thorel, 1840.

Paget, A. 391
Introduction à l'étude de la science sociale contenant un abrégé de la théorie sociétaire ; 1 vol. in-8°, Paris, 1841.

Chevalier, Michel. 340
Cours d'Economie politique fait au collège de France, 1841-42 ; 1 vol. in-8°, Paris, Capelle.

Golovine, I. 350
L'Esprit de l'économie politique ; 1 vol. in-8°, Paris, Didot, 1843.

Scialoja, A. 381
Les Principes de l'Économie sociale; 1 vol. in-8°, Paris, Guillaumin, 1844.

Garnier, J. 21
Eléments de l'Economie politique ; 1 vol. in-12, Paris, Guillaumin, 1846.

La Farelle, F.-F (de). 395
Du Progrès social au profit des classes populaires non indigentes ; 1 vol in-8°, Paris, Guillaumin, 1847.

Bausset-Roquefort (de). 67
Devoirs, droits, assistance, par le Christianisme, la liberté, l'éducation ; 1 vol. in-12, Paris, Garnier, 1849.

Esménard du Mazet, C. 320
Nouveaux principes d'Economie politique ; 1 vol. in-8°, Paris, Guillaumin, 1849.

Mac Culloch. 35
Principes d'Economie politique ; 2 vol. in-12, Bruxelles, 1851.

Noirot, N.-J.-E. 355
L'art de conjecturer appliqué aux sciences morales, politiques et économiques ; 1 vol. in-8°, Paris, Guillaumin, 1851.

Ott, A. 380
Traité d'Economie sociale ou l'Economie politique coordonnée au point de vue du progrès ; 1 vol. in-8°, Paris, Guillaumin, 1851.

List, F. 345
Système national d'Economie politique ; 1 vol. in-8°, Paris, Capelle, 1851.

Buisson, J.-B. 306
La république chrétienne. — Les lois du travail ; 1 vol. in-8°, Paris, Sagnier et Bray, 1852.

Droz, J. 36
Economie politique ou principes de la science des richesses ; 1 vol. in-12, Paris, V. Lecou, 1854.

Diego Soria. 48
De la moralité ou de la puissance intellectuelle, morale et politique ; 2 vol. in-12, Paris et Genève, 1856.

Benard, T.-N. 30
Les lois économiques ; 1 vol. in-18, Paris, Guillaumin, 1856.

Blanqui, A. 68
Précis élémentaire d'Économie politique et résumé de l'histoire du commerce et de l'industrie; 1 vol.in-12, Paris, Guillaumin, 1857.

Garnier, J. 59
Éléments de finances suivis des éléments de statistique, but et limites de l'Économie politique; 1 vol. in-12, Paris, Guillaumin, 1858.

Vallée, O. (de). 15
Les manieurs d'argent. — Études historiques et morales, (1720-1857); 1 vol. in-12, Paris, Michel Lévy, 1858.

Rondelet, A. 356
Du spiritualisme en Économie politique; 1 vol. in-8°, Paris, Didier, 1859.

Vivès, H. (de) 16
L'Europe, la Paix, l'Économie politique; 1 vol. in-12, Paris, Arnauld de Vresse, 1860.

Walras, L. 353
L'Économie politique et la Justice, examen critique et réfutation des doctrines économiques de P.-J. Proudhon; 1 vol. in-8°, Paris, Guillaumin, 1860.

Smith, Adam. 43
Théorie des sentiments moraux ou Essai analytique sur les principes des jugements que portent naturellement les hommes; 1 vol. in-12, Paris, Guillaumin, 1860.

Brasseur, H. 612
Manuel d'Économie politique; 2 vol. gr. in-8°, Bruxelles, A. Lacroix, 1860.

Rondelet, A. 28
Les mémoires d'Antoine ou notions populaires de Morale et d'Économie politique; 1 vol. in-12, Paris, Didier, 1860.

Louvet, L. 29
Curiosités de l'Économie politique; 1 vol. in-18, Paris, A. Delahays, 1861.

Rapet, J.-J. 24
Manuel populaire de Morale et d'Économie politique; 1 vol. in-12, Paris, Guillaumin, 1863.

Minghetti. 453
Des rapports de l'Économie publique avec la morale et le droit ; 1 vol. in-8°, Paris, Guillaumin, 1863.

Richelot, H. 357
Une révolution en Économie politique. — Exposé des doctrines de M. Macleod ; 1 vol. in-8°, Paris, Capelle, 1863.

Rondelet, A. 58
La morale de la richesse ; 1 vol. in-12, Paris, Didier, 1864.

Le Play, F. 386
La réforme sociale en France déduite de l'observation comparée des peuples européens ; 2 vol. in-8°, Paris, Plon, 1864.

Batbie, A. 336
Cours d'Économie politique professé à la Faculté de droit de Paris, en 1864-65 ; 2 vol. in-8°, Paris, Cotillon, 1865.

Le Hardy de Beaulieu, C. 39
Traité élémentaire d'Économie politique et de quelques unes de ses applications les plus usuelles ; 1 vol. in-12, Paris, Lacroix, Verboeckhoven, 1866.

Courcelle-Seneuil, J.-G. 344
Traité théorique et pratique d'Économie politique ; 2 vol. in-8°, Paris, F. Amyot, 1867.

Franklin, B. 31
Essais de Morale et d'Économie politique ; 1 vol. in-12, Paris, Hachette, 1867.

Templar, B. 94
Simples leçons d'Économie sociale ; 1 vol. in-12, Paris, 1867.

Leroy-Beaulieu, Paul. 7
Recherches économiques, historiques et statistiques sur les guerres contemporaines, 1853-66 ; 1 vol. in-12, Paris, Lacroix, Verboeckhoven, 1869.

Baudrillart, H. 25
Économie politique populaire ; 1 vol. in-12, Paris, Hachette, 1869.

Tounissoux (abbé). 111
Question sociale et Bourgeoisie ; 1 vol. in-12, Paris, Guillaumin.

Audiganne, A. 44
La Morale dans les campagnes ; 1 vol. in-12, Paris, Didier, 1870.

Le Play, F. 129
L'organisation du Travail selon la coutume des ateliers et la loi du décalogue ; 1 vol. in-12, Tours, A. Mame, 1871.

Schulze-Delitzsch. 18
Cours d'Économie politique à l'usage des ouvriers et des artisans ; 2 vol. in-12, Paris, Guillaumin, 1874.

Funck-Brentano, T. 384
La Civilisation et ses lois. — Morale sociale ; 1 vol. in-8°, Paris, E. Plon, 1876.

Périn, Ch. 66
Les Lois de la Société chrétienne ; 2 vol. in-12, Paris, J. Lecoffre, 1876.

Lefébure, L. 98
Les Questions vitales ; 1 vol. in-12, Paris, E. Plon, 1876.

Fauconnier, E. 108
La Question sociale. — Rente. — Intérêt. — Société de l'avenir ; 1 vol. in-12, Paris, Germer, Baillière, 1878.

Jourdan, A. 363
Épargne et Capital ou du meilleur emploi de la richesse. — Exposé des principes fondamentaux de l'Économie politique ; 1 vol. in-8°, Paris, Guillaumin, 1879.

Ribot. P. 63
Du rôle social des idées chrétiennes, suivi d'un exposé critique des doctrines sociales de M. Le Play ; 2 vol. in-12 Paris, E. Plon, 1879.

Worms, Emile. 27
Exposé élémentaire de l'Économie politique à l'usage des écoles ; 1 vol. in-12, Paris, Maresq aîné, 1880.

Metz-Noblat, A. (de). 19
Résumé d'un cours d'Économie politique fait à la Faculté

de Droit de Nancy ; 1 vol. in-12, Paris, Pedone-Lauriel, 1880.

Hervé-Bazin, F. 40

Traité élémentaire d'Économie politique ; 1 vol. in-12, Paris-Lyon, V. Lecoffre, 1880.

Cauwès, P. 338

Précis du cours d'Économie politique professé à la Faculté de Droit de Paris ; 2 vol, in-8°, Paris, Larose et Forcel, 1881.

Noël, O. 32

Autour du Foyer. — Causeries économiques et morales ; 1 vol. in-12, Paris, G. Charpentier, 1881.

Le Play, P.-F. 50

La Constitution essentielle de l'Humanité, exposé des principes et des coutumes qui créent la prospérité ou la souffrance des nations ; 1 vol. in-12, Tours, A. Mame, 1881.

Guyot, Yves. 13

La Science économique ; 1 vol. in-12, Paris, Reinwald, 1881.

Jourdan, A. 352

Du rôle de l'État dans l'ordre économique ou Économie politique et socialisme ; 1 vol. in-8°, Paris, A. Rousseau, 1882.

Villey, E. 351

Du rôle de l'État dans l'ordre économique ; 1 vol. in-8°, Paris, Guillaumin, 1882.

Janet, P. 34

Les problèmes du XIXe siècle : la politique, la littérature, la science, la philosophie, la religion ; 1 vol. in-12, Paris, Calmann Lévy, 1882.

Jourdan, A. 339

Cours analytique d'Économie politique professé à la Faculté de Droit ; 1 vol. in-8°, Paris, A. Rousseau, 1882.

Leroy-Beaulieu, Paul. 315

Essai sur la répartition des richesses et sur la tendance à

une moindre inégalité des conditions ; 1 vol. in-8°, Paris, Guillaumin, 1883.

Périn, Ch. 37
Mélange de Politique et d'Économie ; 1 vol. in-12, Paris, V. Lecoffre, 1883.

Vaquette, T. et **Bornot, C.** 20
Cours résumé d'Économie politique ; 1 vol. in-12, Paris, 1883.

Baudrillart, H. 23
Manuel d'Économie politique ; 1 vol. in-12, Paris, Guillaumin, 1883.

.... 61
Association chrétienne des honnêtes gens sur le terrain des affaires ; 1 vol. in-12, Paris, 1884.

Desgrand, L. 62
De l'influence des Religions sur le développement économique des peuples ; 1 vol. in-12, Paris, Plon, 1884.

Letourneau, C. 93
La Sociologie d'après l'ethnographie ; 1 vol. in-12, Paris, C. Reinwald, 1884.

Baudrillart, H. 33
Lettres choisies d'Économie politique ; 1 vol. in-12, Paris, Guillaumin, 1884.

Blanqui, A. 109
Critique sociale ; 2 vol. in-12, Paris, F. Alcan, 1885.

Rambaud, C. (abbé). 382
Économie sociale et politique ou Science de la vie ; 1 vol. in-8°, Lyon, Vitte et Perrussel, 1887.

Leroy-Beaulieu, Paul. 22
Précis d'Economie politique ; 1 vol. in-12, Paris, Delagrave, 1888.

Prouteaux, A. 366
Principes d'Économie industrielle ; 1 vol. in-8°, Paris, Baudry, 1888.

Coste, A. 26
Nouvel exposé d'Économie politique et de physiologie sociale ; 1 vol. in-12, Paris, Guillaumin, 1889.

Béchaux, A. 330
Le Droit et les Faits économiques ; 1 vol. in 8°, Paris, Guillaumin, 1889.

Rostand, Eug. 383
Les questions d'Économie sociale dans une grande ville populaire. — Etude et Action. — Avec une statistique des institutions de prévoyance et de philanthropie à Marseille; 1 vol. in-8°, Paris, Guillaumin, 1889.

Lefébure, Léon. 110
Le Devoir social ; 1 vol. in-12, Paris, Perrin, 1890.

Masquard, E. (de). 92
Etudes d'Économie sociale. — Petits pamphlets ; 1 vol. in-12, Paris, Fischbacher, 1891.

Vaulabelle, G. (de). 305
Théorie de la Société. — Les lois Caduques ; 1 vol. in-8°, Paris, P. Dupont, 1891.

Leroy-Beaulieu, Anatole. 102
La Papauté, le Socialisme et la Démocratie ; 1 vol. in-12, Paris, Calmann Lévy, 1892.

Rostand, Eug. 621
L'action sociale par l'initiative privée ; avec documents pour servir à l'organisation d'institutions populaires et des plans d'habitations ouvrières ; 1 vol. gr. in-8°, Paris, Guillaumin, 1892.

Rambaud, Jules. 41
Traité élémentaire raisonné d'Économie politique ; 1 vol. in-12, Paris, A. Rousseau, 1892.

Josat, J. 611
Recueil de rédaction sur des sujets d'Économie politique et sur des questions financières et administratives ; 1 vol. gr. in-8°, Paris, Berger-Levrault, 1894.

Spencer, Herbert. 11
L'individu contre l'Etat; 1 vol. in-12, Paris, F. Alcan, 1895.

Rambaud, Joseph. 341
Eléments d'Économie politique ; 1 vol. in-8°, Paris, L. Larose, 1895.

Leroy-Beaulieu, Paul. 343
Traité théorique et pratique d'Économie politique ; 4 vol. in-8°, Paris, Guillaumin, 1896.

Worms, R. 454
Organisme et Société ; 1 vol. in-8°, Paris, Giard et Brière, 1896.

Rumelin, G. 354
Problèmes d'Économie politique et de statistique ; 1 vol. in-8°, Paris, Guillaumin, 1896.

Vignes, J.-B.-M. 455
La science sociale d'après les principes de Le Play et de ses continuateurs ; 2 vol. in-8°, Paris, Giard et Brière, 1897.

Tarde, G. 456
Etudes de psychologie sociale ; 1 vol. in-8°, Paris, Giard et Brière, 1898.

Leroy-Beaulieu, Paul 457
L'État moderne et ses fonctions ; 1 vol. in-8°, Paris, Guillaumin, 1900.

Socialisme

Reybaud, L. 390
Études sur les Réformateurs contemporains ou Socialistes modernes, Saint-Simon, Charles Fourier, Robert Owen ; 1 vol. in-8°, Paris, Guillaumin, 1841.

Fourier, Ch. 389
Théorie des quatre mouvements et des destinées générales ; 1 vol. in-8°, Paris, 1846.

Lacombe, F. 97
Études sur les Socialistes ; 1 vol. in-12, Paris, A. Delahays, 1866.

Proudhon, P.-J. 38
Avertissement aux propriétaires. — La célébration du dimanche. — Plaidoyer devant la Cour d'assises de Besançon. — De la Concurrence entre les chemins de fer et les voies navigables. — Le Miserere ; 1 vol. in-12, Paris, Verboeckhoven, 1868.

Veuillot, Louis. 99
Dialogues socialistes; 1 vol. in-12, Paris, V. Palmé, 1872.

Roux, X. 107
Les Utopies et les Réalités de la Question sociale; 1 vol. in-12, Paris, J. Albanel, 1876.

Ceinmar, O. (de). 135
Les Doctrines des Congrès ouvriers de France. — Paris, Lyon, Marseille; 1 vol. in-12, Paris, Plon, 1880.

Marx, Karl. 100
Le Capital. — Résumé et accompagné d'un aperçu sur le Socialisme scientifique, par Gabriel Deville; 1 vol. in-12, Paris, Marpon et Flammarion, 1883.

Jannet, Claudio. 388
Le Socialisme d'Etat et la Réforme sociale; 1 vol. in-8°, Paris, Plon, 1884.

Say, Léon. 95
Le Socialisme d'Etat; 1 vol. in-12, Paris, Lévy, 1890.

Laveleye, E. (de). 96
Le Socialisme contemporain; 1 vol. in-12, Paris, F. Alcan, 1891.

Bourdeau, J. 103
Le Socialisme allemand et le Nihilisme russe; 1 vol. in-12, Paris, F. Alcan, 1892.

Wyzewa, T. (de). 104
Le Mouvement socialiste en Europe. — Les Hommes et les Idées; 1 vol. in-12, Paris, Perrin, 1892.

Cyon, E. (de). 105
Nihilisme et Anarchie. — Études sociales; 1 vol. in-12, Paris, Lévy, 1892.

Leroy-Beaulieu, Paul. 392
Le Collectivisme. — Examen critique du nouveau socialisme; 1 vol. in-8°, Paris, Guillaumin. 1893.

Nitti. 458
Le Socialisme catholique; 1 vol. in-8°, Paris, Guillaumin, 1894.

Haussonville (Cte d'), 393
Socialisme et Charité. — Etudes sociales ; 1 vol. in-8°, Paris, Calmann Lévy, 1895.

Villey. Ed. 459
Le Socialisme contemporain ; 1 vol. in-8°, Paris, Guillaumin, 1895.

Deville, Gabriel. 157
Principes socialistes ; 1 vol. in-12, Paris, Giard et Brière, 1898.

Seilhac, Léon (de). 136
Les Congrès Ouvriers en France, 1876-97 ; 1 vol. in-12, Paris, A, Colin, 1899.

Guesde, Jules. 158
Le Socialisme au jour le jour ; 1 vol. in-12, Paris, Giard et Brière, 1899.

Destrée J. et Vandervelde, E. 159
Le socialisme en Belgique ; 1 vol. in-12, Paris, Giard et Brière, 1903.

Histoire Économique

Pecchio, J. (Cte). 328
Histoire de l'Économie politique en Italie ; 1 vol. in-8°, Paris, Levasseur, 1830.

Blanqui, Aîné. 327
Histoire de l'Économie politique en Europe, depuis les anciens jusqu'à nos jours ; 2 vol. in-8°, Paris, 1842.

Daire, E. 603
Physiocrates. — Quesnay, Dupont de Nemours, Mercier de la Rivière, l'abbé Beaudeau, Le Trosne ; 2 vol. gr.in-8°, Paris, Guillaumin, 1846.

Baudrillart, H. 304
J. Bodin et son temps. — Tableau des théories politiques et des idées économiques au seizième siècle ; 1 vol. in-8°, Paris, Guillaumin, 1853.

Cibrario, L. (Chev.). 332
Economie politique du moyen âge ; 2 vol. in-8°, Paris, Guillaumin, 1859.

Baudrillart, H. 78
Publicistes modernes ; 1 vol. in-12, Paris, Didier, 1863.

Du Mesnil-Marigny. 326
Histoire de l'Économie politique des anciens peuples de l'Inde, de l'Egypte, de la Judée et de la Grèce ; 2 vol. in-8°. Paris, Plon, 1872.

Espinas, A. 17
Histoire des doctrines économiques ; 1 vol. in-12, Paris, A. Colin.

Périn, Ch. 12
Les doctrines économiques depuis un siècle ; 1 vol. in-12, Paris, V. Lecoffre, 1880.

Morel, A. 47
Les Moralistes latins ; 1 vol. in-12, Paris, Hachette.

Martin, P.-J. 46
Les Moralistes italiens ; 1 vol. in-12, Paris, Hachette.

Esquiros, A. 45
Les Moralistes anglais ; 1 vol. in-12, Paris, Hachette.

Ribbe, Ch. (de). 79
Le Play, d'après sa correspondance ; 1 vol. in-12, Paris, F. Didot, 1884.

Block, Maurice. 329
Les progrès de la science économique depuis Adam Smith ; 2 vol. in-8°, Paris, Guillaumin, 1890.

Monicat, P. 394
Contribution à l'étude du mouvement social chrétien en France au XIXe siècle ; 1 vol. in-8°, Paris, Rondelet, 1898.

Ripert, H. 628
Le marquis de Mirabeau (l'ami des hommes) ses théories politiques et économiques ; 1 vol. gr. in-8°, Paris A. Rousseau, 1901.

Goyau, Georges. 160
Autour du catholicisme social ; 2 vol. in-12, Paris, Perrin, 1901-02.

Faits économiques

.... 310

Décadence de l'Angleterre ou lettre d'un Anglais à l'honorable comte de Liverpool (1816). — De l'Angleterre et des Anglais, par J.-B. Say (1816). — Enquête faite par ordre du Parlement d'Angleterre pour constater les progrès de l'industrie en France et dans les autres pays du continent présenté à la Chambre de Commerce de Paris (1825) ; 1 vol. in-8°, Paris, 1816-1825.

Rubichon et **Mounier.** 372

Extraits des enquêtes et des pièces officielles publiées en Angleterre par le Parlement, depuis l'année 1833 jusqu'à ce jour. — I et II. De l'agriculture et de la condition des agriculteurs en Irlande et dans la Grande-Bretagne. — III. Des travaux d'utilité publique ; des produits du règne minéral ; Bois de construction dans la Grande-Bretagne et en Irlande. — IV. De la pêche, de la navigation, du commerce de l'Inde, dans la Grande-Bretagne et l'Irlande. — V. Des manufactures et de la condition des ouvriers employés hors de l'agriculture dans la Grande-Bretagne et l'Irlande. — VI. Des beaux-arts ; de l'éducation ; de la pauvreté ; de la justice criminelle ; de l'armée dans la Grande-Bretagne et l'Irlande ; 6 vol. in-8°, Vienne, Ch. Gérold, 1840.

Ducru, G. 333

Les Intérêts matériels dans le Midi de la France : Conditions économiques, situation, réformes ; 1 vol. in-8°, Paris, Guillaumin, 1847.

Leconte, C. 335

Etude économique de la Grèce, de sa position actuelle, de son avenir ; 1 vol. in-8°, Paris, Guillaumin, 1847.

Moreau de Jonnès, A. 387

État économique et social de la France depuis Henri IV jusqu'à Louis XIV, 1589-1715 ; 1 vol. in-8°, Paris, A. Reinwald, 1867.

Block, Maurice. 303

L'Europe politique et sociale ; 1 vol. in-8°, Paris, Hachette, 1892.

Avenel, G. (Vte d'). 700
Histoire économique de la propriété, des salaires, des denrées et de tous les prix en général depuis l'an 1200 jusqu'en l'an 1800 ; 4 vol. gr. in-8°, Paris, Imp. Nationale, 1894-1898.

Avenel, G. (Vte d'). 6
La Fortune privée à travers sept siècles ; 1 vol. in-12, Paris, A. Colin et Cie, 1895.

Kovalewsky, M. 334
Le Régime économique de la Russie ; 1 vol. in-8°, Paris, Giard et E. Brière, 1898.

Théry, Edmond. 14
La France économique et financière pendant le dernier quart de siècle ; 1 vol. in-12, Paris, 1900.

Raffalovich, A. 308
L'Année économique, 1887-88 ; 1 vol. in-8°, Paris, Maison Quantin.

Famille. — Éducation

Margerie, A. (de). 56
De la famille. — Leçons de philosophie morale ; 2 vol. in-12, Paris, A. Vator, 1860.

Cournot, M. 370
Des institutions d'instruction publique en France ; 1 vol. in-8°, Paris, Hachette, 1864.

Reyntiens, N. 371
L'Enseignement primaire et professionnel en Angleterre et en Irlande ; 1 vol. in-8°, Paris, Lacroix, Verboeckhoven, 1864.

Simon, Jules. 433
L'Ecole ; 1 vol. in-8°, Paris, Lacroix, Verboeckhoven, 1865.

Monnier, F. 616
L'Instruction populaire en Allemagne, en Suisse et dans les pays Scandinaves ; 1 vol. gr. in-8°, Paris, 1866.

Deseilligny, A.-P. 82
De l'influence de l'éducation sur la moralité et le bien-être des classes laborieuses ; 1 vol, in-12, Paris, Hachette, 1868.

Hippeau, E. (Mme). 57
Cours d'Économie domestique ; 1 vol. in-12, Paris, Hetzel, 1869.

Hippeau, C. 89
L'Instruction publique en Angleterre ; 1 vol. in-12, Paris, Didier, 1872.

Hippeau, C. 91
L'Instruction publique en Allemagne ; 1 vol. in-12, Paris, Didier, 1873.

Ribbe, Ch. (de). 55
Les Familles et la Société en France avant la Révolution ; 1 vol. in-12, Paris, J. Albanel, 1873.

Mortimer d'Ocagne. 86
Les grandes Ecoles de France ; 1 vol. in-12, Paris, Hetzel, 1873.

Laprade, V. (de). 81
L'Éducation libérale. — L'hygiène, la morale, les études ; 1 vol. in-12, Paris, Didier, 1873.

Baudrillart, H. 83
La Famille et l'éducation en France dans leurs rapports avec l'état de la société ; 1 vol. in-12, Paris, Didier, 1874.

Ribbe, Ch. (de). 52
La vie domestique, ses modèles et ses règles ; 2 vol. in-12, Paris, C, Baltenweck, 1877.

Hippeau, C. 90
L'Instruction publique en Russie ; 1 vol. in-12, Paris, Didier, 1878.

Ribbe, Ch. (de) 53
Le Livre de famille ; 1 vol. in-12, Tours, A. Mame, 1879.

Compayré, G. 84
Histoire critique des doctrines de l'éducation en France depuis le seizième siècle ; 2 vol. in-12, Paris, Hachette. 1880.

Lavisse, E. 80
Questions d'enseignement national ; 1 vol. in-12, Paris, A. Colin, 1885.

Frary, R. 85
La Question du Latin ; 1 vol. in-12, Paris, L. Cerf, 1885.

Maneuvrier, E. 87
L'Education de la bourgeoisie sous la République ; 1 vol. in-12, Paris, L. Cerf, 1888.

Leclerc, M. 88
L'Éducation et la Société en Angleterre.— Les professions et la Société ; 1 vol. in-12, Paris, A. Colin, 1894.

Héron, A. 615
Assises scientifiques, littéraires et artistiques ; fondées par M. de Caumont. — Rapport sur l'état moral et les progrès de l'instruction ; 1 vol. in-4°, Rouen, Gagniard, 1896.

Starcke, C.-N. 460
La Famille dans les différentes sociétés ; 1 vol. in-8°, Paris, Giard et Brière, 1899.

Goyau, G. 164
L'Ecole d'aujourd'hui ; 1 vol. in-12, Paris, Perrin, 1899.

Population

Godwin, W. 377
Recherches sur la population, contenant une réfutation des doctrines de Malthus ; 2 vol. in-8°, Paris, Aillaud, 1821.

Malthus. 608
Essai sur le Principe de population ; 1 vol. gr. in-8°, Paris, Guillaumin, 1845.

Heurtier. 375
Rapport et Projet de règlement sur les questions qui se rattachent à l'émigration européenne ; 1 vol. in-8°, Paris, Imp. Impériale, 1854.

Richerand (Bon). 378
De la Population dans ses rapports avec la nature des gouvernements ; 1 vol. in-8°, Paris, Béchet jeune, 1837.

Legoyt, A. 374
L'Émigration européenne : son importance, ses causes,

ses effets, avec un appendice sur l'émigration africaine, hindoue et chinoise ; 1 vol. in-8°, Paris, Guillaumin, 1861.

Duval, J. 376

Histoire de l'Émigration européenne, asiatique et africaine au XIXe siècle ; 1 vol. in-8°, Paris, Guillaumin, 1862.

Valny, S.-C. 125

Études sur la dépopulation des campagnes, ses causes, ses conséquences et les moyens pratiques de la combattre ; 1 vol. in-12, Auch, Cocharaux, 1862.

Lavergne, L. (de). 71

L'Agriculture et la Population ; 1 vol. in-12, Paris, Guillaumin, 1865.

Jeantet, O. 76

La Désertion des Campagnes ; 1 vol. in-12, Paris, C. Dillet, 1868.

Garnier, J. 325

Du principe de Population ; 1 vol. in-8°, Paris, Guillaumin, 1885.

Levasseur, E. 617

La Population française. — Histoire de la Population avant 1789 et démographie de la France comparée à celle des autres nations au XIXe siècle ; 3 vol. gr. in-8°, Paris, A. Rousseau, 1889-92.

Mireur, H. (Dr). 373

Le Mouvement comparé de la population à Marseille, en France et dans les États d'Europe ; 1 vol. in-8°, Paris, Masson, 1889.

Smissen, Ed. (Van der). 461

La Population, les causes de ses progrès et les obstacles qui en arrêtent l'essor ; 1 vol. in-8°, Bruxelles, Société belge de librairie, 1893.

Nitti, S. 462

La Population et le Système social ; 1 vol. in-8°, Paris, Giard et Brière, 1897.

Propriété

Thiers, A. 361
De la propriété; 1 vol. in-8°, Paris, Paulin, Lheureux, 1848.

Marin-Darbel, G.-E. 8
L'Usure, sa définition; 1 vol. in-12, Paris, Guillaumin, 1859.

Lair, J. 362
Les Lois sur l'intérêt examinées au point de vue de l'économie politique, de l'histoire et du droit; 1 vol. in-8°, Paris, Guillaumin, 1864.

.... 718
Ministère de l'Agriculture, du Commerce et des Travaux publics. — Enquête sur la législation relative au taux de l'intérêt de l'argent; 2 vol. in-f°, Paris, Imp. Impériale, 1865.

Batbie, A. 349
Mélanges d'Économie politique contenant : 1° mémoire sur le prêt à intérêt; 2° mémoire sur l'impôt avant et après 1789; 1 vol. in-8°, Paris, Cotillon, 1866.

Boutron, P.-A. 163
Théorie de la Rente foncière; 1 vol. in-12, Paris, Guillaumin, 1867.

Le Hardy de Beaulieu, C. 60
La Propriété et la Rente dans leurs rapports avec l'économie politique et le droit public; 1 vol. in-12, Paris, Guillaumin, 1868.

Baugas, P. 463
Du Prêt à intérêt; 1 vol. in-8°, Paris, Rousseau, 1889.

.... 614
Exposition universelle de 1900. — Congrès international de la propriété bâtie, tenu à Paris, du 28 mai au 2 juin 1900; 1 vol, gr. in-8°, Paris, 1901.

Vacher, L. 632
Le Homestead aux États-Unis; 1 vol. gr. in-8°, Paris, Guillaumin, 1895.

Bureau, Paul. 469
Le Homestead ou l'insaisissabilité de la petite propriété foncière; 1 vol. in-8°, Paris, Rousseau, 1895.

Travail

Babbage, C. 365
Société économique des Manufactures; 1 vol. in-8°, Paris, Dondey-Dupré, 1834.

Villermé. 398
Tableau de l'état physique et moral des ouvriers employés dans les manufactures de coton, de laine et de soie; 2 vol. in-8°, Paris, Renouard, 1840.

Egron, A. 116
Le Livre de l'Ouvrier, ses devoirs envers la Société, la Famille et lui-même; 1 vol. in-12, Paris, P. Mellier, 1844.

Vinçard aîné. 404
Histoire du Travail et des Travailleurs en France; 2 vol. in-8°, Paris, P. Vinçard, 1845.

Dupont-Whyte, C. 407
Essai sur les relations du Travail avec le Capital; 1 vol. in-8°, Paris, Guillaumin, 1846.

Blanc, Louis. 130
Organisation du Travail; 1 vol. in-12, Paris, Cauville, 1845.

Dunoyer, C. 403
De la Liberté du Travail ou Simple Exposé des conditions dans lesquelles les forces humaines s'exercent avec le plus de puissance; 3 vol. in-8°, Paris, Guillaumin, 1845.

Fix, T. 400
Observations sur l'état des Classes ouvrières; 1 vol. in-8°, Paris, Guillaumin, 1846.

.... 421
Des Prolétaires. — Nécessité et moyens d'améliorer leur sort; 1 vol. in-8°, Paris, Mellier, 1846.

Audiganne, A. 112
Les Populations ouvrières et les Industries de la France dans le Mouvement social du XIXe siècle; 2 vol. in-12 Paris, Capelle, 1854.

Le Play, F. 717
Les Ouvriers européens. — Études sur les travaux, la vie domestique et la condition morale des populations ouvrières de l'Europe, précédées d'un exposé de la méthode d'observation : 1 vol. in-f°, Paris, Imp. Impériale, 1855.

Béchard, F. 113
La Commune, l'Eglise et l'Etat dans leurs rapports avec les Classes laborieuses ; 1 vol. in-12, Paris, A. Delahays, 1856.

Compagnon, A. 124
Les classes laborieuses, leur condition actuelle, leur avenir par la réorganisation du travail ; 1 vol. in-12, Paris, Michel Lévy, 1858.

Reybaud, L. 369
Etude sur le régime des manufactures ; 1 vol. in-8°, Paris, Michel Lévy, 1859.

Du Cellier, F. 397
Histoire des classes laborieuses en France, depuis la conquête de la Gaule par Jules César jusqu'à nos jours ; 1 vol. in-8°, Paris, Didier, 1860.

Simon, Jules. 120
L'Ouvrier ; 1 vol. in-12, Paris, Hachette, 1864.

Passy, Frédéric. 69
Les Machines et leur influence sur le développement de l'humanité ; 1 vol. in-12, Paris, Hachette, 1866.

Levasseur, E. 396
Histoire des classes ouvrières en France depuis 1789 ; 2 vol. in-8°, Paris, Hachette, 1867.

Simon, Jules. 127
Le Travail ; 1 vol. in-12, Paris, Lacroix Verboeckhoven, 1867.

.... 132
Le Travail manuel en France ; 1 vol. in-8°, Paris, Germer Baillière.

Dupasquier, H. 123
Etude sur le malaise des classesouvrières ; 1 vol. in-12, Neuchatel, Attinger, 1869.

Joire, A. 119
Questions industrielles. — Questions sociales. — Considérations sur l'état présent et l'avenir des classes ouvrières en France ; 1 vol. in-12, Paris, V. Masson, 1870.

Leroy-Beaulieu, Paul. 126
La Question ouvrière au XIXe siècle ; 1 vol. in-12, Paris, Charpentier, 1872.

Comte de Paris. 401
De la situation des ouvriers en Angleterre ; 1 vol. in-8°, Paris, Michel Lévy, 1873.

Nadaud, M. 122
Histoire des classes ouvrières en Angleterre ; 1 vol. in-12, Paris, Lachaud, 1873

Audiganne, A. 121
Mémoires d'un ouvrier de Paris, 1871-72 ; 1 vol. in-12, Paris, Charpentier, 1873.

Leroy-Beaulieu, Paul. 128
Le Travail des femmes au XIXe siècle ; 1 vol. in-12, Paris, Charpentier, 1873.

Lefort, Jh. 464
Du repos hedomadaire au point de vue de la morale, de la culture intellectuelle et du progrès de l'Industrie ; 1 vol. in-8°, Paris, Guillaumin, 1874.

.... 707
Nouveaux documents relatifs au travail des femmes et des enfants dans les manufactures, les mines, etc. ; Etat de la question en Belgique et à l'Etranger ; 1 vol. in-4°, Bruxelles, Gobbaerts, 1874.

Chambre de Commerce de Paris. 716
Enquête sur les conditions du travail en France pendant l'année 1872. — Département de la Seine ; 1 vol. gr. in-4°, Paris, 1875.

Chausse, J.-M. 72
De la réforme du Travail manufacturier par l'établisse-

ment des usines à la campagne ; 1 vol. in-12, Paris, Bleriot, 1875.

Mony, S. 405
Etude sur le Travail : 1 vol. in-8°, Paris, Hachette, 1877.

Tallon, E. 118
La vie morale et intellectuelle des ouvriers ; 1 vol. in-12, Paris, E. Plon, 1877.

Barrau, T.-H. 117
Conseils aux ouvriers sur les moyens d'améliorer leur condition ; 1 vol. in-12, Paris, Hachette, 1878.

.... 101
Institutions qui protègent l'atelier et la famille ouvrière. — Rapports présentés au Congrès d'Angers, 1-5 septembre 1879 ; 1 vol. in-12, Paris, Angers.

Loriot, T. (abbé). 131
La question du Travail entre patrons et ouvriers ; 1 vol. in-12, Paris, R. Haton, 1879.

Mony, S. 406
Etude sur le Travail (2me édition) ; 2 vol. in-8°, Paris, Hachette, 1882.

Ministère de l'Instruction Publique. 706
Commission d'enquête sur la situation des ouvriers et des Industries d'Art ; 1 vol. in-4°, Paris, A. Quantin, 1884.

Lavollée, René. 629
Les classes ouvrières en Europe. — Études sur leur situation matérielle et morale ; 3 vol. gr. in-8°, Paris, Guillaumin, 1884-1896.

Nadaud, M. 399
Questions ouvrières en Angleterre et en France. — Discours, 1849-51 ; 1 vol. in-8°, Paris, 1884.

Cantu, C. 115
Le Carnet d'un ouvrier ; 1 vol. in-12, Paris, F. Didot, 1885.

Ministère du Commerce. 618
Union des Chambres syndicales ouvrières de France. — Délégation nationale à l'Exposition universelle d'Amsterdam en 1883. — Rapport d'ensemble par Chalain et Ch. Gruhier ; 1 vol. gr. in-8°, Paris, 1885.

Ministère du Commerce. 619
Rapports des ouvriers délégués à l'Exposition internationale d'Anvers en 1885 ; 2 vol. gr. in-8°, Paris, Imp. Nationale, 1886.

Périn, Charles. 65
Le Patron, sa fonction, ses devoirs, ses responsabilités ; 1 vol. in-12, Paris, Lecoffre, 1886.

Chevallier, E. 414
Les salaires au XIXe siècle ; 1 vol. in-8°, Paris, A. Rousseau, 1887.

Villey, E. 134
La question des salaires ou la question sociale ; 1 vol. in-12, Paris, Larose et Forcel, 1887.

Beauregard, P.-V. 413
Essai sur la théorie du salaire. — La main-d'œuvre et son prix ; 1 vol. in-8°, Paris, Larose et Forcel, 1887.

Morisseaux, Ch. 465
Conseils de l'industrie et du travail ; 1 vol. in-8°, Bruxelles, Th. Falk, 1890.

.... 624
Les conditions du travail dans les pays étrangers ; rapports adressés au Ministre des affaires étrangères ; 2 vol. gr. in-8°, Paris, Berger-Levrault, 1890-91.

Gibon, A. 630
La participation des ouvriers aux bénéfices et les difficultés présentes ; 1 vol. gr. in-8°, Paris, Guillaumin, 1892.

Benoist, Charles. 114
Les ouvrières de l'aiguille à Paris ; 1 vol. in-12, Paris, L. Chailley, 1895.

Schulze-Gavernitz. 434
La Grande Industrie ; 1 vol. in-8°, Paris, Guillaumin, 1896.

Thorold Rogers, J.-E. 415
Histoire du travail et des salaires en Angleterre depuis la fin du XIIIe siècle ; 1 vol. in-8°, Paris, Guillaumin, 1897.

Spencer, Herbert, 408
Les institutions professionnelles et industrielles ; 1 vol. in-8°, Paris, Guillaumin, 1898.

Bureau, Paul. 467
L'association de l'ouvrier aux profits du patron et la participation aux bénéfices ; 1 vol. in-8°, Paris, Rousseau, 1898.

...... 703
Exposition Universelle de 1900. — L'Économie sociale et l'histoire du travail à Lyon ; 1 vol. in-4°, Lyon, A. Rey, 1900.

Rae, John. 468
La Journée de huit heures ; 1 vol. in-8°, Paris, Giard et Brière, 1900.

Pelloutier, F. et **M.** 161
La Vie ouvrière en France ; 1 vol. in-8°, Paris, Schleicher, 1900.

Levasseur, E. 631
Histoire des classes ouvrières et de l'industrie en France avant 1789 ; 2 vol. gr. in-8°, Paris, Rousseau, 1900-1901.

Renault, C. 137
Histoire des grèves ; 1 vol. in-12, Paris, Guillaumin, 1887.

Smith, L. 416
Les coalitions et les grèves d'après l'Histoire et l'Économie politique ; 1 vol. in-8°, Paris, Guillaumin.

Molinari, G. (de). 133
Les Bourses du Travail ; 1 vol. in-12, Paris, Guillaumin, 1893.

Office du Travail

.... 801
Conseil supérieur du Travail, 1891 à ... ; vol. in-4°, Paris, Imp. Nationale. (En cours de publication)

.... 808
Bulletin de l'Office du Travail, 1894 à ... ; ... vol. gr. in-8°, Paris, Berger-Levrault. (En cours de publication).

.... 809
Annuaire des syndicats professionnels industriels, com-

merciaux et agricoles, 1899 à ...; ... vol. in-8°, Paris, Imp. Nationale. (En cours de publication).

.... 810

Statistique des grèves survenues en France, 1890 à ... ; vol. in-8°, Paris, Imp. Nationale. (En cours de publication).

.... 802

Documents sur la question du chômage; 1 vol. in-4°, Paris, Imp. Nationale, 1896.

.... 798

Les caisses de chômage; 1 vol. in-4°, Paris, Imp. Nationale, 1903.

.... 804

Rapports et documents sur la règlementation du travail dans les bureaux et magasins et dans les petites industries de l'alimentation ; 1 vol. in-4°, Paris, Imp. Nationale, 1901.

.... 800

La règlementation du travail dans les entreprises de transport; 1 vol. in-4°, Paris, Imp. Nationale, 1903.

.... 799

Enquête et documents sur le délai-congé ; 1 vol. in-4°, Paris, Imp. Nationale, 1903.

.... 805

Apprentissage. — Rapport de M. Briat. — Enquête et documents; 1 vol. in-4°, Paris, Imp. Nationale, 1902.

.... 806

Note sur le minimum de salaire dans les travaux publics en Angleterre, en Belgique, en Hollande, en Suisse, aux Etats-Unis et en France; 1 vol. in-4°, Paris, Imp. Nationale, 1897.

.... 807

Bordereaux des salaires pour diverses catégories d'ouvriers en 1900-01; 1 vol. gr. in-8°, Paris, Imp. Nationale, 1902.

.... 811

Etude statistique des accidents de travail d'après les rapports officiels sur l'assurance obligatoire en Allemagne et en Autriche; 1 vol. in-8°, Paris, Imp. Nationale, 1892.

.... 812
Résultats financiers de l'assurance obligatoire contre les accidents du travail en Allemagne et en Autriche ; 1 vol. in-8°, Paris, Imp. Nationale, 1892.

.... 813
Bases statistiques de l'assurance contre les accidents d'après les résultats de l'assurance obligatoire en Allemagne et en Autriche ; 1 vol. in-8°, Paris, Imp. Nationale, 1899.

.... 814
Résultats statistiques de l'assurance obligatoire contre la maladie en Autriche ; 1 vol. in-8°, Paris, Imp. Nationale, 1893.

.... 815
Résultats statistiques de l'assurance obligatoire contre la maladie en Allemagne ; 1 vol. in-8°, Paris, Imp. Nationale, 1893.

.... 816
Etudes sur les derniers résultats des assurances sociales en Allemagne et en Autriche. — 1re partie : Accidents ; 1 vol. in-8°, Paris, Imp. Nationale, 1894.

.... 817
Etudes sur les derniers résultats des assurances sociales en Allemagne et en Autriche. — 2me partie : Maladie, invalidité et vieillesse ; 1 vol. in-8°, Paris, Imp. Nationale, 1895.

.... 818
L'apprentissage industriel. — Rapport sur l'apprentissage dans l'imprimerie, 1899-1901 ; 1 vol. in-8°, Paris, Imp. Nationale, 1902.

.... 819
Législation ouvrière et sociale en Australie et Nouvelle-Zélande. — Mission de M. Albert Metin ; 1 vol. in-8°, Paris, Imp. Nationale, 1901.

.... 820
Le placement des employés, ouvriers et domestiques en France : son histoire, son état actuel ; avec un appendice relatif au placement dans les pays étrangers ; 1 vol. in-8°, Paris, Berger-Levrault, 1893.

.... 821
Seconde enquête sur le placement des employés, des ouvriers et des domestiques; 1 vol.in-8°, Paris, Imp. Nationale, 1901.

.... 822
Salaires et durée du travail dans l'industrie française; 5 vol. gr. in-8°, Paris, Imp. Nationale, 1893-97.

.... 823
Saisie-arrêt sur les salaires; 1 vol. in-8°, Paris, Imp. Nationale, 1899.

.... 824
La petite industrie (salaires, durée du travail). — I. L'Alimentation à Paris. — II. Le vêtement à Paris; 2 vol. in-8°, Paris, Imp. Nationale, 1893-96.

.... 825
Les Associations ouvrières de productions; 1 vol. in-8°, Paris, Imp. Nationale, 1897.

.... 826
Les Associations professionnelles ouvrières; 3 vol. in-8°, Paris, Imp. Nationale, 1899-1903.

.... 827
Hygiène et sécurité des travailleurs dans les ateliers industriels. — Législations française et étrangères; 1 vol. in-8°, Paris, Imp. Nationale, 1895.

.... 828
Poisons industriels; 1 vol. in-8°, Paris, Imp. Nationale, 1901.

.... 829
Les Caisses patronales de retraites des établissements industriels; 1 vol. in-8°, Paris, Imp. Nationale, 1898.

.... 830
Accidents du travail. — Jurisprudence; 1 vol. in-8°, Paris, Imp. Nationale, 1901.

.... 831
De la conciliation et de l'arbitrage dans les conflits collectifs entre patrons et ouvriers en France et à l'étranger; 1 vol. in-8°, Paris, Imp. Nationale, 1893.

.... 803
Répartition des forces motrices à vapeur et hydrauliques en 1899. — I. Moteurs à vapeur. — II. Moteurs hydrauliques; 2 vol. in-4°, Paris, Imp. Nationale, 1900-1901.

Économie rurale

Lavergne, L. (de). 74
Essai sur l'Économie rurale de l'Angleterre, de l'Écosse et de l'Irlande ; 1 vol. in-12, Paris, Guillaumin, 1863.

Laveleye, E. (de). 70
Études d'Économie rurale. — La Lombardie et la Suisse ; 1 vol. in-12, Paris, Lacroix, Verboeckhoven, 1869.

Lavergne, L. (de). 73
Économie rurale de la France depuis 1789 ; 1 vol. in-12, Paris, Guillaumin, 1877.

Maurice, F. 106
L'Agriculture et la question sociale. — La France agricole et agraire ; 1 vol. in-12, Paris, A. Savine, 1892.

Habitations ouvrières

Picot, Georges. 153
Un Devoir social et les Logements d'ouvriers ; 1 vol. in-12, Paris, Calmann Lévy, 1885.

Raffalovich, A. 162
Le logement de l'ouvrier et du pauvre ; 1 vol. in-12, Paris, Guillaumin, 1887.

.... 911
Société française des habitations à bon marché. Bulletins de 1890 à ... ; vol. gr. in-8°, Paris (En cours de publication).

Challamel, Jules. 622
Congrès international des habitations à bon marché tenu à Paris du 18 au 21 juin 1900 ; 1 vol. gr. in-8°, Paris, 1900.

Paupérisme

.... 422
Les moyens de détruire la mendicité en France, en ren-

dant les mendiants utiles à l'Etat sans les rendre malheureux ; 1vol. in-8°, Châlons-sur-Marne, Seneuze, 1780.

Morogues (B^on de). 423
Du Paupérisme, de la mendicité et des moyens d'en prévenir les funestes effets ; 1 vol. in-8°, Paris, Dondey-Dupré, 1834.

Buret, E. 424
De la misère des classes laborieuses en Angleterre et en France ; 2 vol. in-8°, Paris, Paulin, 1840.

Béchard, F. 142
De l'état du Paupérisme en France et des moyens d'y remédier ; 1 vol. in-12, Paris, C. Douniol, 1853.

Baron, A. 141
Le Paupérisme, ses causes et ses remèdes ; 1 vol. in-12, Paris, Sandoz et Thuillier, 1882.

Coste. A. 419
Hygiène sociale contre le Paupérisme ; 1 vol. in-8°, Paris, Germer-Baillière, 1882.

Haussonville (Cte d'). 420
Misères et Remèdes, études sociales ; 1 vol. in-8°, Paris, Lévy, 1886.

Piéchaud, A. 143
Les Misères du siècle (cérébraux, névropathes, alcooliques, varia) ; 1 vol. in-12, Paris, Marpon et Flammarion.

George, Henry. 418
Progrès et Pauvreté ; 1 vol. in-8°, Paris, Guillaumin, 1887.

Associations professionnelles

Le Roy, P. 701
Statuts et Privilèges du Corps des marchands orfèvres-joyailliers de la ville de Paris ; 1 vol. in-4°, Paris, Paulus-du-Mesnil, 1734.

Barat, E. 149
L'Association, son emploi rationnel ; 1 vol. in-12, Paris, Guillaumin, 1867.

Andrimont, L. (d'). 402
Des Institutions et des Associations ouvrières de la Belgique ; 1 vol. in-8°, Bruxelles, Lebègue, 1871.

Desmaze, Ch. 625
Les Métiers de Paris, d'après les ordonnances du Châtelet avec les sceaux des artisans ; 1 vol. gr. in-8°, Paris, Ernest Leroux, 1874.

Harmel, Léon. 64
Manuel d'une Corporation chrétienne ; 1 vol. in-12, Tours, A. Mame, 1877.

Mazaroz, J.-P. 411
Histoire des Corporations françaises d'Arts et Métiers ; 1 vol. in-8°, Paris, Germer Baillière, 1878.

Hubert-Valleroux, P. 410
Les Corporations d'Arts et Métiers et les Syndicats professionnels en France et à l'étranger ; 1 vol. in-8°, Paris, Guillaumin, 1885.

Vandervelde, E. 633
Les Associations professionnelles d'artisans et ouvriers en Belgique ; 2 vol. gr. in-8°, Bruxelles, Imp. des Travaux publics, 1891.

Howell, G. 412
Le passé et l'avenir des Trade unions ; 1 vol. in-8°, Paris, Guillaumin, 1892.

Martin Saint-Léon, E. 409
Histoire des Corporations de métiers, depuis leurs origines jusqu'à leur suppression, en 1791, suivie d'une étude sur l'évolution de l'idée corporative au XIXe siècle et sur les syndicats professionnels ; 1 vol. in-8°, Paris, Guillaumin, 1897.

Boissard, A. 470
Le Syndicat mixte. — Institution professionnelle d'initiative privée, à tendance corporative ; 1 vol. in-8°, Paris, Rousseau, 1897.

Hubert-Valleroux, P. 620
Les Associations ouvrières et les Associations patronales ; 1 vol. gr. in-8°, Paris, Gauthier-Villars, 1899.

Syndicats de producteurs. — Coalitions Accaparement

Babled, H. 479
Les Syndicats de producteurs et détenteurs de marchandises au double point de vue économique et pénal ; 1 vol. in-8°, Paris, Rousseau, 1893.

Laur, Francis. 480
De l'Accaparement ; 2 vol. in-8°, Paris, Publications scientifiques et industrielles, 1900-1903.

Coopération

Cernuschi, H. 148
Illusions des Sociétés coopératives ; 1 vol. in-12, Paris, Lacroix Verboeckhoven, 1866.

Schulze-Delitzsch. 147
Manuel pratique des Sociétés coopératives de production. Industrie ; 1 vol. in-12, Paris, Guillaumin, 1876.

Ministère de l'Intérieur. 705
Enquête de la commission extra-parlementaire des associations ouvrières ; 2 vol. in-4°, Paris, Imp. Nationale, 1883.

Hubert-Valleroux, P. 431
Les Associations coopératives en France et à l'étranger ; 1 vol. in-8°, Paris, Guillaumin, 1884.

Assistance

Brochard (Dr). 144
La vérité sur les enfants trouvés ; 1 vol. in-12, Paris, E. Plon, 1876.

Daru, C. (Bon) et **Bournat, V.** 426
Adoption, éducation et correction des enfants pauvres, abandonnés, orphelins ou vicieux ; 1 vol. in-8°, Paris, Douniol, 1875.

Lallemand, L. 425
Histoire des enfants abandonnés et délaissés. — Études

sur la protection de l'enfance aux diverses époques de la civilisation ; 1 vol. in-8°, Paris, Guillaumin, 1885.

Lecomte, J. 140
La Charité à Paris ; 1 vol. in-12, Paris, E. Dentu, 1862.

Knœpflin, E. 138
Annuaire de la Charité, 1863; 1 vol. in-12, Paris, E. Dentu.

Du Camp, M. 139
La Charité privée à Paris ; 1 vol. in-12, Paris, Hachette, 1887.

Chevallier, Emile. 471
De l'Assistance dans les campagnes. — Indigence, prévoyance, assistance ; 1 vol. in-8°, Paris, Rousseau, 1889.

Hubert-Valleroux, P. 472
La Charité avant et depuis 1789 dans les campagnes de France ; 1 vol. in-8°, Paris, Guillaumin, 1890.

Chevallier, Emile. 473
La Loi des pauvres et la Société anglaise ; 1 vol. in-8°, Paris, Rousseau, 1895.

Croze-Magnan. 432
Étude sur les Monts-de-Piété ; 1 vol. in-8°, Marseille, Barile, 1859.

Maugis-Ramel. 429
Réorganisation des Monts-de-Piété en France ou Établissements du prêt, fait par la Société au plus grand avantage des emprunteurs ; 1 vol. in-8°, Paris, Cordier, 1862.

Blaize, A. 428
Des Monts-de-Piété et des Banques de prêts sur nantissement en France et à l'étranger ; 1 vol. in-8°, Paris, Pagnerre, 1843.

Fabre, A. 417
Histoire des hôpitaux et des institutions de bienfaisance de Marseille ; 2 vol. in-8°, Marseille, J. Barile, 1854.

.... 715
Documents statistiques sur les hôpitaux et hospices civils et militaire de Marseille, 1825-34 ; 1 vol. gr. in-4°, Marseille, Sénès, 1836.

.... 708
Comptes-rendus de l'Administration des hospices civils de Marseille, de 1857 à ... ; vol. in-4°, Marseille (En cours de publication).

.... 713
Les Établissements généraux de bienfaisance placés sous le patronage de l'impératrice. — Monographies ; 1 vol. in-f°, Paris, Imp. Impériale, 1866.

.... 714
Ministère de l'Intérieur. — Situation administrative et financière des hôpitaux et hospices de l'Empire. — Documents recueillis et mis en œuvre par les inspecteurs généraux des Établissements de bienfaisance ; 2 vol. in-f°, Paris, Imp. Impériale, 1869.

.... 712
Rapport présenté à M. le maréchal de Mac-Mahon, président de la République française, par la Commission chargée de la répartition des secours aux familles de militaires et aux blessés des armées de terre et de mer ; 1 vol. in-4°, Paris, Imp. Nationale, 1874.

.... 702
Exposition Universelle de 1889. — Comité départemental du Rhône. — Rapports, notes et documents de la section d'économie sociale et d'assistance ; 1 vol. gr. in-8°, Lyon, Mougin-Rusand, 1889.

.... 704
Conseil supérieur de l'Assistance publique. — Les enfants assistés. — Rapports à M. le Ministre de l'Intérieur ; 2 vol. in-4°, rel. en un, Paris, 1894.

.... 623
Exposition Universelle de 1900. — Congrès international d'Assistance publique et de bienfaisance privée ; 6 vol. gr. in-8°, Paris, Secrétariat du Congrès, 1900.

Prévoyance. — Mutualité

Laurent, E. 430
Le Paupérisme et les associations de prévoyance. — Nouvelles études sur les Sociétés de secours mutuels; 1 vol. in-8°, Paris, Guillaumin, 1860.

Laurent, E. 474
Le Paupérisme et les associations de prévoyance, 2e édition ; 2 vol. in-8°, Paris, Guillaumin, 1865.

L'Etang, E.-A. (de). 145
L'Épargne ou puissance des gros sous ; 1 vol. in-12, Paris, Lacroix, Verboeckhoven, 1869.

Isnard, J. 146
Le bien-être, la famille et l'assurance ; 1 vol. in-12, Paris, 1870.

Desmarets, E. 151
Législation et organisation des sociétés de secours mutuels; 1 vol, in-12, Paris, P. Dupont, 1872.

Pajot, J. 152
Du progrès par les Sociétés de secours mutuels ; 1 vol. in-12, Paris, Guillaumin, 1878.

Cardot, T. 150
La Prévoyance et l'Etat ; 1 vol. in-12, Paris, Guillaumin 1886.

Mabilleau, L., Rayneri, Ch. et Rocquigny (de). 165
La Prévoyance sociale en Italie ; 1 vol. in-12, Paris, A. Colin, 1898.

Rostand, Eug. 427
La Réforme des Caisses d'épargne française ; 2 vol. in-8°, Paris, Guillaumin, 1891.

Rostand, Eug. 475
Le concours des Caisses d'Epargne au crédit agricole, applications à l'étranger et modes pratiques de réalisation en France ; 1 vol. in-8°, Paris, Guillaumin, 1897.

. . . . 709
Caisse d'Epargne et de Prévoyance des Bouches-du-Rhône. Rapports et Comptes-rendus des opérations de la Caisse et de ses succursales, de 1887 à ... ; .. vol. in-4°, Marseille (En cours de publication).

Brière, P. 710
La Caisse d'Epargne et de Prévoyance des Bouches-du-Rhône, 1821-99 ; 1 vol. in-4°, Marseille, 1900.

Ministère de l'Intérieur. 711
Rapports sur les opérations des Sociétés de secours mutuels, de 1854 à ... ; .. vol. in-4°, Paris et Melun (En cours de publication).

Les Échanges. — Protection. — Libre-Échange

. . . . 9
Résultats de la liberté et de l'immunité du commerce des grains, de la farine et du pain; 1 vol. in-12, Paris, Desaint, 1768.

Paris, J[n]-J[h]. 435
Essai sur cette question : quels sont les meilleurs moyens de prévenir avec les seules ressources de la France, la disette des blés et les trop grandes variations dans leurs prix ? ; 1 vol. in-8°, Paris, Huzard, 1819.

Bastiat, F. 360
Cobden et la Ligue ou l'agitation anglaise pour la liberté du commerce; 1 vol. in-8°, Paris, Guillaumin, 1845.

Gouraud, Ch. 436
Essai sur la liberté du commerce des nations. — Examen de la théorie anglaise du libre-échange ; 1 vol. in-8°, Paris, A. Durand, 1853.

Protin, P.-O. 77
Les Économistes appréciés ou nécessité de la protection ; 1 vol. in-12, Paris, E. Dentu, 1862.

Roscher, G. 437
Du Commerce des grains et des mesures à prendre en cas de cherté; 1 vol. in-8°, Paris, Guillaumin, 1854.

Wolowski, L. 476
La Liberté commerciale et les résultats du traité de commerce de 1860; 1 vol. in-8°, Paris, Guillaumin, 1869.

Simon, Jules. 626
Le Libre-échange; 1 vol. in-8°, Paris, Lacroix-Verboekhoven, 1870.

...... 627
La Comédie du libre-échange; 1 vol. gr. in-8°, Paris, Guillaumin, 1874.

Amelin, A. 438
Le Libre-échange absolu à l'intérieur et à la frontière: 1 vol. in-8°, Paris, Guillaumin, 1884.

Broglie (Duc de). 439
Le Libre-échange et l'Impôt; 1 vol. in-8°, Paris, Calmann Lévy, 1885.

Fournier de Flaix, E. 440
L'Impôt sur le pain. — La réaction protectionniste et les résultats des traités de commerce; 1 vol. in-8°, Paris, Guillaumin, 1886.

George, Henry. 477
Protection ou Libre-échange; 1 vol. in-8°, Paris, Guillaumin, 1888.

Typaldo-Bassia, A. 441
La Protection industrielle et le nouveau régime douanier; 1 vol. in-8°, Paris, Chevalier-Marescq, 1893.

Roche, Jules. 3
La Politique économique de la France. — Discours parlementaires; 1 vol. in-12, Paris, Flammarion, 1893.

Poinsard, L. 442
Libre-échange et Protection; 1 vol, in-8°, Paris, Didot, 1893.

Lavison, A. (de). 478
La Protection par les primes; 1 vol. in-8°, Paris, Rousseau, 1900.

Bastable, C.-F. 166
La Théorie du Commerce international; 1 vol. in-12, Paris, Giard et Brière, 1900.

Politique

Block, M. 891
Dictionnaire général de la Politique ; 2 vol. in-8°, Paris, O. Lorenz, 1863-64.

Block, M. 892
Dictionnaire général de la Politique, nouvelle édition ; 2 vol. gr. in-8°, Paris, O. Lorenz, 1873-74.

...... 910
Revue Politique et Parlementaire. — Questions politiques, sociales et législatives, de 1895 à ... ; .. vol. gr. in-8°, Paris, Armand Colin (En cours de publication).

Beaujour (de). 443
Théorie des gouvernements ou exposition simple de la manière dont on peut les organiser et les conserver dans l'état présent de la civilisation en Europe ; 2 vol. in-8°, Paris, Didot, 1823.

Ganilh. 444
Du Pouvoir et de l'opposition dans la société civile ; 1 vol. in-8°, Paris, Bossange, 1824.

Pecqueur, C. 54
Des Améliorations matérielles dans leurs rapports avec la liberté ; 1 vol. in-12, Paris, Gosselin, 1841.

Lasteyrie, C.-P. (Cte de). 49
Des Droits naturels de tout individu vivant en société ; 1 vol. in-12, Paris, Pagnerre, 1844.

Bonnetain, J. 445
De la Démocratie française et de son avenir ; 1 vol. in-8°, Paris, Joubert, 1844.

Campan, A. 446
Œuvres de Henri Fonfrède : De la Société, du Gouvernement, de l'Administration, mélanges de politique, du Gouvernement du roi, Economie politique, Lettres inédites ; 10 vol. in-8°, Paris, Coquebert, 1844-47.

Barni, J. 42
Histoire des idées morales et politiques en France au dix-huitième siècle ; 2 vol. in-12, Paris, Germer Baillière, 1861.

Cornélius de Boom. 447
Une solution politique et sociale. Confédération, décentralisation, émigration ; 1 vol. in-8°, Paris, Michel Lévy, 1864.

Baillet, E. 51
Forces des Etats ; 1 vol. in-12, Paris, Verboeckhoven, 1868.

Coquille, J.-B, 307
Politique chrétienne ; 1 vol. in-8°, Paris, Palmé, 1868.

.... 5
Les Ouvriers et le Suffrage universel. Etudes sociales et politiques ; 1 vol. in-12, Paris, 1870.

Naville. E. 4
La question électorale en Europe et en Amérique ; 1 vol. in-12, Genève et Bâle, Georg., 1871.

Brougham (Lord). 448
De la Démocratie et des Gouvernements mixtes ; 1 vol. in-8°, Paris, Sauton, 1872.

Broglie (Duc de). 75
Vues sur le Gouvernement de la France ; 1 vol. in-12, Paris, Michel Lévy, 1872.

Lasserre, H. 154
De la réforme et de l'organisation normale du Suffrage uuiversel ; 1 vol. in-12, Paris, V. Palmé, 1873.

Sédillot, C. 613
Du relèvement de la France, vieilles vérités, union, perfectionnement ; 1 vol. gr. in-8°, Paris, E. Plon, 1874.

Prévost, L. 2
Le Suffrage universel et la France ; 1 vol. in-12, Paris, C. Douniol, 1875.

Parieu E. (de). 302
Principes de la Science politique ; 1 vol. in-8°, Paris, A. Sauton, 1875.

Passy, H^te^. 451
Des formes de Gouvernement et des lois qui les régissent ; 1 vol. in-8°, Paris, Guillaumin, 1876.

Acollas, E. 301
Philosophie de la Science politique et commentaire de la Déclaration des droits de l'homme de 1793 : 1 vol. in-8°, Paris, A. Marescq aîné, 1877.

Mill, J. Stuart. 155
Le Gouvernement représentatif ; 1 vol. in-12, Paris, Guillaumin, 1877.

Faviers, H. (de). 10
La Paix publique, selon la logique et l'histoire : 1 vol. in-12, Paris, Plon, 1885.

Benoist. Ch. 449
La Crise de l'État moderne. — De l'organisation du Suffrage universel : 1 vol. in-8°, Paris, Didot.

Novicow, J. 450
La Politique internationale ; 1 vol. in-8°, Paris, F. Alcan, 1886.

Laffitte, P. 1
Le Suffrage universel et le Régime parlementaire : 1 vol. in-12, Paris, Hachette, 1888.

Ficquelmont (Cte de). 359
Pensées et Réflexions morales et politiques ; 1 vol. in-8°, Paris, Didier, 1889.

Wilson, W. 452
L'État. — Éléments d'Histoire et de Pratique politique ; 2 vol. in-8°, Paris, Giard et Brière, 1902.

Joly, Henri. 156
De la Corruption de nos institutions ; 1 vol. in-12, Paris, Lecoffre, 1903.

LÉGISLATION - JURISPRUDENCE

Collections de lois. — Répertoires de doctrine et de Jurisprudence. — Dictionnaires

G

.... 600

Edit pour l'affranchissement du port de Marseille, mars 1669.
Les capitulations ou nouveaux traités entre Louis XIV et le sultan Mehemed IV, avril 1673.
Ordonnance du 21 octobre 1687, concernant le commerce des soies du Levant.
Arrest du 10 juillet 1703 du Conseil d'Etat concernant l'édit du mois de mars 1669.
Articles et conditions de paix entre Louis XV et les Dey, Bacha, Divan et Milice de la Ville et Royaume d'Alger, décembre 1719.
Traité pour le renouvellement des capitulations et articles de paix avec la ville et le royaume de Tunis, février 1720.
Ordonnance du Roy, du 4 février 1727, portant règlement sur les échelles du Levant.
Articles et conditions de paix accordés par le capitaine de Gouyon et Pignon, conseiller du Roy, chargés de pouvoir de Louis XV aux Pacha, Bey, Dey, Divan et Milice du royaume de Tripoli ; 1 vol. in-4°, Marseille, 1732.

.... 3

Déclarations du Roy, 1767 à 1772 ; 4 vol. in-4°, Paris.

.... 4

Edits et arrêts du Roy, 1773 à 1787 ; 15 vol. gr. in-8°, Paris.

.... 1

Moniteur universel avec tables. — Journal officiel (suite du Moniteur) avec tables. — Collection de 1789 à ce jour.

Petrovitch, G.-T. 34

Répertoire du Journal officiel de la République française de 1897 à .... ; .. vol. in-8°, Paris (En cours de publication).

.... 30

Corps Législatif. — Travaux de la session extraordinaire de 1869-70 ; 1 vol. in-8° Paris, Mourgues.

.... 32

Corps Législatif. — Comptes-rendus des séances. — Table analytique pour la session de 1870 ; 1 vol. in-8°, Paris, Mourgues, 1874.

.... 33

Corps Législatif. — Comptes-rendus des séances. — Table analytique pour la session, 1877 ; 1 vol. in-8°, Versailles, Cerf, 1878.

.... 29

Table analytique des comptes-rendus du Sénat, de 1897 à 1901 ; 5 vol. gr.in-8°, Paris, Mouillot.

.... 31

Etats des travaux législatifs de la Chambre des députés de 1891 à 1903 ; .. broch. in-8°, Paris, Motteroz.

Carette, A. 803

Lois annotées de 1789 à 1844; 2 vol. in-4°, Paris, Pouleur, 1843-45.

.... 5

Bulletin des Lois, de 1789 à.. (Partie principale); .. vol. in-8°, Paris (en cours de publication).

.... 6

Bulletin des Lois de 1832 à.. (Partie supplémentaire); .. vol. in-8°, Paris (en cours de publication).

Roger, A. et Sorel, A. 101

Les Lois usuelles; 1 vol. in-12, Paris, Garnier, 1874.

Charriaut, F. 214

Collection générale des lois et décrets du Gouvernement français. — Gouvernement de la Défense nationale, du 4 septembre 1870 au 11 février 1871 ; 1 vol. in-8°, Bordeaux, de Laporte, 1871.

Dalloz, A. 801
Dictionnaire général et raisonné de législation, de doctrine et de jurisprudence ; 5 vol. in-4°, Paris, 1835-42.

Teulet, Auvilliers (d') et Sulpicy. 624
Les Codes français annotés offrant sous chaque article l'état complet de la doctrine, de la jurisprudence et de la législation ; 2 vol. gr. in-8°, Paris, au bureau du *Journal du Palais*. 1843.

Bousquet, J. 625
Nouveau Dictionnaire de droit, résumé général de la législation, de la doctrine et de la jurisprudence ; 2 vol. gr. in-8°, Paris, Ch. Hingray, 1845.

Durand, E. et Paultre, E. 612
Code général des Lois françaises ; 2 vol. gr. in-8°, Paris, Cosse et Marchal, 1862.

Soulages. 613
Nouvelle encyclopédie du Droit français contenant toutes les lois avec explication et formules ; 2 vol. gr. in-8°, Paris, A. Fayard, 1880.

Merlin. 7
Répertoire universel et raisonné de jurisprudence, 13 vol. in-4°, Paris, Bertin, 1807-09.

Féraud-Giraud. 19
Jurisprudence de la Cour d'Aix, 1811-55 ; 1 vol. in-8°, Aix, Makaire, 1857.

Dalloz, E. 8
Jurisprudence générale. — Recueil périodique, 1824 à.., .. vol. in-4°, Paris (En cours de publication).

Dalloz. 9
Jurisprudence générale. — Tables, 1841-97 ; 6 vol. in-4° Paris, 1857-97.

Platy-Stamaty et Berthon. 20
Recueil de jurisprudence criminelle et administrative. — Tribunal civil de Marseille. — Cour d'appel d'Aix. — Juges de Paix de l'arrondissement de Marseille, etc. ; 1873-77 ; 5 vol. in-8°, Marseille. — Table générale, 1862-1877 ; 1 vol. in-8°, Marseille, 1887.

.... 21
Recueil de Jurisprudence contenant les principales décisions rendues par la Cour d'appel d'Aix, le Tribunal civil de Marseille et les autres Tribunaux du ressort, 1885-93; 9 vol. in-8°, Aix, Pust.

Bertheau, H. 626
Dictionnaire général de Droit et de Jurisprudence. — Répertoire raisonné de la pratique des affaires; .. vol. gr. in-8°, Paris, Delamotte fils, 1891 (En cours de publication).

Philosophie et Histoire du Droit.
Questions générales

Berriat-Saint-Prix. 201
Histoire du Droit romain, suivie de l'Histoire de Cujas; 1 vol. in-8°, Paris, Fanjat, 1821.

Foucher, V. 366
Assises du royaume de Jérusalem (textes français et italien) conférées entre elles, ainsi qu'avec les lois des Francs, les Capitulaires, les Établissements de Saint-Louis et le Droit romain, suivies d'un précis historique et d'un glossaire 2 vol. in-8°, Rennes, Blin, 1839-41.

Gibelin, E. 365
Études sur le Droit civil des Hindous ; recherches de législation comparée sur les lois de l'Inde, les lois d'Athènes et de Rome, et les coutumes des Germains ; 2 vol. in-8°, Pondichéry, A. Toulin, 1846.

Guiraud, P. 601
La Propriété foncière en Grèce jusqu'à la conquête romaine ; 1 vol. gr. in-8°, Paris, Hachette, 1893.

.... 2
Conférences des ordonnances de Louis XIV, 1667-73 ; 2 vol. in-4°, Paris, 1733.

.... 138
Nouveau commentaire sur les ordonnances des mois

d'août 1669 et mars 1673 ; 1 vol, in-12, Paris, Debure, 1756.

.... 209
Abrégé méthodique des Lois civiles et du Droit commun de la France ; 2 vol. in-8°, Paris, Prault, an XI.

Bernardi. 202
De l'origine et dès progrès de la législation française ; 1 vol. in-8°, Paris, Béchet, 1816.

Coffinières, A.-S.-G. 222
Traité de la liberté individuelle ; 2 vol. in-8°, Paris, Moutardier, 1828.

Toulotte et **Riva, T**. 210
Histoire de la Barbarie et des lois au moyen-âge chez différents peuples, particulièrement en France et en Angleterre ; 3 vol. in-8°, Paris, Dureuil, 1829.

Pailliet, J.-B.-J. 802
Manuel de Droit français ; 1 vol. in-4°, Paris, Th. Desoer, 1832.

Michelet. 203
Origines du Droit français cherchées dans les symboles et formules du Droit universel ; 1 vol. in-8°, Hachette, 1837.

Fresquet, R. (de). 102
Précis d'Histoire du Droit français depuis les Gaulois jusqu'à nos jours ; 1 vol. in-12, Aix, Makaire, 1861.

Authelande, A. (d'). 120
La Sécurité des affaires civiles et commerciales, par l'explication raisonnée des lois ; 1 vol. in-12, Paris, 1869.

Jourdan, A. 204
Le Droit français. — Ses règles fondamentales, ses rapports avec les principes de la morale, avec l'économie politique et avec l'utilité générale ; 1 vol, in-8°, Paris, Plon. 1875.

Sumner Maine, H. 213
Études sur l'ancien Droit et la coutume primitive ; 1 vol. in-8°, Paris, Thorin, 1884.

Jourdan, A. 208
Des rapports entre le Droit et l'Économie politique ou Philosophie comparée du Droit et de l'Économie politique ; 1 vol. in-8°, Paris, A. Rousseau, 1885.

Droit international Public et Privé

... ... 622
Les Capitulations renouvelées le 5 juin 1673 entre l'Empereur de France et Mehemet quatrième empereur des Turcs par les soins de M. le marquis de Nointel (Manuscrit) ; 1 vol. gr. in-8°, pl. rel. mar. r. aux armes avec 2 planches de blas. enlum.

.... 621
Capitulations ou Traités anciens et nouveaux entre la Cour de France et la Porte Ottomane, suivi d'une ordonnance du 3 mars 1781 y relative ; 1 vol. in-4°, Paris, Imp. Royale, 1823.

Féraud-Giraud. L.-J.-D. 308
De la Juridiction française dans les échelles du Levant et de Barbarie ; 1 vol. in-8°, Paris, Cosse Marchal, 1866.

.... 611
La réforme judiciaire en Egypte et les capitulations ; 1 vol. gr. in-4°, Alexandrie, A. Mourès, 1874.

.... 827
Affaires étrangères. — Documents diplomatiques. — Négociations relatives à la réforme judiciaire en Egypte ; 1 vol. gr. in-8°, Paris, Imp, Nationale, 1875.

Gavillot, J.-C.-A. 643
Essai sur les droits des Européens en Turquie et en Egypte. — Les capitulations et la réforme judiciaire ; 1 vol. gr. in-8°, Paris, E. Dentu, 1875.

.... 221
Le régime des Capitulations : Son histoire, son application, ses modifications ; 1 vol. in-8°, Paris, Plon, Nourrit, 1898.

Grotius. 805
Le Droit de la guerre et de la paix ; 2 vol. in-4°, Paris Arnould Seneuze, 1687.

Pufendorf (B^on^ de). 804
Le Droit de la nature et des gens ou Principes les plus importants de la morale, de la jurisprudence et de la politique ; 2 vol. in-4°, Amsterdam, Pierre de Coup, 1712.

.... 338
Traité des prises ou principes de la jurisprudence française concernant les prises qui se font sur mer ; 1 vol. in-8°, Paris, Merigot, 1763.

Klüber, J.-L. 215
Droit des gens moderne de l'Europe ; 2 vol. in-8°, Paris, Aillaud, 1831.

Lagét de Podio. 309
Nouvelle juridiction des consuls de France à l'étranger ; 2 vol. in-8°, Marseille, 1844.

Pistoye, A. (de) **et Duverdy, Ch.** 325
Traité des prises maritimes dans lequel on a refondu le traité de Valin en l'appropriant à la législation nouvelle ; 2 vol. in-8°, Paris, A. Durand, 1855.

Fœlix. 346
Traité du Droit international privé ou du conflit des lois de différentes nations en matière de droit privé ; 2 vol. in-8°, Paris, Marescq et Dujardin, 1856.

Vattel. 216
Le droit des gens ou principes de la loi naturelle ; 3 vol. in-8°, Paris, Guillaumin, 1863.

Martens, G.-F. (de). 131
Précis du Droit des gens moderne de l'Europe ; 2 vol. in-12, Paris, Guillaumin, 1864.

Dufraisse, M. 220
Histoire du Droit de guerre et de paix, 1789 à 1855 ; 1 vol. in-8°, Paris, A. Le Chevalier, 1867.

Hautefeuille, L.-B. 357
Histoire des origines, des progrès et des variations du

Droit maritime international ; 1 vol. in-8°, Paris, Guillaumin, 1869.

La Gueronnière (Vte de). 218
Le Droit public et l'Europe moderne ; 2 vol. in-8°, Paris, Hachette, 1876.

Guasco, A. 615
De la condition des étrangers en Droit romain et en Droit français : 1 vol. in-4°, Bordeaux, J. Pechade, 1878.

Fauchille, P. 354
Du blocus maritime. — Etude de Droit international et de droit comparé ; 1 vol. in-8°, Paris, A. Rousseau, 1882.

Calvo, C. 147
Manuel de Droit international public et privé ; 1 vol. in-12, Paris, A. Rousseau, 1882.

Bard, A. 347
Précis de Droit international. — Droit pénal et privé ; 1 vol. in-8°, Paris, E. Thorin, 1883.

Bousquet, G. 310
Agents diplomatiques et consulaires ; 1 vol. in-8°, Paris, P. Dupont, 1883.

Perels, F. 355
Manuel de Droit maritime international ; 1 vol. in-8°, Paris, Guillaumin, 1884.

.... 823
Code des Prises ou recueil des Edits, déclarations, lettres patentes, arrêts, ordonnances, règlements et décisions sur la Corse et l'administration des Prises depuis 1400 ; 2 vol. in-4°, Paris, Imp. Royale, 1784.

Neuman, L. (B^{on} de). 217
Eléments du Droit des gens moderne européen ; 1 vol. in-12°, Paris, A. Rousseau, 1886.

Vaquette, T. 144
Cours résumé de Droit international privé ; 1 vol. in-12, Paris, 1886.

Bonnet, A. 614
Etude sur la naturalisation en Droit romain et en Droit international ; 1 vol. gr. in-8°, Paris, A. Rousseau, 1887.

Le Moine, A. 356
Précis de Droit maritime international et de diplomatie ; 1 vol. in-8°, Paris, Berger-Levrault, 1888.

Fiore, P. 358
Derecho internacional privado ; 2 vol. in-8°, Madrid, F. Gongora, 1888.

Holtzendorff, F. (de) 377
Eléments de Droit international public ; 1 vol. in-8°, Paris, Rousseau, 1891.

Bry, Georges. 143
Précis élémentaire de Droit international public ; 1 vol. in-12, Paris, Larose et Forcel, 1891.

Godchot (cap.). 606
Les Neutres ; Etude juridique et historique de Droit maritime international ; 1 vol. gr. in-8°, Alger, Fontana, 1891.

Bluntschli. 379
Le Droit international codifié ; 1 vol. in-8°, Paris, Guillaumin, 1895.

Cauwès, G. 353
L'extension des principes de la Convention de Genève aux guerres maritimes ; 1 vol. in-8°, Paris, 1899.

Martens, F. (de). 380
La Paix et la Guerre ; 1 vol. in-8°, Paris, Rousseau, 1901.

Droit constitutionnel

Freeman, Ed.-A. 130
Le Développement de la Constitution anglaise depuis les temps les plus reculés jusqu'à nos jours ; 1 vol. in-12, Paris, Guillaumin, 1877.

Borgeaud, Ch. 381
Établissement et Revision des Constitutions en Amérique et en Europe ; 1 vol. in-8°, Paris, Thorin, 1893.

Combes de Lestrade (Vte). 644
Droit politique contemporain ; 1 vol. gr. in-8°, Paris, Guillaumin, 1900.

Laband, Paul, 382
Le Droit public de l'Empire allemand ; 6 vol. in-8°, Paris, Giard et Brière, 1900-1904.

Lefèvre-Pontalis. 129
Les Élections en Europe à la fin du XIXe siècle ; 1 vol. in-12, Paris. Plon-Nourrit, 1902.

Droit administratif

Dalloz, E. 10
Les Codes annotés. — Code des lois politiques et administratives ; 2 vol. in-4°, Paris, 1887-91.

Dalloz, E. 11
Les Codes annotés. — Code de l'Enregistrement, du Timbre, des droits d'hypothèque, des droits de greffe et de l'impôt sur le revenu des valeurs mobilières ; 1 vol. in-4°, Paris, 1878

Vuillefroy et Monnier. 224
Principes d'administration. — Extraits des avis du Conseil d'État et du comité de l'intérieur, des circulaires ministérielles, etc. ; 1 vol. in-8°, Paris, Joubert, 1837.

Béchard, F. 226
Essai sur la centralisation administrative ; 2 vol in-8°, Marseille, Marius Olive, 1836.

Le Rat de Magnitot, A. 629
Dictionnaire de Droit public et administratif ; 2 vol. gr. in-8°, Paris, Joubert, 1841.

Herson, A. 374
De l'Expropriation pour cause d'utilité publique ou commentaire de la loi du 3 mai 1841 ; 1 vol. in-8°, Paris, 1843.

Vivien. 225
Études administratives ; 1 vol. in-8°, Paris, Guillaumin, 1845.

Béchard, F. 109
De l'administration intérieure de la France ; 2 vol. in-12, Paris, Giraud et Dagneau, 1851.

Pradier-Foderé. 108
Précis de Droit administratif; 1 vol. in-12, Paris, A. Marescq, 1856.

Lefebvre, J. 230
Essai sur la procédure en matière contentieuse devant les Conseils de Préfecture ; 1 vol. gr. in-8°, Marseille, Senès, 1858.

Delvincourt. 373
Livre des entrepreneurs et concessionnaires de travaux publics. — Contentieux administratif en matière de travaux publics ; 1 vol. in-8°, Paris, Wittersheim, 1862.

Roy, L. 116
Traité pratique de l'Administration financière et de la comptabilité des communes ; 1 vol. in-12, Paris, P. Dupont, 1866.

Block, M. 110
Les Communes et la Liberté. — Étude d'administration comparée ; 1 vol. in-12, Paris, Berger-Levrault, 1876.

Ducrocq, Th. 383
Cours de Droit administratif et de législation française des finances ; 4 vol. in-8°, Paris, Fontemoing, 1897-1900.

Trebuchet, A. 223
Code administratif des Établissements dangereux, insalubres ou incommodes ; 1 vol. in-8°, Paris, Béchet, 1832.

Constant, C. 132
Code des Établissements industriels classés ateliers dangereux, insalubres ou incommodes ; 1 vol. in-12, Paris, Durand et Pedone-Lauriel, 1881.

Napias, H. (Dr). 316
Manuel d'hygiène industrielle, comprenant la législation française et étrangère ; 1 vol. in-8°, Paris, Masson, 1882.

Breuillac, H.-G. 115
De la Police sanitaire ; 1 vol. in-12, Paris, Durand et Pedone-Lauriel, 1885.

Bunel, H. 312
Établissements insalubres, incommodes et dangereux ; 1 vol. in-12, Paris, André, Daly fils, 1887.

Ramel, F.-A. 114
Mémorandum de police administrative ; 1 vol. in-8°, Paris, P. Dupont, 1847.

Brayer, F. 630
Dictionnaire général de police administrative et judiciaire ; 3 vol. gr. in-8°, Paris, 1875-78.

Dayre, C.-P. 228
Grand-Manuel formulaire de police administrative et judiciaire ; 1 vol. in-8°, Paris, Laroze, 1879.

Constant, C. 140
Code des Théâtres à l'usage des directeurs, des artistes, des maires et adjoints, de la magistrature et du barreau ; 1 vol. in-12, Paris, Durand et Pedone-Lauriel, 1882.

.... 628
Dictionnaire général d'administration contenant la définition de tous les mots de la langue administrative et sur chaque matière ; 1 vol. gr. in-8°, Paris, P. Dupont, 1849.

Block, M. 627
Dictionnaire de l'Administration française ; 1 vol. gr. in-8°, Paris, Berger-Levrault, 1862.

Blanche, A. 623
Dictionnaire général d'Administration ; 1 vol. gr. in-8°, Paris, P. Dupont, 1884.

Saumur, J. 227
Fêtes et Cérémonies. — Honneurs militaires. — Honneurs civils ; 1 vol. in-8°, Paris, Lavauzelle, 1895.

Block, M. 645
Dictionnaire de l'Administration française (4e édition) ; 1 vol. gr. in-8°, Paris, Berger-Levrault, 1898.

Droit Civil

.... 234
Projet du Code civil ; 2 vol. in-8°, Paris, Imp. de la République, an IX.

.... 235

Code civil des Français contenant la série des lois qui le composent avec leurs motifs ; 5 vol. in-8°, Paris, Garnery, 1804.

.... 806

Code Napoléon. — Édition originale ; 1 vol. in-4°, Paris, Imp. Impériale, 1807.

Dalloz 12

Les Codes annotés. — Code civil ; 2 vol. in-4°, Paris, 1873-74.

Troplong. 236

Du contrat de société civile et commerciale ou commentaire du titre IX du livre III du Code civil ; 2 vol. in-8°, Paris, Hingray, 1843.

Anthoine de Saint-Joseph. 607

Concordance entre les lois hypothécaires étrangères et françaises ; 1 vol. gr. in-8°, Videcoq, 1847.

Perrin, L. 372

Code des constructions et de la contiguïté ou législation complète des bâtiments et constructions, des servitudes et du voisinage ; 1 vol. in-8°, Paris, Fillion, 1854.

Bourguignon, A. 139

Guide usuel du propriétaire et du locataire ou fermier ; 1 vol. in-12, Paris, Garnier, 1860.

Roy, L. 111

Traité des actes de l'état civil, suivi d'un formulaire à l'usage des maires, adjoints et secrétaires de mairie ; 1 vol. in-12, Paris, Dupont, 1861.

Chauvin, Jeanne. 212

Étude historique sur les professions accessibles aux femmes. — Influence du sémitisme sur l'évolution de la position économique de la femme dans la société ; 1 vol. in-8°, Paris, Giard et Brière, 1892.

Sivan, P. 637

La réforme hypothécaire spécialement au point de vue de la publicité ; 1 vol. gr. in-8°. Marseille, Barlatier, 1900.

Alauzet, J. 305
Traité général des Assurances. — Assurances maritimes, terrestres, mutuelles et sur la vie; 2 vol. in-8°, Paris, Cosse, 1843.

Courcy, A. (de). 124
Essai sur les lois du hasard suivi d'études sur les assurances; 1 vol. in-12, Paris, Guillaumin, 1862.

Aloïs de Meuron. 306
Du contrat d'Assurance sur la vie; 1 vol. in-8°, Lausanne, G. Bridel, 1877.

Chaufton, A. 303
Les Assurances, leur passé, leur présent, leur avenir; 2 vol. in-8°, Paris, Chevalier-Marescq, 1884-86.

Hecht, E. 307
La prime et la cotisation dans l'Assurance contre l'incendie; 1 vol. in-8°, Paris, L. Warnier, 1889.

.... 28
Le Moniteur des Assurances, 1881 à ...; vol. in-8°, Paris. (En cours de publication).

Procédure civile et Organisation Judiciaire

.... 237
Code de procédure civile; 2 vol. in-8°; Paris, H. Nicolle, 1806.

Dalloz, E. 13
Les Codes annotés. — Code de procédure civile; 1 vol. in-4°, Paris, 1876.

Constant, Ch. 636
Code-manuel des Commissaires-Priseurs et des Notaires, Greffiers de Justice de Paix et Huissiers; 1 vol. gr. in-8°, Paris, A. Chérié, 1884.

Durand-Morimbau, E. 240
Manuel des expertises civiles. — Commentaire du code de procédure civile; 1 vol. in-8°, Paris, Chevalier-Marescq, 1891.

Fournel. 211
Histoire des avocats du Parlement et du Barreau de Paris,

depuis saint Louis jusqu'au 15 octobre 1790 ; 2 vol. in-8°, Paris, Maradan, 1813

Desmaze, C. 207
Le Châtelet de Paris, son organisation, ses privilèges, 1060-1862 ; 1 vol. in-8°, Paris, Didier, 1863.

Beauverger, E. (B[on] de). 205
Des Institutions civiles de la France considérées dans leurs principes, leur histoire, leurs analogies ; 1 vol. in-8°, Paris, Leiber, 1864.

Mouzie, E. (de). 104
Le Barreau d'autrefois ; 1 vol. in-12, Paris, Amyot, 1868.

Droit Pénal

Dalloz, E. 14
Les Codes annotés. - Code pénal ; 1 vol. in-4°, Paris, 1881.

Rossi, P. 238
Traité de droit pénal ; 3 vol. in-8°, Paris, A. Sautelet, 1829.

Ministère de la Marine. 638
Notice sur la déportation à la Nouvelle-Calédonie ; 1 vol. gr. in-8°, Paris, Imp. Nationale, 1874.

Haussonville (Vte d'). 375
Les établissements pénitentiaires en France et aux colonies ; 1 vol. in-8°, Paris, Michel Lévy, 1875.

Diard, H. 376
Études sur le système pénitentiaire et sur son application au régime des prisons de France ; 1 vol, in-8°, Tours, Ladevèze, 1875.

Législation Rurale et Forestière

Cappeau. 231
Traité de législation rurale et forestière ; 3 vol. in-8°, Marseille, Ricard, 1824-25.

Migneret, S. 232
Traité de l'affouage dans les bois communaux ; 1 vol. in-8°, Paris, Defrasne, 1840.

Jacquot, C. 117
Les Codes de la législation forestière ; 1 vol. in-18, Paris, Rothschild, 1866.

Dalloz et Vergé. 16
Les Codes annotés. — Code forestier suivi des lois qui s'y rattachent et notamment des lois sur la pêche et sur la chasse ; 1 vol. in-4°, Paris, 1884.

Gain, G. 318
Traité élémentaire, théorique et pratique des Associations Syndicales de défense, de dessèchement, de curage, d'irrigation, etc. ; 1 vol. in-8°, Paris, Chevalier-Marescq, 1884.

Droit commercial

.... 324
Le Consulat, contenant les lois, statuts et coutumes touchant les contrats, marchandises et négociation maritime. Traduit de langage espagnol et italien en français ; 1 vol. in-4°, Aix, Imp. Estienne David, 1635.

.... 807
Code de Commerce (Edition originale) ; 1 vol. in-4°, Paris, Imp. Impériale, 1807.

.... 311
Consulat de la mer ou Pandectes du droit commercial et maritime, faisant loi en Espagne, en Italie, à Marseille et en Angleterre. — Traduit du catalan en français par P.-B. Boucher ; 2 vol. in-8°, Paris, A. Bertrand, 1808.

Delvincourt. 243
Institutes de droit commercial français, avec des notes explicatives du texte ; 2 vol. in-8°, Paris, Durand, 1810.

Locré, J.-G. 241
Esprit du Code de Commerce ; 10 vol. in-8°, Paris, Imp. Impériale, 1807-1813.

Daubanton, A.-G. 811
Dictionnaire du Code de Commerce ; 1 vol. in-4°, Paris, A. Bertrand, 1808.

Pardessus, J.-M. 206
Bibliothèque de Droit commercial, précédée d'un discours

sur l'origine et le progrès de ce droit ; 1 vol. in-8°, Paris, Egron, 1821.

Vincens, E. 242
Exposition raisonnée de la législation commerciale et examen critique du Code de Commerce ; 3 vol. in-8°, Paris, Barrois, 1821.

Pardessus, J.-M. 244
Cours de Droit commercial ; 5 vol. in-8°, Paris, Nève, 1821-22.

Anthoine de Saint-Joseph. 810
Concordance entre les codes de commerce étrangers et le code de commerce français ; 1 vol. in-4°, Paris, Videcoq, 1844.

Massé, G. 245
Le droit commercial dans ses rapports avec le droit des gens et le droit civil ; 2 vol. in-8°, Paris, Guillaumin, 1844.

Goujet et Merger. 632
Dictionnaire de Droit commercial ; 3 vol. in-8°, Paris, Joubert, 1845-46.

Rogron, J.-A. 118
Code de Commerce expliqué, suivi d'un formulaire des actes de commerce ; 1 vol. in-12, Paris, E. Plon, 1868.

Bœuf, F. 119
Résumé des répétitions écrites sur le Droit commercial ; 1 vol. in-12, Paris, Dauvin, 1869.

Dutruc, G. 634
Dictionnaire du contentieux commercial et industriel suivi des formules des actes et des contrats ; 2 vol. gr. in-8°, Paris, Marchal Billard, 1875.

Ruben de Couder, J. 633
Dictionnaire de Droit commercial, industriel et maritime; 6 vol. in-8°, Paris, A. Marescq, 1877-81.

Durand de Nancy. 148
Nouveau guide en affaires ; 1 vol. in-12, Paris, Garnier frères, 1881.

Luquin. 239
Etudes commerciales ; 1 vol in-8°, Mâcon, Protat, 1883.

Block, Maurice. 103
Premiers principes de législation pratique appliquée au commerce, à l'industrie et à l'agriculture ; 1 vol. in-12, J. Hetzel, 1884.

Sacré, A. 631
Dictionnaire de Commerce et de Droit commercial ; 1 vol. gr. in-8°, Paris, A. Marescq, 1884.

Lyon-Caen, Ch. et **Renault. L.** 345
Traité de Droit commercial ; 8 vol. in-8°, Paris, Cotillon, 1889-99.

Dalloz, E. 15
Les Codes annotés. — Code de commerce ; 2 vol. in-4°, Paris, 1877-96.

Girod-Clariond et **Delobre, F.** 17
Journal de Jurisprudence commerciale et maritime. — Décisions du Tribunal de Commerce de Marseille et de la Cour d'Appel d'Aix, 1820 à . . . ; .. vol. in-8°, Marseille (En cours de publication).

Girod-Clariond et **Delobre, F.** 18
Table générale du Journal de Jurisprudence commerciale et maritime, 1820 à 1890 ; 5 vol. in-8°, Marseille.

Le Hir. 22
Mémorial du Commerce et de l'Industrie. — Annales de la Science et du Droit commercial, 1872-77 ; 6 vol. in-8°, Paris.

Delangle. 249
Des Sociétés commerciales. — Commentaire du titre III, livre Ier du code de commerce ; 2 vol. in-8°, Paris, Joubert, 1843.

Bourgeois, J. 640
Guide théorique et pratique des Sociétés commerciales actuelles ; 1 vol. gr. in-8°, Paris, Dubuisson, 1864.

Pont, P. 247
Traité commentaire des sociétés civiles et commerciales ; 2 vol. in-8°, Paris, Delamotte, 1880.

Rousseau, R. 250
Questions nouvelles sur les sociétés commerciales ; 1 vol. in-8°, Paris, A. Rousseau, 1882.

Vavasseur, A. 248
Traité des Sociétés civiles et commerciales (avec formules) ; 2 vol. in-8°, Paris, Marchal, Billard, 1883.

Bouvier Bangillon, A. 246
La Législation nouvelle sur les sociétés. — Loi du 1er août 1893 ; 1 vol. in-8°, Paris, Larose, 1894.

Floucaud Pénardille, E. 646
Les Sociétés par actions ; 2 vol. gr. in-8°, Paris, Rousseau, 1899.

Rousseau, R. 384
Manuel pratique des Sociétés par actions ; 1 vol. in-8°, Paris, Rousseau, 1900.

Rousseau, R. 647
Des Sociétés commerciales françaises et étrangères ; 2 vol. gr, in-8°, Paris, Rousseau, 1902.

Ledru, A. et **Worms, F.** 23
Journal des Sociétés civiles et commerciales françaises et étrangères, 1880-86 ; 7 vol. in 8°, Paris, Larose.

Vavasseur, A. 25
Revue des Sociétés. — Jurisprudence, doctrine, législation française et étrangère, 1883-86 ; 4 vol. in-8°, Paris, Marchal, Billard.

Buchère, A. 219
Traité des valeurs mobilières et effets publics ; 1 vol- in-8°, Paris, Marescq, 1869.

Durnerin, P. 616
Étude sur les titres au porteur ; 1 vol. in-8°. Paris, E. Pichon, 1875.

Petit, A. 617
Étude sur les titres au porteur ; 1 vol. in-8°, Paris, Marescq aîné, 1880.

Audier, J. 266

Titres au porteur, leur législation dans ses rapports avec le droit commun ; 1 vol. in-8°, Paris, Chevalier-Marescq, 1885.

Crépon, T. 270

De la négociation des effets publics et autres ; 1 vol. in-8°, Paris, Cotillon, 1886.

Wahl, A. 385

Traité théorique et pratique des titres au porteur français et étrangers ; 2 vol. in-8°, Paris, Rousseau, 1891.

Nogent-Saint-Laurens, H. 260

Traité de législation et de la jurisprudence des chemins de fer ; 1 vol. in-8°, Paris, Colomb de Batines, 1841.

Duverdy, Ch. 261

Traité du contrat de transport par terre en général et spécialement par chemins de fer ; 1 vol. in-8°, Paris, Chaix, 1861.

.... 816

Répertoire méthodique de la législation des chemins de fer indiquant les dispositions législatives et réglementaires insérées au bulletin des lois ; 1 vol. in-4°, Paris, Imp. Impériale, 1864.

Cotelle. 263

Législation française des Chemins de fer et de la Télégraphie électrique ; 2 vol. in-8°, Paris, Marescq aîné, 1867.

Lamé Fleury. E. 635

Code annoté des Chemins de fer en exploitation ou Recueil méthodique et chronologique des lois, décrets, etc., concernant l'exploitation technique et commerciale des chemins de fer ; 1 vol. gr. in-8°, Paris, A. Chaix, 1872.

Sarrut, L. 264

Législation et Jurisprudence sur le Transport des marchandises par chemins de fer ; 1 vol. in-8°, Paris, A. Chaix, 1874.

.... 813

Répertoire méthodique de la législation des Chemins de

fer indiquant les dispositions législatives et réglementaires insérées au bulletin des lois ; 3 vol. in-4°, Paris, Imp. Nationale, 1873-83.

Féraud-Giraud, L.-J.-D. 128
Code des Transports de marchandises et de voyageurs par Chemins de fer ; 3 vol. in-12, Paris, Durand et Pédone-Lauriel, 1883.

Vigouroux, E. 262
Législation et Jurisprudence des Chemins de fer et des Tramways ; 1 vol. in-8°, Paris, E. Thorin, 1886.

Du Mesnil-Marigny, J. 121
De la liberté des ventes aux enchères ou débouchés nouveaux à ouvrir dans Paris pour les marchandises de toutes espèces ; 1 vol. in-12, Paris, Guillaumin, 1862.

Badon-Pascal, Ed. 272
Des marchés à terme. — Etude pratique au point de vue légal et financier ; 1 vol. in-8°, Paris, Marchal, Billard, 1877.

Buchère, A. 265
Traité théorique et pratique des opérations de bourse ; 1 vol. in-8°, Paris, Chevalier-Marescq, 1889.

Patoux, A. 639
De la liquidation par filières des marchés en spéculation sur marchandises ; 1 vol. gr. in-8°, Paris, Arthur Rousseau, 1900.

Gain, G. 125
Manuel juridique de l'acheteur et du marchand d'engrais d'amendements ; 1 vol. in-12, Paris, Marescq, 1889.

Levé, A. 123
Code de la vente commerciale. — Vente à livrer, marchés à terme, à prime, filières ; 1 vol. in-12, Paris, Pedone-Lauriel, 1892.

Durand-Saint-Amand. 298
Manuel des Courtiers de Commerce ; 1 vol. in-8°, Paris, Renard, 1845

.... 299

Nouveau Manuel des Courtiers de Commerce; 1 vol. in-8°, Paris, Duverger, 1853.

.... 809

Enquête sur le régime du courtage ; 1 vol. in-4°, Paris, Imp. Impériale, 1864.

Timon-David, F. 300

Les anciens courtiers de Marseillle; 1 vol. in-8°, Marseille, Marius Olive, 1868.

Bivort, J. et **Turlin, G.** 297

Étude sur le courtage des marchandises, sur les ventes publiques, les warrants et les filières ; 1 vol. in-8°, Paris, 1888.

Capelle, M. 378

Courtiers maritimes et d'assurances maritimes. — Règles professionnelles, attributions et rétributions, responsabilité ; 1 vol. in-8°, Paris, A. Giard, 1891.

Nouguier, L. 269

Les Lettres de change et des effets de commerce en général ; 2 vol. in-8°, Paris, Hingray, 1839.

Feitu, E. 267

Traité du Compte-Courant; 1 vol. in-8°, Paris, A. Marescq aîné, 1873.

Nouguier, L. 268

Des Chèques. — Commentaire théorique et pratique des lois de 1865 et 1874 ; 1 vol. in-8°, Paris, Coste, Marchal et Billard, 1874.

Touzaud, D. 271

Des Effets de Commerce ; 1 vol in-8°, Paris, Larose et Forcel, 1882.

.... 808

La Législation relative aux faillites et banqueroutes. — Observation de la Chambre de Commerce de Marseille ; 1 vol. in-4° Marseille, A. Ricard, 1827.

Renouard, A.-C. 251

Traité des Faillites et Banqueroutes ; 2 vol. in-8°, Paris, Guillaumin, 1842.

Ducoin, Ch. 252
Guide judiciaire et pratique en matière de faillite ; 1 vol. in-8°, Paris, Cotillon, 1875.

Ganthier, L. 258
Formulaire commenté des liquidations et partages judiciaires ; 1 vol. in-8°, Paris, Larose et Forcel, 1881.

Lalubie, E. 255
Liquidation judiciaire. — Commentaire pratique de la loi du 4 mars 1889 ; 1 vol. in-8°, Paris, Chevalier-Marescq, 1890.

Dutruc, G. 256
Commentaire de la loi du 4 mars 1889 sur la Liquidation judiciaire et la Faillite, avec formules ; 1 vol. in-8°, Paris, Marchal et Billard, 1892.

Bloch, Raoul. 253
Etude sur la Faillite en droit international privé ; 1 vol. in-8°, Paris, Giard et Brière, 1892.

Brustlein A. et **Rambert, P.** 254
Commentaire de la loi fédérale sur la poursuite pour dettes et la faillite ; 1 vol. gr. in-8°, Lausanne, A. Payot, 1893.

Travers, M. 257
La Faillite et la Liquidation judiciaire dans les rapports internationaux ; 1 vol. in-8°, Paris, Giard et Brière, 1894.

Courtois, B. 618
Traité théorique et pratique de la Liquidation judiciaire. — Commentaire des lois du 4 mars 1889 et du 4 avril 1890 ; 1 vol. gr. in-8°, Paris, Giard et Brière, 1894.

Genets, J. et **Defert, H.** 24
Journal des faillites et liquidations judiciaires françaises et étrangères, 1882 à ... ; .. vol. in-8°, Paris (En cours de publication).

.... 815
Recueil des titres constitutifs de la juridiction consulaire de la ville de Marseille ; 1 broch. in-4°, Marseille, Sibié, 1760.

...... 814
Mémoires et pièces au Conseil de Sa Majesté, pour les

juridictions consulaires et les Chambres de Commerce du Royaume, concernant la Déclaration du 7 avril 1759 ; 1 vol. in-4°, Paris, Le Mercier, 1766.

Nouguier, L. 292
Des Tribunaux de commerce, des commerçants et des actes de commerce : 3 vol. in-8°, Paris, Delamotte, 1844.

Camberlin, E. 293
Manuel pratique des Tribunaux de Commerce, avec un appendice sur le nouveau régime des faillites et liquidations judiciaires ; 1 vol. in-8°, Paris, Chevalier-Marescq, 1889.

Houyvet, A. 294
Les Tribunaux de Commerce. — Organisation, compétence, procédure : 1 vol. in-8°, Paris, Berger-Levrault, 1894.

Bédarride, J. 296
Des Bourses de Commerce. — Agents de change et courtiers ; 1 vol. in-8°, Aix, Remondet-Aubin, 1862.

Boudon, G. 295
La Bourse et ses hôtes ; 1 vol. in-8°, Paris, F. Ciret, 1896.

Charousset, J. 648
Essai sur la réorganisation du marché financier ; 1 vol. gr. in-8°, Paris, Rousseau, 1899.

Damaschino, N. 302
Traité des Magasins généraux (Docks) et des ventes publiques des marchandises en gros ; 1 vol. in-8°, Paris, Guillaumin, 1860.

Sauzeau, A. 122
Manuel des Docks, des ventes publiques et des warrants ; 1 vol. in-8°, Paris, Guillaumin, 1877.

Scansa, L. 301
Traité des Magasins généraux, des opérations auxquelles ils donnent lieu (principalement des prêts sur warrants) et des ventes publiques en gros de marchandises neuves en France et à l'étranger ; 1 vol, in-8°, Paris, Cabanon, 1890.

Rouvière, F. 304
Des avances sur Marchandises ; 1 vol. in-8°, Paris, A. Rousseau, 1903.

Serafini, F. 259
Le Télégraphe dans ses relations avec la jurisprudence civile et commerciale ; 1 vol. in-8°, Paris, A. Durand, 1863.

Droit maritime

Autran, F.-C. 26
Revue internationale du droit maritime, 1885 à ... ; .. vol. in-8°, Paris, Chevalier-Marescq. (En cours de publication).

Autran, F.-C., Bontoux, P., Bévote, R. (de). 27
Revue internationale de Droit maritime. — Tables générales, 1885-95 ; 1 vol. in-8°, Paris, Chevalier-Marescq, 1897.

Valin, R.-J. 819
Nouveau commentaire sur l'ordonnance de la marine du mois d'août 1861 ; 2 vol. in-4°, La Rochelle, Legier, 1776.

...... 323
Guide pratique des Capitaines, maîtres ou patrons, dans leurs rapports avec les consulats; 1 vol. in-8°, Paris, Guillaumin.

Devaux. 322
Code raisonné de navigation dans leurs rapports avec les douanes ; 1 vol. in-8°, Paris, A. Bailleul, 1807.

Pardessus, J.-M. 820
Collection de lois antérieures au XVIIIe siècle ; 6 vol. in-4°, Paris, Imp. Royale, 1828-45.

Beaussant. A. 321
Code maritime ou lois de la Marine marchande ; 2 vol. in-8°, Paris, E. Legrand, 1840.

Lebeau, S. 824
Code des bris, naufrages et échouements ou résumé des lois et règlements concernant cette matière; 1 vol. in-4°, Paris, Jules Juteau, 1841.

Hautefeuille, L.-B. 339

Code de la pêche maritime ou Commentaire sur les lois et les ordonnances qui régissent la pêche maritime. — Grandes pêches ; 1 vol. in-8°, Paris, 1844.

Bédarride, J. 340

Commentaire du code de Commerce. — Livre II du commerce maritime ; 5 vol. in-8°, Paris, Durand, 1859.

Marec. 331

Dissertation sur un projet de loi sur la répression de l'indiscipline dans la marine marchande ; 1 vol. in-8°, Paris, Imp. Royale, 1840.

...... 822

Décret-loi disciplinaire et pénal pour la Marine marchande, du 24 mars 1852 ; 1 vol. in-4°, Paris, Imp. Impériale, 1858.

Ministère de la Marine. 821

Documents sur l'Inscription maritime, la police de la navigation, les pêches maritimes et les pensions de l'année de mer ; 1 broch. in-4°, Paris, Imp. Impériale, 1862.

Filleau, J.-A. 332

Traité de l'engagement des équipages des bâtiments du commerce ; 1 vol. in-8°, Paris, P. Dupont, 1862.

Caumont, A. 620

Dictionnaire universel du Droit commercial maritime ; 1 vol. gr. in-8°, Havre, Lemale, 1857.
Nouvelle édition ; 1 vol. gr. in-8°, Paris, Guillaumin, 1867.

Hornbostel, H. 604

Mémoire sur un avant-projet de Code maritime ; 1 vol. gr. in-8°, Marseille, Barlatier-Feissat, 1878.

Desjardins, A. 344

Traité de Droit commercial maritime ; 9 vol. in-8°. Paris, Durand et Pedone-Lauriel, 1878-89.

Valroger, L. (de). 342

Droit maritime. — Commentaire théorique et pratique du livre II du Code de commerce ; 5 vol. in-8°, Paris, Larose et Forcel, 1883-86.

Cresp et **Laurin, A.** 343
Cours de Droit maritime ; 4 vol. in-8°, Paris, Larose et Forcel, 1885.

Danjon, D. 141
Eléments de Droit maritime commercial ; 1 vol. in-12, Paris, Rousseau, 1893.

Haumont, A. et **Lévarey, A.** 330
Eléments de Droit maritime appliqué. — Les transports maritimes ; 1 vol. in-8°, Paris, Berger-Levrault, 1893.

Friocourt, A. 341
Précis de Droit maritime, commercial et administratif ; 1 vol. in-8°, Paris, Challamel, 1894.

Mallet, E. 328
L'Hypothèque maritime au point de vue théorique et pratique ; 1 vol. in-8°, Paris, Marchal, Billard, 1877.

Vidal-Naquet, A. 329
Saisies et Ventes judiciaires des navires. — Commentaire du titre II du livre II du Code de commerce modifié par la loi du 10 juillet 1885, suivi d'un formulaire de procédure ; 1 vol. in-8°, Paris, Marescq aîné, 1893.

Feldmann, A. 603
Des Armateurs ; 1 vol. gr. in-8°, Paris, Challamel, 1879.

Thiébaut, L. 333
De la responsabilité des propriétaires de navires et des armateurs ; 1 vol. in-8°, Paris, A. Rousseau, 1894.

Frémont, R. 142
Code de l'abordage.— Traité juridique des responsabilités résultant des collisions des navires ; 1 vol. in-12, Paris, Giard et Brière, 1896.

Autran, F.-C. 326
Code international de l'abordage maritime. Législation, doctrine, jurisprudence ; 1 vol. in-8°, Paris, Chevalier-Marescq, 1890.

Emerigon, B.-M. 812
Traité des assurances et des contrats à la grosse ; 2 vol. in-4°, Marseille, J. Mossy, 1783.

Pothier. 126
Traité du contrat d'assurance ; 1 vol. in-8°, Marseille, Sube et Laporte, 1810.

Laget de Podio. 335
Traité et questions sur les assurances maritimes ; 2 vol. in-8°, Marseille, 1847.

Cauvet, J.-V. 334
Traité sur les assurances maritimes comprenant la matière des assurances, du contrat à la grosse et des avaries ; 2 vol. in-8°, Paris, A. Durand, 1862.

Labraque-Bordenave, V. 337
Droit international maritime. — Traité des assurances maritimes en France et à l'étranger ; 1 vol. in-8°, Paris, Durand et Pédone-Lauriel, 1876.

Weil, G.-D. 336
Des assurances maritimes et des avaries. — Commentaire pratique du livre II du code de commerce ; 1 vol. in-8°, Paris, Marchal, Billard, 1879.

Morel, L. 327
Des avaries, du jet et de la contribution dans leurs rapports avec le texte du Code de Commerce et les règles observées dans la pratique ; 1 vol. in-8°, Paris, Cotillon, 1874.

Législation Industrielle

Renouard. 290
Du Droit industriel dans ses rapports avec les principes du droit civil sur les personnes et les choses ; 1 vol. in-8°, Paris, Guillaumin, 1860.

Dufourmantelle, M. 133
Précis de Législation industrielle ; 1 vol. in-12, Giard et Brière, 1893.

Renouard, A.-C. 278
Traité des brevets d'invention de perfectionnement et d'importation ; 1 vol. in-8°, Paris, Renouard, 1825.

Regnault, T. 279

De la législation et de la jurisprudence concernant les brevets d'invention, de perfectionnement et d'importation; 1 vol. in-8°, Paris, Bavoux, 1825.

Sallandrouze de Lamornaix. 280

Considérations sur la législation des brevets d'invention ; 1 vol. in-8°, Paris, Crapelet, 1829.

Damourette, J.-P. 281

Brevets d'invention. — Dessins et marques de fabrique ; 1 vol. in-8°, Paris, V. Dalmont.

Pataille, J. et Huguet, A. 352

Code international de la propriété industrielle, artistique et littéraire. — Guide pratique des inventeurs, auteurs, compositeurs, artistes et fabricants français et étrangers ; 1 vol. in-8°, Paris, Marescq et Dujardin, 1855.

Calmels, E. 285

Des noms et marques de fabrique et de commerce. — De la concurrence déloyale ; 1 vol. in-8°, Paris, A. Durand, 1858.

Bédarride, J. 277

Commentaire des lois sur les brevets d'invention, sur les noms des fabricants et des lieux de fabrication, sur les marques de fabrique et de commerce. (Lois des 6 juillet 1844, 28 juillet 1824 et 23 juin 1857) ; 3 vol. in-8°, Paris, A. Durand, 1869.

Pouillet, E. 273

Traité théorique et pratique des brevets d'invention et de la contrefaçon ; 1 vol. in-8°, Paris, Coste, Marchal et Billard, 1872.

Pouillet, E. 282

Traité des marques de fabrique et de la concurrence déloyale en tous genres ; 1 vol. in-8°, Paris, Marchal, Billard et Cie, 1875.

Thirion, Ch. 289

Dessins et modèles de fabrique en France et à l'étranger ; 1 vol. in-8°, Paris, Marchal, Billard, 1877.

Coudert, F.R- 288

Marques de fabrique ; leur protection aux Etats-Unis et en France ; 1 vol. in-8°, New-York, Banks brothers, 1879.

Pouillet, E. 283
Traité des marques de fabrique et de la concurrence déloyale en tous genres (2e édition) ; 1 vol. in-8°, Paris, Marchal, Billard, 1883.

Pouillet, E. 287
Traité théorique et pratique des dessins et modèles de fabrique ; 1 vol. in-8°, Paris, Marchal, Billard, 1884.

Nicolas, C. et **Pelletier, M.** 291
Manuel de la Propriété industrielle ; 1 vol. in-8°, Paris, Quantin, 1888.

Donzel, L. 605
Commentaire de la Convention internationale, signée à Paris le 20 mars 1883 pour la protection de la Propriété industrielle ; 1 vol. gr. in-8°, Paris, Marchal et Billard, 1891.

Armengaud aîné. 276
Traité pratique des brevets d'invention ; 1 vol. in-8°, Paris, 1893.

Pelletier, M. 275
Droit industriel. — Brevets d'invention. — Marques de fabrique. — Modèles et dessins. — Nom commercial. — Concurrence déloyale ; 1 vol. in-8°, Paris, Baudry, 1893.

Beaume, A. et **Dumont.** 274
Code pratique de l'inventeur breveté, comprenant la législation, la doctrine et la jurisprudence en matière de brevets d'inventions ; 1 vol. in-8°, Paris, A. Hennuyer, 1895.

Lucien-Brun, J. 284
Les Marques de fabrique et de commerce ; 1 vol. in-8°, Paris, 1897.

Armengaud aîné. 286
Traité pratique des Marques de fabrique et de Commerce ; 1 vol. in-8°, Paris, 1898.

.... 818
Recueil des Règlements généraux et particuliers concernant les manufactures et fabriques du royaume ; 1 vol. in-4°, Paris, Imp. Royale, 1730.

Nadault de Buffon. 233
Des Usines et autres établissements sur les cours d'eau. — Développements sur les lois et règlements qui régissent cette matière ; 2 vol. in-8°, Paris, Marescq aîné, 1874.

Féraud-Giraud, L.-J.-D. 320
Législation française concernant les ouvriers ; 1 vol. in-8°, Paris, A. Durand, 1856.

Coré, F. 319
Guide commercial des Constructeurs-Mécaniciens, des Fabricants et des Chefs d'industrie ; 1 vol. in-8°, Paris. F. Didot, 1860.

Pic, Paul. 387
Traité élémentaire de législation industrielle. — Les lois ouvrières ; 1 vol. in-8°, Paris, Rousseau, 1903.

Hubert-Valleroux, P. 388
Le Contrat de Travail ; 1 vol. in-8°, Paris, Rousseau, 1895.

Cornil. G. 389
Du louage de services ou contrat de travail ; 1 vol. in-8°, Paris, Thorin, 1895.

Ministère du Commeree. 641
Congrès international des accidents du travail ; 2 vol. gr. in-8°, Paris, Baudry, 1889-90.

Bergasse, Louis. 602
Etude sur la responsabilité des accidents du travail industriel et agricole ; 1 vol. gr. in-8°, Marseille, Barlatier, 1900.

Bellom, Maurice. 390
De la responsabilité en matière d'accidents du travail. — Commentaire de la loi du 9 avril 1898 et des lois et décrets subséquents ; 1 vol. in-8°, Paris, Rousseau, 1902.

Bellom, Maurice. 649
Les lois d'assurance ouvrière à l'étranger. — I. Assurance contre la maladie. — II. Assurance contre les accidents ; 6 vol. gr. in-8°, Paris, Rousseau, 1892-1903.

Block, Maurice. 391
Les Assurances ouvrières en Allemagne ; 1 vol. in-8°, Paris, Guillaumin, 1895.

Bouquet, L. 315
Le Travail des enfants, des filles mineures et des femmes dans l'industrie. — Commentaire de la loi du 2 novembre 1892 ; 1 vol. in-8°, Paris, Berger-Levrault, 1893.

Lagrésille, G. 313
Commentaire de la loi du 2 novembre 1892 sur le travail des enfants, des filles mineures et des femmes dans les établissements industriels ; 1 vol. in-8°, Paris, Larose et Forcel, 1893.

Brodu, J. et **Despagnat, E.** 314
Code pratique de la réglementation du travail dans les industries du bâtiment et celles qui s'y rattachent ; 1 vol. in-8°, Paris, A. Rousseau, 1897.

Brunot, Ch. 317
Commentaire de la loi sur les Syndicats professionnels ; 1 vol. in-8°, Paris, Berger-Levrault, 1885.

Ledru, A. et **Worms, F.** 134
Commentaire de la loi sur les Syndicats professionnels du 21 mars 1884 ; 1 vol. in-12, Paris, Larose et Forcel, 1885.

Boullay, C. 136
Code des Syndicats professionnels, commentaire de la loi du 21 mars 1884 ; 1 vol. in-12, Paris, Durand et Pedone-Lauriel, 1886.

Veyan, A. 137
La loi sur les Syndicats professionnels promulguée le 21 mars 1884 ; 1 vol. in-12, Paris, A. Rousseau, 1886.

César-Bru, Ch. 392
Les Syndicats professionnels et leur personnalité civile d'après la loi du 21 mars 1884 ; 1 vol. in-8°, Paris, Thorin, 1891.

Alpy, H. et **Boulot, G.** 135
Guide pratique des Syndicats professionnels ; 1 vol. in-12, Paris, A. Rousseau, 1893.

.... 817
Enquête sur les Conseils de Prud'hommes et les livrets d'ouvriers ; 3 vol. in-4°, Paris, Imp. Impériale, 1869.

Législation Coloniale

Moreau de Saint-Méry. 825
Loix et Constitutions des colonies françaises de l'Amérique sous le vent, 1550-1779 ; 5 vol. in-4°, Paris, Quillau.

Dislère, P. 351
Traité de Législation coloniale ; 4 vol. in-8°, Paris, P. Dupont, 1885-88.

Penant, D. 35
La Tribune des colonies et des protectorats. — Journal de jurisprudence, de doctrine et de législation coloniale, de 1892 à .... ; .. vol. in-8°, Paris. (En cours de publication).

.... 348
La propriété foncière en Tunisie. — Recueil officiel des lois, décrets et règlements ; 1 vol. in-8°, Tunis, A. Borrel, 1886.

Bompard, M. 619
Législation de la Tunisie. — Recueil des lois, décrets et règlements en vigueur dans la régence de Tunis, au 1er janvier 1888 ; 1 vol. gr. in-8°, Paris, E. Leroux, 1888.

Béquet, L. et **Simon, M.** 349
Algérie : Gouvernement, administration, législation. — Répertoire du droit administratif ; 3 vol. in-8°, Paris, A. Dupont, 1883,

Besson, E. 350
La Législation civile de l'Algérie. — Etude sur la condition des personnes et sur le régime des biens ; 1 vol. in-8°, Paris, Chevalier-Marescq, 1894.

Législation et Administration locales

Say, H. 229
Etude sur l'Administration de la ville de Paris et du département de la Seine ; 1 vol. in-8°, Paris, Guillaumin, 1846.

Block, M. et **Pontich, H.** (de). 371
Administration de la ville de Paris et du département de la Seine ; 1 vol. in-8°, Paris, Guillaumin, 1884.

Benoît, V.-E. 112
Usages et Règlements locaux de la ville et du territoire d'Avignon ; 1 vol. in-12, Avignon, H. Chassing, 1885.

Estier, N. et **Vidal-Naquet, A.** 113
Usages et Règlements locaux ayant force de la loi dans le département des Bouches-du-Rhône ; 1 vol. in-12, Marseille, Aubertin, 1897.

.... 39
Recueil par ordre de matières, des délibérations et des vœux du Conseil général du département des Bouches-du-Rhône, 1848 à .... ; .. vol in-8°, Marseille. (En cours de publication).

.... 37
Recueil des actes administratifs du département des Bouches-du-Rhône, 1815 à .... ; .. vol. in-8°, Marseille. (En cours de publication).

.... 38
Conseil d'hygiène et de salubrité du département des Bouches-du-Rhône ; Comptes-rendus, 1876, 1891 et 1892 ; 3 vol. in-8°. Marseille, Cayer.

... ... 36
Délibérations du Conseil municipal de Marseille, 1830 à 1889 ; .. vol. gr. in-8°, Marseille.

.... 42
Bulletin municipal officiel de la ville de Marseille, du 15 mai 1892 au .... (En cours de publication).

Législations étrangères

.... 368
Code civil du Royaume de Sardaigne, précédé d'un travail comparatif sur la Législation française, par M. le comte Portalis ; 2 vol. in-8°, Paris, Joubert, 1844.

Sclopis, R. 359
Histoire de la Législation italienne ; 2 vol. in-8°, Paris, Didier, 1861.

.... 370
Codice di Commercio del regno d'Italia. — Regolamento

per l'esecuzione del Codice di Commercio del Regno d'Italia ; 1 vol. in-8°, Roma, Regia Tipografia, 1882-83.

.... 369

Code de Commerce du Royaume d'Italie ; 1 vol. in-8°, Nice, Cauvin-Empereur, 1883.

Rand Bailey, J. 146

Manuel pratique de procédure anglaise et recueil des lois à l'usage des Français et des Belges dans leurs relations d'affaires avec l'Angleterre ; 1 vol. in-12, Paris, Cosse, Marchal et Billard, 1873.

Selin, A. 145

Aperçu de la loi anglaise au point de vue pratique et commercial ; 1 vol. in-8°, Paris, Marchal, Billard, 1880.

Capmany, A. (de). 826

Codigo de las Costumbres maritimas de Barcelona. — Libro del Consulado ; 1 vol. in-4°, Madrid, don Antonio de Sancha, 1791.

.... 362

Code de Commerce et lois de procédure sur les affaires et causes de Commerce du Royaume d'Espagne ; 1 vol. in-8°, Rennes, Blin, 1838.

.... 361

Codigo Commercial Portuguez ; 1 vol. in-8°, Porto, 1836.

.... 360

Regulamento Consular Portuguez ; mandado executar por decreto de 26 de Novembro de 1851 ; 1 vol. in-8°, Lisboa, Imprensa Nacional, 1852.

Namur, P. 364

Le Code de Commerce belge révisé ; 2 vol. in-8°, Bruxelles, Bruylant-Christophe, 1876.

.... 642

Traités de Commerce et de Navigation, conventions entre la Belgique et les pays étrangers ; 1 vol. gr. in-8°, Bruxelles, Schaerbeck, 1883.

.... 363

Code de Commerce du royaume de Hollande ; 1 vol. in-8°, Rennes, Blin, 1839.

.... 608
Code de Commerce allemand et loi allemande sur le change ; traduits et annotés par Gide, J. Flach, Ch. Lyon-Caen, J. Dietz ; 1 vol. gr. in-8°, Paris, Imp. Nationale, 1881.

.... 367
Code civil de l'empire de Russie, précédé d'un aperçu historique sur la législation de la Russie et l'organisation judiciaire de cet empire ; 1 vol. in-8°, Rennes, Blin, 1841.

Diakoff, Avenir. 386
La Russie et les Etrangers.— Recueil pratique des lois russes concernant les étrangers ; 1 vol. in-8°, Bruxelles, Cruls, 1903.

.... 610
Loi russe du 27 mai 1902 sur les Effets de Commerce. (Billets à ordre et Lettres de change) entrée en vigueur le 1/14 janvier 1903. — Traduction en Français de la loi et exposé analytique des commentaires officiels ; 1 vol. in-8°, Paris, Chambre de Commerce Russe, 1903.

Piat, Th. 609
Code de Commerce Ottoman. — Traduit en Arabe par Chek Skandar Effendi Dahdah ; 1 vol. gr. in-8°, Beyrouth, 1876, 1293.

.... 127
Codes égyptiens précédés du règlement d'organisation judiciaire; 1 vol. in-12, Alexandrie, A. Mourès, 1875.

SCIENCES ET ARTS

Sciences. — Généralités

H

Figuier, L. et **Gautier, S.** 11
L'année scientifique et industrielle, 1857 à 1899 ; 43 vol. in-12, Paris, Hachette.

Figuier, L. 54
Exposition et histoire des principales découvertes scientifiques modernes ; 3 vol. in-12, Paris, V. Masson, 1855.

Figuier, L. 55
Les applications nouvelles de la science à l'industrie et aux arts en 1855; 1 vol. in-12, Paris, Langlois et Leclercq.

Figuier, L. 104
L'année scientifique et industrielle, 1858 (édition augmentée) ; 2 vol. in-12, Paris, Hachette.

Figuier, L. 403
Les grandes inventions anciennes et modernes dans les sciences, l'industrie et les arts ; 1 vol. gr. in-8°, Paris, Hachette, 1865.

Figuier, L. 601
Les merveilles de la science ou description populaire des inventions modernes ; 4 vol. in-4°, Paris, Furne, 1870.

Figuier, L. 602
Les merveilles de l'industrie ou description des principales industries modernes ; 4 vol in-4°, Paris, Furne, 1874.

Figuier, L. 603
Les nouvelles conquêtes de la science. — L'électricité. — Les voies ferrées.— Les grands tunnels et railways métropolitains. — Isthmes et canaux ; 4 vol. in-4°, Paris.

Arago, F. 202
Œuvres complètes publiées sous la direction de M. J.-A. Barral ; 17 vol. in-8°, Paris, Gide, 1854-57.

Biot, J.-B. 201
Mélanges scientifiques et littéraires ; 3 vol. in-8°, Paris, Michel Lévy, 1858.

Brewer, E.-C. 53
La clef de la science ou les phénomènes de tous les jours : 1 vol. in-12. Paris. Renouard, 1865.

Sachot, O. 52
Inventeurs et inventions; 1 vol. in-12, Paris, Garnier, 1877.

Bagehot, W. 204
Lois scientifiques du développement des nations dans leurs rapports avec les principes de la sélection naturelle et de l'hérédité ; 1 vol. in-8°, Paris, Germer-Baillière, 1877.

Zaborowski, S. 57
Nouvelles et curiosités scientifiques ; 1 vol. in-12, Paris, Marpon et Flammarion, 1883,

Gautier, E. 56
Les étapes de la science. — Chroniques documentaires; 1 vol. in-12, Paris, Lecène, Oudin, 1892.

Bouant, E. 51
Dictionnaire-manuel illustré des sciences usuelles ; 1 vol. in-12, Paris, A. Colin, 1894.

.... 58
Mr. Pasteur. — Histoire d'un savant par un ignorant ; 1 vol. in-12, Paris, Hetzel, 1894.

Chimie et Physique

.... 10
Annales de Chimie et de Physique, 1870 à 1885 ; 48 vol. et 1 table, in-8°, Paris, Masson.

Violette, J.-H. et **Archambault, P.-J.** 240
Dictionnaire des analyses chimiques 2 vol. in-8°, Paris, J.-B. Baillière, 1851.

Vurtz, A. 412
Dictionnaire de Chimie pure et appliquée ; 5 vol. gr. in-8°, Paris, Hachette, 1868-1878. — 1er supplément ; 2 vol. gr. in-8°, Paris, Hachette ; (2e supplément, en cours de publication).

Knapp, F. 413
Traité de Chimie technologique et industrielle ; 2 vol. gr. in-8°, Paris, Dunod, 1870.

Berthelot. 241
Traité élémentaire de chimie organique ; 1 vol. in-8°, Paris, Dunod, 1872.

Barruel, G. 242
Traité de Chimie technique appliquée aux arts et à l'industrie, à la pharmacie et à l'agriculture ; 7 vol. in-8°, Paris, A. Pilon, 1872.

Wagner, R. 414
Nouveau traité de Chimie industrielle ; 2 vol. gr. in-8°, Paris, F. Savy, 1873.

Payen, A. 415
Précis de Chimie industrielle ; 2 vol. et 1 atlas gr. in-8°, Paris, Hachette, 1877.

Guichard, P. 102
Précis de Chimie industrielle. — Notation Atomique ; 1 vol. in-12, Baillière, 1894.

Guichard, P. 103
L'Eau dans l'industrie, purification, filtration, stérilisation ; 1 vol. in-12, Paris, Baillière, 1894.

Guillemin, A. 604
Le Monde Physique ; 5 vol. in-4°, Paris, Hachette, 1881-1885.

La Landelle, G. (de). 93
Aviation ou navigation aérienne ; 1 vol. in-12, Paris, E. Dentu, 1863.

La Landelle, G. (de). 95
Dans les airs. — Histoire élémentaire de l'aéronautique ; 1 vol. in-12, Paris, R. Haton, 1884.

Flammarion, C. 94
Mes voyages aériens. — Impressions et études. — Journal de bord de douze voyages scientifiques en ballon ; 1 vol. in-12, Paris, Marpon et Flammarion, 1883.

Histoire naturelle

Décembre-Alonnier. 625
Dictionnaire d'Histoire naturelle. — Botanique. — Zoologie. — Minéralogie. — Géologie. — Curiosités et merveilles de la nature; 1 vol. in-4°, Paris, Ch. Lahure.

Roulin, F. 83
Histoire naturelle et souvenirs de voyage; 1 vol.in-12, Paris, Hetzel.

Flourens, P. 81
Examen du livre de Darwin sur l'origine des espèces; 1 vol. gr. in-12, Paris, Garnier, 1864.

Figuier, L. 409
L'Homme Primitif; 1 vol. gr. in-8°, Paris, Hachette, 1870.

Topinard, P. (Dr). 79
L'Anthropologie; 1 vol. in-12, Paris, Reinwald, 1877.

Le Bon, G. (Dr). 410
L'Homme et les Sociétés, leurs origines et leur histoire; 1 vol. gr. in-8°, Paris, Rothschild, 1881.

Deniker, J. 80
Les Races et les Peuples de la Terre. - Éléments d'Anthropologie et d'Ethnographie; 1 vol. in-12, Paris, Schleicher, 1900.

Flourens, P. 73
Cuvier. — Histoire de ses travaux; 1 vol. in-12, Paris, Paulin, 1845.

Flourens, P. 84
Histoire des Travaux et des Idées de Buffon; 1 vol. in-12, Paris, Hachette, 1850.

Flourens, P. 85
Des Manuscrits de Buffon; 1 vol. in-12, Paris, Garnier, 1860.

Vogt, C. 82
Leçons sur les Animaux utiles et nuisibles. — Les Bêtes calomniées et mal jugées ; 1 vol. in-12, Paris, Reinwald, 1867.

Darwin, C. 233
Les Récifs de corail, leur structure et leur distribution ; 1 vol. in-8°, Paris, Germer Baillière, 1878.

Perrier, E. 407
Les Explorations sous-marines; 1 vol. gr. in-8°, Hachette, 1886.

Jouan, H. 78
La Chasse et la Pêche des animaux marins; 1 vol. in-18, Paris, Germer-Baillière.

Sauvage, H.-E. (Dr). 77
La Grande Pêche. — Les Tortues de mer (Les animaux inférieurs) ; 1 vol. in-12, Paris, Jouvet, 1887.

Sauvage, E.-H. (Dr). 76
La Grande Pêche (Les poissons); 1 vol. in-12, Paris, Jouvet, 1891

.... 624
Annales du Musée d'Histoire naturelle de Marseille de 1883 à .... ; vol. in-4°, Marseille. (En cours de publication).

Guibourt, J.-B. 212
Histoire naturelle des drogues simples ou cours d'histoire naturelle professé à l'Ecole de pharmacie de Paris ; 4 vol. in-8°, Paris, Baillière, 1849.

Schleiden, J. (Dr). 236
La Plante et sa vie. — Leçons populaires de botanique ; 1 vol. in-8°, Paris, Schulz et Tuillié, 1859.

Castagne, L. et **Derbès.** 86
Catalogue des Plantes qui croissent naturellement dans le département des Bouches-du-Rhône ; 1 vol. in-12, Marseille, Camoin, 1862.

Grisebach, A. 608
La Végétation du globe d'après sa disposition suivant les climats ; 2 vol. gr. in-8°, Paris, Baillière, 1877.

Contejean, C. 237
Géographie botanique. — Influence du terrain sur la Végétation ; 1 vol, in-8°, Paris, Baillière, 1881.

Humboldt, A. (de). 226
Tableaux de la nature ; 1 vol. in-8°, Paris, Morgand, 1865.

Reclus, E. 605
La Terre. — Description des phénomènes de la vie et du globe. — I. Les Continents. — II. L'Océan. — L'atmosphère. — La vie ; 2 vol. gr. in-8°, Paris, Hachette, 1869.

Reclus, E. 74
Les Phénomènes terrestres. — Les Continents ; 1 vol. in-12, Paris, Hachette, 1870.

Cuvier, G. 225
Discours sur les révolutions de la surface du globe ; 1 vol. in-8°, Paris, Cousin, 1840.

Burat, A. 229
Géologie appliquée ou Traité de la recherche et de l'exploitation des minéraux utiles ; 1 vol. in-8°, Paris, Langlois et Leclercq, 1846.

Ville. 614
Recherches sur les roches, les eaux et les gîtes minéraux des provinces d'Oran et d'Alger ; 1 vol. in-4°, Paris, Imp. Nationale, 1852.

Villeneuve-Flayosc, H. (Cte). 230
Description minéralogique et géologique du Var et des autres parties de la Provence avec application de la géologie à l'agriculture, au gisement des sources et des cours d'eau ; 1 vol. in-8°, Paris, V. Dalmont, 1856.

Rossignol, J.-P. 232
Des Métaux dans l'Antiquité ; 1 vol. in-8°, Paris, A. Durand, 1863.

Lyell, C. 228
Principes de géologie ; 2 vol. in-8°, Paris, Garnier, 1873.

Lamairesse. 623
Etudes hydrologiques sur les monts Jura ; 1 vol. in-4°, avec planches, Paris, Dunod, 1874.

Dupaigne, A. 419
Les Montagnes ; 1 vol, gr. in-8°, Tours, A. Mame, 1883.

Climatologie

Armand (Dr). 214
Traité de climatologie générale du globe ; 1 vol. in-8°, Paris, Masson, 1873.

Pietra Santa, P. (de). 68
Les climats du midi de la France, étude comparative avec les climats d'Italie, d'Egypte et de Madère ; 1 vol. in-12, Paris, Hachette, 1874.

Pauly, P.-C. 215
Esquisses de climatologie comparée. — Climats et endémies ; 1 vol. in-8°, Paris, Masson, 1875.

Girard, J. 75
Recherches sur les tremblements de terre ; 1 vol. in-12, Paris, E. Leroux, 1890.

Astronomie. — Météorologie

Humboldt, A. (de). 227
Cosmos. — Essai d'une description physique du monde ; 4 vol. in-8°, Paris, Guérin, 1866-67.

Delamarche. 87
Les usages de la sphère et des globes céleste et terrestre ; 1 vol. in-8°, Paris, An VII.

Zach (Bon de). 231
L'attraction des montagnes ; 2 vol. in-8°, Avignon, Seguin, 1814.

Aboul Hhassan Ali. 615
Traité des Instruments astronomiques des Arabes, com-

posé au treizième siècle (traduit de l'Arabe par J.-J. Sédillot) ; 2 vol. in-4°, Paris, Imp. Royale, 1835.

Sédillot. A. 205
Matériaux pour servir à l'histoire comparée des sciences mathématiques chez les Grecs et les Orientaux ; 2 vol. in-8°, Paris, F. Didot, 1845-49.

Pagel, L. 238
La latitude par les hauteurs hors du méridien. — Méthode facile et courte pour déterminer la position de l'observateur par les hauteurs ; 1 vol. in-8°, Paris, Imp. Royale, 1847.

Bertrand, Joseph. 92
Les fondateurs de l'astronomie moderne : Copernic, Tycho Brahé, Képler, Galilée, Newton ; 1 vol. in-12, Paris, J. Hetzel.

Emmanuel, C. 88
Astronomie nouvelle ou erreurs des astronomes ; 1 vol. in-12, Paris, Lib. Nouvelle, 1853.

Coulvier-Gravier. 234
Recherches sur les météores et sur les lois qui les régissent ; 1 vol. in-8°, Paris, Mallet-Bachelier, 1859.

Le Hon, H. 89
L'Astronomie, la Météorologie et la Géologie mises à la portée de tous ; 1 vol. in-12, Paris, Reinwald, 1870.

André, C., Rayet, G et **Angot, A.** 90
L'Astronomie pratique et les observatoires en Europe et en Amérique depuis le milieu du XVIIe siècle jusqu'à nos jours ; 5 vol. in-12, Paris, Gauthier-Villars, 1874-81.

Guillemin, A. 613
Le Ciel, notions élémentaires d'astronomie physique ; 1 vol. in-4°, Paris, Hachette, 1877.

Lœwy et **Stephan.** 616
Détermination de la différence des longitudes entre Paris-Marseille et Alger-Marseille ; 1 vol. in-4°, Paris, Gauthier-Villars, 1878.

.... 612
Société Scientifique Flammarion de Marseille. — Compte-

rendu, 1884 à .... ; .. vol. gr. in-8°, Marseille. (En cours de publication).

Flammarion, C. 91

Annuaire Astronomique et Météorologique, 1893 à 1896 ; 2 vol. in-12, Paris, Flammarion.

.... 617

Bulletin annuel de la Commission météorologique des Bouches-du-Rhône, 1882 à .... ; .. vol. in-4°, Marseille. (En cours de publication).

Saigey. 96

Traité de Météorologie ancienne et moderne ; 1 vol. in-12, Paris, Hachette, 1834.

Foissac, P. 239

La Météorologie dans ses rapports avec la science de l'homme et principalement avec la médecine et l'hygiène publique ; 2 vol. in-8°, Paris, Baillière, 1854.

Kaemtz, L.-F. 97

Cours complet de Météorologie ; 1 vol. in-12, Paris, A. Delahays, 1858.

Coulvier-Gravier. 98

Précis des recherches sur les météores et sur les lois qui les régissent ; 1 vol. in-12, Paris, Mallet-Bachelier, 1863.

Marié Davy. 411

Météorologie. — Les mouvements de l'atmosphère et des mers, considérés au point de vue de la prévision du temps; 1 vol. gr. in-8°, Paris, Masson, 1866.

Bresson, G. 100

La prévision du temps ; 1 vol. in-12, Paris, Rothschild, 1866.

Mascart, E. et **Moureaux, T.** 99

La Météorologie appliquée à la prévision du temps ; 1 vol. in-12, Paris, Gauthier-Villars, 1881.

Franklin, A. 101

La vie privée d'autrefois. — La mesure du temps ; 1 vol. in-12, Paris, Plon, 1888.

Médecine. — Hygiène

Dancel, J.-F. 218
De l'influence des voyages de l'homme et sur ses maladies ; 1 vol. in-8°, Paris, Baillière, 1846.

Béclard, J. 418
Traité élémentaire de physiologie humaine ; 1 vol. gr. in-8°, Paris, Asselin, 1866.

Foissac, P. (Dr). 216
L'influence des climats sur l'homme et des agents physiques sur le moral ; 2 vol. in-8°, Paris, Baillière, 1867.

Godard, E. (Dr). 408
Egypte et Palestine. — Observations médicales et scientifiques ; 1 vol. gr. in-8° et 1 atlas, Paris, Masson, 1867.

Rambosson, J. 235
Les lois de la vie et l'art de prolonger ses jours ; 1 vol. in-8°, Paris, Didot, 1871.

Souligoux, L. (Dr). 213
Etude sur les alcalins. — De leur action physiologique sur les phénomènes de nutrition et de leur application thérapeutique ; 1 vol. in-8°, Paris, Delahaye, 1878.

Rawton, O. (de). 72
Les plantes qui guérissent et les plantes qui tuent ; 1 vol. in-12, Paris, Furne, 1884.

Bordier, A. (Dr). 61
La Géographie médicale ; 1 vol. in-12, Paris Reinwald, 1884.

Corre, A. et **Lejanne, E.** 69
Résumé de la matière médicale et toxicologique coloniale ; 1 vol. in-12, Paris, Doin, 1887.

Corre, A. (Dr). 420
Traité clinique des maladies des pays chauds ; 1 vol. gr. in-8°, Paris, Doin, 1887.

Roux, F. (Dr). 217
Traité pratique des maladies des pays chauds ; 1 vol. in-8°, Paris, Steinheil, 1887.

Robert. 67
Rapport général sur les travaux du Conseil de salubrité du département des Bouches-du-Rhône de 1831 à août 1840; 1 vol. in-8°, Marseille, Feissat, 1840.

Clot-Bey, A.-B. 221
De la Peste observée en Egypte ; 1 vol. in-8°, Paris, Fortin, Masson, 1840.

Ségur-Dupeyron (de). 223
Service sanitaire. — Mission en Orient. — Rapport adressé au Ministre de l'agriculture et du commerce ; 1 vol. in-8°, Paris, Imp. Royale, 1846.

Becquerel, A. 63
Traité élémentaire d'hygiène privée et publique; 1 vol. in-12, Paris, Labé, 1851.

Bertulus, Evariste. 405
Marseille et son intendance sanitaire, à propos de la peste, de la fièvre jaune, du choléra et des évènements de Saint-Nazaire : 1 vol. in-8°, Marseille, Camoin, 1864.

Girette, J. 243
La Civilisation et le Choléra ; 1 vol. in-8°, Paris, Hachette, 1867.

Huillet (Dr). 222
Hygiène des blancs, des mixtes et des Indiens à Pondichéry, 1 vol. in-8°, Pondichéry, Géruzet, 1867.

Rézard de Wouves (Dr). 224
Du choléra. — Preuves de sa non contagion ; 1 vol. in-8°, Paris, Delahaye, 1868.

Freycinet, C. (de). 401
Principes de l'assainissement des villes ; 1 vol. et 1 atlas in-8°, Paris, Dunod, 1870.

Fonssagrives, J.-B. 62
Entretiens familiers sur l'hygiène ; 1 vol. in-12, Paris, Ch. Delagrave, 1870.

Fonssagrives, J.-B. 65
La Maison, étude d'hygiène et de bien-être domestiques ; 1 vol. in-12, Paris, Delagrave, 1871.

Riant, A. 66
Hygiène scolaire. — Influence de l'école sur la santé des enfants ; 1 vol. in-12, Paris, Hachette, 1874.

Guérard, A. 622
Port de Marseille. — Le Port-Vieux, les égouts et le choléra. — Observations faites pendant l'épidémie de 1884 ; 1 atlas, Marseille, Barlatier-Feissat, 1885.

Nicati, W. et **Rietsch, M.** 406
Recherches sur le Choléra ; 1 vol. in-8°, Paris, Alcan, 1886.

Proust, A. 219
La défense de l'Europe contre le Choléra ; 1 vol. in-8°, Paris, Masson, 1892.

Brémond, F. 64
Précis d'hygiène industrielle avec des notions de chimie et de mécanique ; 1 vol. in-12, Paris, Baillière, 1893.

Proust, A. 220
L'orientation nouvelle de la politique sanitaire ; 1 vol. in-8°, Paris, Masson, 1896.

Beaux-Arts. — Architecture. — Constructions. Musées et Écoles.

Chateau, L. 208
Histoire et caractères de l'architecture en France depuis l'époque druidique jusqu'à nos jours ; 1 vol. in-8°, Paris, Morel, 1864.

Ramée, D. 71
L'architecture et la construction pratiques mises à la portée des gens du monde, des élèves et de tous ceux qui veulent faire bâtir ; 1 vol. in-8°, Paris, Didot, 1871.

Jossier, S. 417
Dictionnaire des ouvriers du bâtiment ; 1 vol. gr. in-8°, Paris, Ducher, 1881.

Viardot, L. 206
Etudes sur l'histoire des institutions, de la littérature, du théâtre et des Beaux-Arts en Espagne ; 1 vol. in-8°, Paris, Paulin, 1835.

Guizot, 207
Etudes sur les Beaux-Arts en général ; 1 vol. in-8°, Paris, Didier, 1852.

Batissier, L. 611
Histoire de l'Art monumental dans l'antiquité et au moyen âge suivie d'un traité sur la peinture sur verre ; 1 vol. in-4°, Paris, Furne, 1860.

Demmin, A. 404
Encyclopédie des Beaux-Arts plastiques ; architecture et mosaïque, céramique, sculpture, peinture et gravure ; 3 vol. gr. in-8°, Paris, Furne.

Duc. 621
Rapport au nom de la Commission de perfectionnement de la manufacture nationale de Sèvres ; 1 vol. in-4°, Paris, Imp. Nationale, 1875.

Gonse, L. 620
L'Art moderne à l'Exposition de 1878 ; 1 vol. in-4°, Paris, A. Quantin, 1879.

Garnier, E. 402
Dictionnaire de la Céramique : faïences, grès, poteries, aquarelles, marques et monogrammes ; 1 vol. gr. in-8°, Paris, lib. de l'Art.

Perrot, G. et **Chipiez, Ch.** 609
Histoire de l'Art dans l'Antiquité. — L'Egypte ; 1 vol. in-4°, Paris, Hachette, 1882.

Parrocel, E. 209
L'art dans le midi ; 1 vol. in-8°, Marseille, Barlatier, 1882.

Parrocel. E. 60
L'Art dans le Midi. — Des origines et du mouvement artistique et littéraire jusqu'au XIXe siècle ; 4 vol. in-12, Marseille, E. Chatagnier, 1884.

Bouchot, H. 210
Le Livre. — L'Illustration. — La Reliure ; 1 vol. in-8°, Paris, Quantin. 1886.

.... 626
Pompeï Dipenti Murali scelti ; 2 albums, in-f°, textes et planches en couleurs, Naples, Richter, 1874-1878.

Rayet, O. 416
Etudes d'Archéologie et d'Art ; 1 vol. gr. in-8°, Paris, F. Didot, 1888.

Lecoy de la Marche. 211
Les Sceaux ; 1 vol. gr. in-8°, Paris, Quantin, 1889.

Parrocel, E. 610
Histoire documentaire de l'académie de peinture et de sculpture de Marseille ; 2 vol. gr. in-8°, Paris, Imp. Nationale, 1889-90.

Vachon, M. 70
Pour la défense de nos industries d'Art. — L'instruction artistique des ouvriers en France, en Angleterre, en Allemagne et en Autriche ; 1 vol. in-8°, Paris, A. Lahure, 1899.

Vachon, M. 618
Rapports sur les musées et les écoles d'art industriel en Europe ; 5 tomes en 1 vol. in-4°, Paris, Quantin, 1885-90.

Vachon, M. 619
Les Industries d'Art. — Les écoles et les musées d'art industriels en France (Départements) ; 1 vol. in-4°, Nancy, Berger-Levrault, 1897.

.... 606
Ecole Polytechnique. — Le livre du Centenaire 1794-1894 ; 2 vol. in-4°, Paris, Gauthier-Villars, 1894-95.

Rousselet, L. 607
Nos grandes écoles militaires et civiles ; 1 vol. in-8°, Paris, Hachette, 1888.

Congrès scientifiques. — Sociétés savantes

.... 1
Congrès scientifique de France, tenu à Marseille en septembre 1846 ; 2 vol. in-8°, Paris, Derache.

.... 2
Congrès scientifique de France, tenu à Tours en 1847 ; 2 vol. in-8°, Paris, Derache.

.... 3
Congrès scientifique de France, tenu à Nancy en 1850 ; 2 vol. in-8°, Paris, Derache.

.... 4
Congrès scientifique de France, tenu à Orléans en 1851 ; 1 vol. in-8°, Paris, Derache.

.... 5
Congrès scientifique de France, tenu à Grenoble en 1857 ; 2 vol. in-8°, Paris, Derache.

.... 6
Congrès scientifique de France, tenu à Cherbourg en 1860 ; 1 vol. in-8°, Paris, Derache.

.... 7
Congrès scientifique de France, tenu à Bordeaux en 1861 ; 5 vol. in-8°, Paris, Derache.

.... 8
Congrès scientifique de France, tenu à Aix-en-Provence en 1866 ; 2 vol. gr. in-8°, Aix, Remondet-Aubin.

.... 9
Congrès scientifique de France, tenu à Nice en 1866 ; 1 vol. in-8°, Nice, Gauthier.

.... 12
Annales des Sciences et de l'Industrie du midi de la France, publiées par la Société de Statistique de Marseille ; 3 vol. in-8°, Marseille, Feissat, 1832.

.... 13
Répertoire des Travaux de la Société de Statistique de Marseille, 1837 à ... : .. vol. in-8°, Marseille. (En cours de publication).

.... 14
Bulletin de la Société scientifique industrielle de Marseille, 1872 à .... ; .. vol. gr. in-8°, Marseille, Barlatier-Feissat. (En cours de publication).

.... 15
Association française pour l'avancement des sciences, 1877 à .... ; .. vol. gr. in-8°, Paris. (En cours de publication).

Lautard, J.-B. 244
Histoire de l'Académie de Marseille depuis sa fondation, en 1726 jusqu'en 1836 ; 3 vol. in-8°, Marseille, Achard, 1826-1843.

Dassy, L.-T. (Abbé). 245
L'Académie de Marseille : Ses origines, ses publications, ses archives, ses membres ; 1 vol. in-8°, Marseille, Barlatier-Feissat, 1877.

Maury, L.-F.-A. 105
L'ancienne Académie des inscriptions et belles-lettres ; 1 vol. in-12, Paris, Didier, 1864.

Maury, L.-F.-A. 106
L'ancienne Académie des sciences ; 1 vol. in-12, Paris, Didier, 1864.

Bertrand, Joseph. 246
L'Académie des Sciences et les académiciens, 1666 à 1793 ; 1 vol. in-8°, Paris, Hetzel, 1869.

Maindron, E. 421
L'Académie des Sciences. — Histoire de l'Académie. — Fondation de l'Institut national. — Bonaparte, membre de l'Institut national ; 1 vol. gr. in-8°, Paris, Alcan, 1888.

STATISTIQUE

Théorie de la Statistique

J

Gioja, M. 36
Filosofia della statistica ; 2 vol. in-8°, Napoli, 1832.

Dufau, P.-A. 35
Traité de Statistique ou Théorie de l'Étude des lois d'après lesquelles se développent les faits sociaux ; 1 vol. in-8°, Paris, Delloye, 1840.

Moreau de Jonnès, A. 2
Éléments de statistique, principes généraux ; 1 vol. in-12, Paris, Guillaumin, 1856.

Garnier, J. 1
Notes et petits traités contenant : éléments de statistique et opuscules divers ; 1 vol. in-12, Paris, Guillaumin, 1865.

Block, M. 34
Traité théorique et pratique de statistique ; 1 vol. in-8°, Paris, Guillaumin, 1878.

Guillard, A. 33
Éléments de statistique humaine ou Démographie comparée ; 1 vol. in-8°, Paris, Guillaumin, 1885.

Turquan, V. 102
Manuel de statistique pratique. — Statistiques municipales et départementales. — Statistique générale de la France et de toutes les branches de l'administration ; 1 vol. gr. in-8°, Paris, Berger-Levrault, 1891.

Bertillon, J. 101
Cours élémentaire de statistique administrative. — Élaboration des statistiques. — Organisation des bureaux de

statistique. — Éléments de démographie ; 1 vol. gr. in-8°, Paris, Société d'éditions scientifiques, 1896.

Statistique universelle

Block, Maurice. 117

Annuaire de l'Économie politique, 1844 à 1899 ; 55 vol. in-18 et 1 table, 1844-67, Paris, Guillaumin.

.... 107

Journal de la Société de Statistique de Paris, 1872 à 1880 ; 8 vol. gr. in-8°, Paris, Berger-Levrault.

Statistique France

...... 126

Documents statistiques sur la France. — I, territoire ; II, population ; III, agriculture ; IV, mines ; V, industrie ; VI, commerce ; VII, navigation ; VIII, colonies ; IX, administration intérieure ; X, finances ; XI, forces militaires ; XII, marine ; XIII, justice ; XIV, instruction publique ; 1 vol. in 4°, Paris, Imp. Royale, 1835.

.... 127

Archives statistiques (agriculture, Industrie, commerce, etc.) ; 1 vol. in-4°, Paris, Imp. Royale, 1837.

.... 128

Territoire, population ; 1 vol. in-4°, Paris, Imp. Royale, 1837.

.... 129

Commerce extérieur ; 1 vol. in-4°, Paris, Imp. Royale, 1838.

.... 130

Agriculture. — Région du Nord oriental ; 1 vol. in-4°, Paris, Imp. Royale, 1840.

.... 131

Agriculture. — Région du Midi oriental ; 1 vol. in-4°, Paris ; Imp. Royale, 1840.

.... 132

Agriculture. — Région du Nord occidental ; 1 vol. in-4°, Paris, Imp. Royale, 1841.

.... 133
Agriculture. — Région du Midi occidental ; 1 vol. in-4°, Paris, Imp. Royale, 1841.

.... 142
Administration publique. — Établissements de bienfaisance ; 1 vol. in-4°, Paris, Imp. Royale, 1843.

.... 134
Industrie. — Région du Nord oriental ; 1 vol. in-4°, Paris, Imp. Royale, 1847.

.... 135
Industrie. Région du Midi oriental ; 1 vol. in-4°, Paris, Imp. Nationale, 1848.

.... 136
Industrie. — Région du Nord occidental ; 1 vol. in-4°, Paris, Imp. Nationale, 1850.

.... 137
Industrie. — Région du Midi occidental ; 1 vol. in-4°, Paris, Imp. Nationale, 1852.

.... 138
Mouvement de la population en 1851, 52 et 53 ; 1 vol. in-4°, Strasbourg, Berger-Levrault, 1856.

.... 139
Mouvement de la population en 1854 ; 1 vol. in-4°, Strasbourg, Berger-Levrault, 1857.

.... 140
Statistique des Établissements d'aliénés de 1842 à 1853 ; 1 vol. in-4°, Strasbourg, Berger-Levrault, 1857.

.... 141
Statistique de l'Assistance publique de 1842 à 1853 ; 1 vol. in-4°, Strasbourg, Berger-Levrault, 1858.

.... 145
Mouvement de la population en 1855, 1856 et 1857 ; 1 vol. in-4°, Strasbourg, Berger-Levrault, 1861.

.... 146
Mouvement de la population en 1858, 1859 et 1860 ; 1 vol. in-4°, Strasbourg, Berger-Levrault, 1863.

.... 147
Statistique de l'assistance publique ; hôpitaux et hospices; enfants assistés ; bureau de bienfaisance pour les années 1854 à 1861 ; 1 vol. in-4°, Strasbourg, Berger-Levrault, 1866.

.... 148
Mouvement de la population de 1861 à 1865 ; 1 vol. in-4°, Strasbourg, Berger-Levrault, 1870.

.... 149
Statistique annuelle de 1871 à 1883 ; 13 vol. in-4°, Paris, Imp. Nationale, 1874-86.

.... 150
Statistique annuelle de 1885 à 1889 ; 3 vol. gr. in-8°, Paris, Imp. Nationale, 1888-90.

Block, Maurice. 37
Statistique de la France comparée avec les divers pays de l'Europe ; 2 vol. in-8°, Paris, Guillaumin, 1875.

.... 110
Annuaire statistique de la France, de 1878 à .... ; .. vol. in-8°, Paris, Imp. Nationale. (En cours de publication).

.... 144
Dénombrement de 1856 ; 1 vol. in-4°, Strasbourg. Berger-Levrault, 1859.

.... 120
Dénombrement de 1876 ; 1 vol. in-8°, Paris, Imp. Nationale, 1878.

.... 121
Dénombrement de 1881 ; 1 vol. in-8°, Paris, Imp. Nationale, 1888.

.... 123
Dénombrement de 1891. — Dénombrement des étrangers; 1 vol. in-8°, Paris, Imp. Nationale, 1893.

.... 122
Dénombrement de 1891 ; 1 vol. in-8°, Paris, Imp. Nationale, 1894.

.... 125
Résultats statistiques du recensement des industries et professions. — Dénombrement général de la population du 29 mars 1896 ; 4 vol. in-4°, Paris, Imp. Nationale, 1899.

Direction générale des Douanes. 173
Tableau général du Commerce de la France avec ses colonies et les puissance étrangères. — Commerce. — Grande navigation. — Cabotage, 1820 à .... ; .. vol in-4°, Paris, Imp. Nationale. (En cours de publication).

Direction générale des Douanes. 174
Tableau décennal du Commerce de la France avec ses colonies et les puissances étrangères, 1827 à .... ; .. vol. in-4°, Paris, Imp. Nationale. (En cours de publication).

.... 111
Statistique sommaire des industries principales en 1873; 1 vol. in-8°, Paris, Imp. Nationale, 1874.

Ministère des Travaux Publics. 161
Statistique de la Navigation intérieure : Navigabilité des fleuves, rivières et canaux. — Relevé général du tonnage des marchandises de 1883 à.. ; .. vol. in-4°, Paris, Imp. Nationale. (En cours de publication).

Ministère des Travaux Publics. 162
Statistique des Chemins de Fer français. — Situations. — Documents principaux, 1864 à.. ; .. vol. in-4°, Paris et Melun. (En cours de publication).

.... 163
Chemins de Fer de l'État. — Comptes d'administration annuels de 1880 à .. ; .. vol. in-4°, Paris, Imp. Nationale. (En cours de publication).

Ministère des Travaux Pulics. 164
Statistique des Chemins de Fer français. — Documents divers. — Intérêt général. — Intérêt local et tramways ; 1869 à .. ; .. vol. in-4°, Paris et Melun. (En cours de publication).

Ministère des Travaux Publics. 166

Rapport sur le service des Chemins vicinaux pendant la période quinquennale de 1852 à 1856 ; 1 vol. in-4°, Paris, Imp. Impériale, 1858.

Ministère des Travaux Publics. 167

Documents statistiques sur les routes et ponts ; 1 vol. in-4°, Paris, Imp. Nationale, 1873.

Ministère des Travaux Publics. 168

Routes nationales. — Recensement de la circulation en 1882 ; 1 vol. et 1 atlas in-4°, Paris, Imp. Nationale, 1883-84.

Ministère des Travaux Publics. 169

Routes nationales. — Recensement de la circulation en 1888 : 1 vol. gr. in-4° ; Paris, Imp. Nationale, 1890.

Ministère des Travaux Publics. 170

Routes Nationales. — Recensement de la circulation en 1894 ; 1 vol. in-4°, Paris, Imp. Nationale, 1896.

Ministère des Travaux Publics. 112

Bulletin de statistique et législation comparée ; 30 vol. in-8°, Paris, Imp. Nationale, 1880-94.

Ministère des Travaux Publics. 165

Album de statistique graphique. — Documents statistiques relatifs au courant de circulation des voyageurs et des marchandises sur les voies de communication de tous ordres et dans les ports de mer, à la construction et à l'exploitation de ces voies, etc. de 1879 à . . ; vol. in-4°, Paris, Imp. Nationale. (En cours de publication).

Ministère de l'Agriculture. 171

Tableaux des prix moyens mensuels de l'hectolitre de froment en France par département, depuis le 1er vendémiaire an IX (22 septembre 1800) jusqu'au 31 décembre 1870 ; 1 vol. in-4°, Paris, Imp. Nationale, 1872.

Ministère de l'Agriculture. 172

Récoltes des céréales et des pommes de terre de 1815 à 1876. — Relevés des rapports transmis annuellement par les préfets ; 1 vol. in-4°, Paris, Imp. Nationale 1878.

Ministère de l'Agriculture. 143
Statistique agricole, décennale de 1852; 2 vol. in-4°, Paris, Imp. Impériale, 1858-60.

Ministère de l'Agriculture. 109
Statistique agricole, décennale de 1862 ; 1 vol. in-8°, Strasbourg, Berger-Levrault, 1868.

Ministère de l'Agriculture. 108
Statistique agricole annuelle. — Tableaux des récoltes en France, de 1883 à..; .. vol. gr. in-8, Paris, Imp. Nationale. (En cours de publication).

Ministère des Finances. 114
Bulletin de statistique et de législation comparée, de 1877 à..; .. vol. gr. in-8°, Paris, Imp. Nationale. (En cours de publication).

Ministère des Finances. 115
Bulletin de statistique et de législation comparée. (Documents intéressant l'Administration de l'Enregistrement, des Domaines et du Timbre), de 1897 à.. ; .. vol. gr. in-8°, Paris, Imp. Nationale. (En cours de publication).

Ministère de la Justice. 175
Compte général de l'Administration de la Justice criminelle en France -- et France, Algérie et Tunisie, de 1836 à .. (l'année 1880 contient un rapport relatif aux années 1826 à 1880) ; .. vol. in-4°, Paris, Imp. Nationale. (En cours de publication).

Ministère de la Justice. 176
Compte général de l'Administration de la justice civile et commerciale en France — et France, Algérie et Tunisie, de 1835 à.. ; .. vol. in-4°, Paris, Imp. Nationale, (En cours de publication).

Statistique. — France. — Localités

...... 157
Statistique de l'Industrie à Paris. —Enquête par la Cham-

bre de Commerce de Paris pour les années 1847 et 1848 ; 1 vol. in-4°, Paris, Guillaumin, 1851.

.... 158
Statistique de l'Industrie à Paris. — Enquête par la Chambre de Commerce de Paris pour l'année 1860 ; 1 vol. in-4°, Paris, 1864.

Husson, A. 39
Les Consommations de Paris ; 1 vol. in-8°, Paris, Hachette, 1875.

Préfecture de la Seine. 116
Annuaire statistique de la Ville de Paris, 1880 à ... ; .. vol. in-8°, Paris, Imp. Nationale. (En cours de publication).

Préfecture de la Seine. 124
Résultats statistiques du dénombrement de 1896 pour la Ville de Paris et le département de la Seine et renseignements relatifs aux dénombrements antérieurs ; 1 vol. in-8°, Paris, Masson, 1899.

.... 118
Statistique du Port de Marseille, 1872 à ...; .. broch. gr. in-8°, Marseille. (En cours de publication).

Statistique. — Mines

Ministère des Travaux Publics. 159
Statistique de l'Industrie minérale. — Résumé des travaux statistiques de l'Administration des mines de 1853 à 1872 ; 4 vol. in-4°, Paris, Imp. Impériale et Nationale.

Ministère des Travaux Publics. 160
Statistique de l'industrie minérale et des appareils à vapeur en France et en Algérie, 1873 à ... ; .. vol. in-4°, Paris, Imp. Nationale. (En cours de publication).

Delacroix, Emile. 113
Statistique des houillères en France et en Belgique, 1890 à ... ; .. vol in-8°, Paris, Chevalier-Marescq. (En cours de publication).

Launay, L. (de). 3
Statistique générale de la production des gîtes métallifères ; 1 vol. in-12, Paris, Gauthier-Villars et Masson.

Statistique. — Enseignement

Ministère de l'Instruction publique. 154
État de l'instruction primaire en 1864 d'après les rapports officiels de l'inspecteur d'académie ; 2 vol. in-4°, Paris, Imp. Impériale, 1866.

Ministère de l'Instruction publique. 155
Statistique de l'enseignement secondaire en 1865 ; 1 vol. in-4°, Paris, Imp. Impériale, 1868.

Ministère de l'Instruction publique. 156
Statistique de l'enseignement supérieur, 1865-68 ; 1 vol. in-4°, Paris, Imp. Impériale.

Statistique. — Colonies

.... 104
États de population, de cultures et de commerce des colonies françaises pour 1836, 1837 et 1838 ; 1 vol. in-8°, Paris, Imp. Royale, 1840.

.... 105
Notices statistiques sur les colonies françaises ; 4 vol. gr. in-8°, Paris, Imp. Royale, 1837-40.

Ministère des colonies. 106
Statistiques coloniales, 1841 à ... ; .. vol. in-8°, Paris. (En cours de publication).

.... 151
Tableau de la situation des établissements français dans l'Algérie, 1838, 1845-46, 1865-66 ; 3 vol. in-4°, Paris, Imp. Royale et Impériale, 1838-68.

.... 152
Statistique générale de l'Algérie, 1867 à 1893 ; 8 vol. in-4°, Paris, Imp. Nationale, 1874-94.

.... 153
Statistique générale de l'Algérie, 1894 à ... ; .. vol. gr. in-8°, Alger, Girolt. (En cours de publication).

.... 119
État de la Cochinchine française, 1878 à ...; .. vol. in-4°, Saïgon, L. Ménard. (En cours de publication).

Statistiques Étrangères

.... 177
Statistik des Deuschen Reichs, 1897 ; Statistik der Seeschiffahrt, 1896 ; Auswärtiger handel des deutschen zollgebiets: I. Theil Darstellung nach waarengattungen, 1891 ; 4 vol. in-4°, Berlin, Puttkammer, 1892-97.

.... 178
Handels statistischen Bureau. — Tabellarische Ubersichten des Hamburgischen Handels, 1882, 1896 et 1898 à ....; .. vol. in-4°, Hamburg, Schröder. (En cours de publication).

Chemin-Dupontès, P. 32
Progrès de la Grande Bretagne sous le rapport de la population et de la production ; 1 vol. in-8°, Paris, Gosselin, 1837.

Pebrer, P. (de). 38
Histoire financière et statistique générale de l'Empire Britannique avec un exposé du système actuel de l'impôt; 2 vol. in-8°, Paris, Dufour, 1839.

Legoyt, A. 31
Ressources de l'Autriche et de la France d'après les documents officiels ; 1 vol. in-8°, Paris, Guillaumin, 1859.

.... 179
Navigazione Austro-Ungarica all'estero, 1864 à 1885 ; 18 vol. in-4°, Trieste, Weiss.

.... 180
Statistica della navigazione del commercio marittimo nei porti Austriaci, 1865 à 1894; .. vol. in-4°, Trieste, Morterra.

.... 181
Commercio e navigazione di Trieste, 1865, 1867 à 1871 ; .. vol. in-4°, Trieste.

.... 182
Movimento della navigazione in Trieste, 1871 à 1878 ; .. vol. in-4°, Trieste, Morterra.

.... 183
Movimento commerciale di Trieste, 1871 à 1877 ; .. vol. in-4°, Trieste.

.... 184
Navigazione e commercio di Trieste, 1880 à 1895 ; . vol. in-4°, Trieste, Morterra.

.... 185
Navigazione e commercio di Trieste, 1896 ; .. vol. in-4°, Trieste, Morterra. (En cours de publication).

.... 186
Statistique de la Belgique. — Industrie, recensement de la Belgique de 1880. — Exposé général. — Statistique générale des industries recensées. — Statistique détaillée des établissements industriels, de leur personnel, etc. ; 3 vol. gr. in-4°, Bruxelles, 1887.

.... 187
Annuaire statistique de la Belgique, 1872 à .... ; .. vol. in-8°, Bruxelles, Stevens. (En cours de publication).

.... 188
Statistique de la Belgique. — Tableau général du commerce avec les pays étrangers, 1873, 1893 à .... ; .. vol. gr. in-4°, Bruxelles, A. Mertems.(En cours de publication).

.... 189
Mouvement commercial de la Bulgarie avec les pays étrangers. — Mouvement de la navigation par port, 1880 à ....; .. vol. in-4°, Sophia, Imp. de l'État. (En cours de publication).

.... 190
La crisis arrocera. — Situación del cultivo y producción

del Arroz en las Provincias de Levante ; 1 vol. in-8°, Madrid, 1887.

.... 191

Avance estadistico sobre cultivo y producción del Olivo en España ; 1 vol. in-8°, Madrid, Péant. 1891.

.... 192

Avance estadistico sobre cultivo y producción de la vid en España ; 1 vol. in-8°, Madrid, Péant, 1891.

.... 193

Avance estadistico sobre el cultivo cereal y de leguminosas asociadas en España. — Quinquenio, 1886 à 1890, ambos inclusive ; 3 vol. in-4°, Madrid, Péant, 1891.

.... 194

La crisis agricola y pecuaria. — Comision creada para estudiar la crisis por que atraviesa la agricultura y la ganaderia. — Actas de las sesiones de la comision ; 7 vol. in-8°, Madrid, 1888.

.... 195

La reforma arancelaria y los tratados de comercio. — Informacion escrita. — Informacion oral y datos estadisticos. — Memorias diplomaticas y consulares. — Actas y dictamenes ; 5 vol. in-8° Madrid, 1890-91.

.... 196

Ordenanzas generales de la Reñta de Aduanas ; 1 vol. in-8°, Madrid, Miñón, 1894.

.... 197

Memoria sobre el estado de la renta de aduanas, 1898 à.. : .. vol. gr. in-8°, Madrid.

.... 198

Estadistica comercial. — Resumenes por quinquenios del comercio y de la navegacion exterior de España en los años de 1890 à 1899 ; 1 vol. gr. in-8°, Madrid, 1901.

.... 199

Censo de la población de España segun el empadronamiento hecho en 31 de diciembre de 1887 ; 2 vol. in-4°, Madrid, 1891-92.

.... 200
Estadistica general del comercio de cabotaje entre los puertos de la peninsula e Islas Baleares, 1889 à ... ; .. vol. in-4°, Madrid, J. Sastre. (En cours de publication).

.... 201
Cuadro general del comercio exterior de España con sus posesiones ultramarinas y potencias estrangeras en 1849, formado por la direccion general de aduanas y aranceles ; 1 vol. in-4°, Madrid, R. Calleja, 1852.

.... 202
Estadistica general del comercio exterior de España, 1889 à ... ; .. vol. in-4°, Madrid, J. Sastre. (En cours de publication).

.... 203
Commerce de la Grèce avec les pays étrangers, 1888 à ... ; .. vol. in-4°, Athènes. (En cours de publication).

.... 204
Commission financière internationale. — Importation de la Douane du Pirée, 1901 à ... ; .. vol. in-4°, Athènes, Sakellarios.*

.... 205
Annuario statistico italiano, 1878 à... ; ..vol. in-4°, Roma, Berthero. (En cours de publication).

.... 206
Annali di statistica industriale, 1878 à 1885. — Annali di statistica industriale, 1885 à ... – Saggio di bibliografia statistica italiana. — Saggio de una storia sommaria della stampa periodica. — Indice analitica (1871-1881) ; .. vol. in-8°, Roma, G. Berthero. (En cours de publication).

.... 207
Annali del consiglio delle tariffe delle strade ferrate, 1887 à 1897 ; 8 vol. in-8°, Roma, G. Berthero,

. . . . 208
Statistique internationale des Banques d'émission : France, Autriche-Hongrie, Belgique, Pays-Bas, Suède-Norwège, Espagne, Allemagne, 1880-1881 ; 3 vol. in-8°, Rome, Botta.

. . . . 209
Statistica della emigrazione italiana per l'estero, 1878 à...; vol. in-8°, Roma. G. Berthero.

. . . . 210
Statistica industriale. — Lombardia ; 1 vol. in-8°, Roma, G. Berthero, 1900.

. . . . 211
Bollettino di legislazione et statistica doganale e commerciale, 1884 à .. ; .. vol. in-4°, Roma, Calzone-Villa. Indice générale, 1884 à 1898.

. . . . 212
Inchiesta Parlamentare sulla Marina mercantile, 1881-1882 ; 7 vol. in-4°, Roma, Botta.

. 213
Movimento della Navigazione. — Commercio, Rilascio, grande pesca, 1862 à ... ; .. vol. in-4°, Roma, Calzone-Villa. (En cours de publication).

. . . . 214
Movimento Commerciale del Regno d'Italia, 1862 à ... ; .. vol. in-4°, Torino, Roma. (En cours de publication).

. . . . 215
Relazione sull'amministrazione delle gabelle, 1885 à ... ; .. vol. in-4°, Roma, Calzone-Villa. (En cours de publication).

. . . . 216
Tabella indicante i valori delle merci per le statistiche commerciali, 1897 à ... ; .. vol. in-8°, Roma, Calzone-Villa. (En cours de publication).

. 217
Annuaire statistique de la Norvège, 1879, 1880, 1881 et 1889. — Statistique des caisses d'Epargne pour les années 1876 à 1878 ; 5 broch. in-8°, Kristiania, H. Ascheoug.

.... 240
Confédération Suisse. — Tableau général de l'importation, de l'exportation et du transit, 1878 à 1884 ; broch. in-f°, Berne.

.... 241
Statistique du Commerce de la Suisse avec l'Etranger, de 1885 à ... ; .. vol. in-f°, Berne, A. Benteli. (En cours de publication).

.... 218
Statistique du Commerce extérieur du royaume de Serbie; 1891 à ... ; .. vol. in-4°, Belgrade. (En cours de publication).

.... 219
Annual return of the foreing trade of the Empire of Japan 1886 et 1894. — Résumé statistique de l'Empire du Japon, 1893, 1896 et 1899. — Annuaire financier et économique du Japon, 1901 et 1902 ; .. vol. in-4°, Tokio.

.... 220
Bulletin mensuel du Commerce extérieur de l'Egypte, 1888 à 1892 ; 1 vol et 18 broch in-8°, Alexandrie, L. Carrière.

.... 221
Rapport présenté par le Conseil de Direction de la Daïra Sanieh sur la situation annuelle, 1881 à...; .. vol. in-4°, Le Caire, Roditi.

.... 222
Recensement général de l'Egypte, 1882 ; 2 vol. in-4°, Le Caire, Imp. Nationale, 1884.

.... 223
Registro Estadistico de la Republica Argentina, 1866, 1870 à 1873 ; 3 vol. in-4°, Buenos-Ayres.

.... 224
Censo general de la Provencia de Buenos-Ayres. — Demografico, agricola, industrial, comercial, etc., 1881 ; 1 vol. in-4°, Buenos-Ayres, 1883.

.... 225
Segundo Censo de la Republica Argentina. Mayo 10 de 1895. Territorio. Poblacion. Censos complementarios ; 3 vol. gr. in-4°, Buenos-Ayres, 1898.

.... 226
Annuaire statistique de la Province de Buenos-Ayres (République Argentine), 1881 à 1897 ; .. vol. in-8°.

.... 227
Informe anual del comisario general de inmigration de la Republica Argentina, 1876 ; 1 vol. in-8°, Buenos-Ayres, 1877.

.... 228
Reseña Estadistica y descriptiva de La Plata, capital de la provincia de Buenos-Ayres ; 1 vol. gr.in-8°, Buenos-Ayres, 1885.

.... 229
Censo agricolo. — Pecuario de la provincia de Buenos-Ayres, 1888 ; 1 vol. in-8°, Buenos-Ayres.

.... 230
Rapport du Président du Crédit Public National, sur la dette publique, les banques, la frappe des monnaies, les budgets et les lois d'impôts de la nation et des provinces ; 1 vol. in-8°, Buenos-Ayres, 1889.

.... 231
L'agriculture, l'élevage, l'industrie et le commerce dans la province de Buenos-Ayres en 1895 ; 1 vol. in-8°, La Plata, 1897.

.... 232
Estadistica de la provincia de Buenos-Ayres. — Memoria Demografica, 1895 ; 1 vol. in-8°, La Plata, 1898.

.... 233
Informes y documentos relations á comercio interior y

exterior, agricultura é industrias, 1886 à 1890; 5 vol. in-8°, Mexico.

.... 234

Estados-Unis Mexicanos. -- Datos Mercantiles, 1889 et 1892; 2 vol. in-8°, Mexico.

.... 235

Republica Mexicana. — Amonedaciones é introducciones de metales preciosos a las casas de Monedo, 1886 à 1893; 8 vol. in-4°, Mexico.

.... 236

Republica Mexicana. — Noticias de movimento maritimo, 1885 à 1891; 7 vol. in-4°, Mexico.

...... 237

Republica Mexicana. — Estadistica fiscal. — Importacion y exportacion, 1872 à 1893; ... vol. in-4°, Mexico.

...... 238

Album de la Republica Oriental del Uruguay. --- Compuesto para la Exposicion continental de Buenos-Ayres; 1 vol in-4°, Montévidéo, 1882.

.... 239

Anuario Estadistico de la Republica Oriental del Uruguay, 1886, 1887 et 1893 à 1896; 6 vol. in-4°, Montévidéo.

DIVERS

L

. . . . 1

Revue des Deux-Mondes, 1843 à . . . . ; . . vol. in-8°, Paris, (En cours de publication).

. . . . 2

Table de la Revue des Deux-Mondes, 1831 à 1901 ; 4 vol. in-8°, Paris.

Pichot, A. 3

Revue Britannique, 1867 à 1902 ; 215 vol. gr. in-8°, Paris, et 1 table, de 1825 à 1880.

. . . . 4

Revue du Monde Latin, 1883 à 1892 ; 27 vol. in-8°, Paris.

. . . . 5

Revue Philomatique de Bordeaux et du Sud-Ouest, 1897 à . . . . ; . . vol. in-8°, Bordeaux. (En cours de publication).

. . . . 6

Almanach National, 1803 à . . . . ; . . vol. in-8°, Paris. (En cours de publication).

Bonvalot, Gabriel. 7

La France de Demain ; questions nationales, réformes urgentes, 1898-1903 ; 10 vol. in-12, Paris.

Charton, E. 136

Guide pour le choix d'un état ou dictionnaire des professions ; 1 vol. in-8°, Paris, V. Lenormant, 1842. — (2e édition) ; 1 vol. in-8°, Paris, F. Chamerot, 1851.

Doublet, V. 137

Dictionnaire universel des professions ou guide pour le choix d'un état ; 1 vol. in-8°, Versailles, Doublet, 1858.

Jullien, A. 117
Essai sur l'emploi du tems ; 1 vol. in-8°, Paris, F. Didot, 1810.

Girault-Duvivier, Ch.-P. 114
Encyclopédie élémentaire de l'antiquité ou origine, progrès, état de perfection des arts et sciences chez les anciens ; 4 vol. in-8°, Paris, Janet et Cotelle, 1830.

Bellot, Pierre. 208
Œuvres complètes ; 3 vol. in-8°, Marseille, M. Olive, 1836-1840.

.... 135
Bibliothèque illustrée des classes ouvrières et des conférences de Saint-François-Xavier ; 1 vol. in-8°, Paris, Mellier, 1845.

Guizot. 133
Shakspeare et son temps, étude littéraire ; 1 vol. in-8°, Paris, Didier, 1852.

Cucheval Clarigny. 35
Histoire de la Presse en Angleterre et aux Etats-Unis ; 1 vol. in-12, Paris, Amyot, 1857.

Abd-el-Kader. 123
Le livre d'Abd-el-Kader intitulé : Rappel à l'intelligent, avis à l'indifférent ; considérations philosophiques, religieuses, historiques ; 1 vol. in-8°, Paris, B. Duprat, 1858.

Buffon. 119
Correspondance inédite ; 2 vol. in-8°, Paris, Hachette, 1860.

Lélut. 28
Physiologie de la pensée. — Recherche critique des rapports du corps à l'esprit ; 2 vol. in-12, Paris, Didier, 1862.

.... 132
La civilisation universelle. — Union des peuples, des pontifes et des rois ; 1 vol. in-8°, Paris, A. Vaton, 1864.

Tocqueville, A. (de). 118
Études économiques, politiques et littéraires ; 1 vol. in-8°, Paris, Michel Lévy, 1866.

Jousserandot, L. 34
La civilisation moderne, cours professé à l'Académie de Lausanne ; 1 vol. in-12, Paris, Didier, 1867.

Guizot. 116
Méditations sur la Religion chrétienne dans ses rapports avec l'état actuel des sociétés et des esprits ; 1 vol. in-8°, Paris, Michel Lévy, 1868.

Bertulus, E. (D^r^). 115
L'Athéisme au XIXe siècle devant l'histoire, la philosophie médicale et l'humanité ; 1 vol. in-8°, Paris, Renouard, 1869.

Laveleye, E. (de). 33
Études et essais ; 1 vol. in-12, Paris, Hachette, 1869.

Favre, Jules. 27
Quatre conférences faites en Belgique en 1874 : Des devoirs internationaux. — Eloge de Washington. — De la condition des femmes dans les sociétés démocratiques. — Éloge de Jeanne d'Arc ; 1 vol. in-12, Paris, E. Plon, 1874.

Réveillé de Beauregard. 125
L'émir Yussef bey Karam. — Essai poétique sur les drames en Syrie ; 1 vol. in-8°, Marseille, Cayer, 1879.

La Landelle, G. (de). 29
Le Mobilier anecdotique. — Histoire d'une lettre confidentielle ; 1 vol. in-12, Paris, E. Dentu, 1883.

Marmier, X. 32
A la Maison. — Études et souvenirs ; 1 vol. in-12, Paris, Hachette, 1883.

Sabin Berthelot. 31
Souvenirs intimes ou Miscellanées épistollaires, 1826-1880 ; 1 vol. in-12, Paris, E. Plon et Cie, 1883.

.... 30
Quand j'étais ministre ; 1 vol. in-12, Paris, Lib. Illustrée, 1887.

Funck-Brentano, T. 138
Les Sophistes allemands et les Nihilistes russes ; 1 vol. in-8°, Paris, Plon, Nourrit, 1887.

. . . . 36

Annuaire de la Société amicale de secours des anciens élèves de l'École des Mineurs d'Alais, fondée en 1883; 1 vol. in-12, Alais, J. Brabo, 1898.

Al-Absîhî. 216

Al-Mostatraf. — Recueil philologique, anecdotique, littéraire et philosophique, traduit par G. Rat, membre de la Société Asiatique; 2 vol. in-8°, Paris, A. Leroux, 1899-1902.

Bibliographie

Richard, J. 107

L'art de former une bibliothèque; 1 vol. in-12, Paris, Rouveyre et Blond, 1883.

. . . . 207

Congrès Bibliographique international tenu à Paris du 3 au 7 avril 1888. — Compte-rendu; 1 vol. gr. in-8°, Paris, 1889.

Rouard, E. 110

Notice sur la bibliothèque d'Aix, dite Méjanes, précédée d'un essai sur l'histoire littéraire de cette ville, sur ses monuments, etc.; 1 vol. in-8°, Paris, F. Didot, 1831.

Barré, H. 201

Catalogue des incunables de la bibliothèque de la Ville de Marseille; 1 vol. in-8°, Marseille, Barthelet, 1897.

Barré, H. 108

Bibliothèque de la Ville de Marseille. — Catalogue du Fonds de Provence; 4 vol. in-8°, Marseille, Barlatier et Barthelet, 1890-94.

Ministère de l'Instruction publique. 203

Catalogue des manuscrits des bibliothèques publiques de France. — Départements, Tome XV, Marseille; 1 vol. gr. in-8°, Paris, E. Plon, Nourrit, 1892.

Frœhner, W. 109

Catalogue des antiquités grecques et romaines du Musée de Marseille; 1 vol. in-8°, Paris, Imp. Nationale, 1897.

. . . . 111

Catalogue des livres composant la bibliothèque de J.-T. Bory; 1 vol. in-8°, Marseille, E. Camoin, 1875.

Deloncle, F. 112

Catalogue des livres orientaux et autres composant la bibliothèque de feu M. Garcin de Tassy, suivi du catalogue des manuscrits hindoustanis, persans, arabes, turcs ; 1 vol. in-8°, Paris, A. Labitte, 1879.

Ministère de la Justice. 202

Catalogue de la bibliothèque du comité de législation étrangère ; 1 vol. gr. in-8°, Paris, Imp. Nationale, 1879.

Ministère des Affaires Etrangères. 204

Inventaire sommaire des archives. — Mémoires et documents, France ; 1 vol. gr. in-8°, Paris, Imp. Nationale, 1888.

.... 113

Catalogue de la bibliothèque de la commission centrale de statistique (Belgique) ; 1 vol. in-8°, Bruxelles, Hayez, 1902. (Tome I. Ouvrages généraux).

.... 277

Inventaire sommaire des archives départementales antérieures à 1790. — Gironde. — Archives civiles, série C. (n° 4250 à 4439). Inventaire du fond de Commerce de Guienne ; 1 vol. in-4°, Bordeaux, Gounouilhou, 1893.

Moris, H. 275

Inventaire sommaire des archives départementales antérieures à 1792. — Alpes Maritimes, Archives ecclésiastiques, série H ; 1 vol. in-4°, Nice, J. Ventre, 1893.

Blanchi, A. 276

Inventaire sommaire des archives hospitalières de la Ville de Nice, antérieures à 1792 ; 1 vol. in-4°, Nice, V. Eug. Gauthier, 1894.

.... 205

Catalogue des livres composant la bibliothèque de la Chambre de Commerce de Boulogne-sur-mer ; 1 vol. in-8°, Boulogne-sur-mer, 1866.

.... 206

Catalogue des livres composant la bibliothèque de la Chambre de Commerce de Bordeaux (Tomes II et III) ; 2 vol. gr. in-8°, Bordeaux, 1861-1892.

Linguistique

Hovelacque, A. 21
La Linguistique ; 1 vol. in-12, Paris, Reinwald, 1877.

Hovelacque, A. et **Vinson, J.** 22
Étude de Linguistique et d'Ethnographie; 1 vol. in-12, Paris, C. Reinwald, 1878.

Schleicher, A. 102
Les Langues de l'Europe moderne; 1 vol. in-8°, Paris, Ladrange, 1852.

Müller, Max. 101
Nouvelles leçons de la science du langage. Cours professé à l'Institution royale de la Grande-Bretagne en 1863; 2 vol. in-8°, Paris, Durand et Pedone-Lauriel, 1867.

.... 23
Logotechnie ou science étymologique de plusieurs milliers de mots français scientifiques tirés du grec; 1 vol. in-18, Paris, Hachette, 1868.

Pelegrin (Abbé). 121
Nouvelle Grammaire Espagnole raisonnée à l'usage des Français; 1 vol. in-8°, Marseille, Achard, 1827,

Schlegel, A.-W. (de). 213
Réflexions sur l'étude des langues asiatiques; 1 vol. in-8°, Paris, Maze, 1832.

Rodet, L. 105
Grammaire abrégée de la langue sanscrite; 1 vol. in-8°, Paris, Challamel, 1859.

.... 25
Poésies populaires du sud de l'Inde. — Traduction et Notices, par E. Lamairesse; 1 vol. in-12, Paris, Lacroix, Verboeckhoven, 1867.

.... 24
Les Chants et les Traditions populaires des Annamites recueillis et traduits, par G. Dumoutier; 1 vol. in-12, Paris, E. Leroux, 1890.

Frey (C[nel]). 126
L'Annamite. — Mère des langues. — Communauté d'ori-des races celtiques, sémitiques, soudanaises et de l'Indo-Chine; 1 vol. in-8°, Paris, Hachette, 1892.

Diguet, Ed. 127
Éléments de grammaire annamite. Méthode d'enseignement mutuel franco-annamite; 2 vol. in-8°, Paris, Imp. Nationale, 1892 et Hanoï, 1894.

Bon et **Dronet.** 128
Manuel de conversation franco-tonkinois; 1 vol. in-8°, Ké-So, 1889.

Julien, S. 103.
Exercices pratiques d'analyse, de syntaxe et de lexigraphie chinoise; 1 vol. in-8°, Paris, B. Duprat, 1842.

Rémusat, A. 214
Éléments de la grammaire chinoise ou principes généraux du Kou-Wen ou style antique et du Kouan-Hoa ou langue commune; 1 vol. gr. in-8°, Paris, Maisonneuve, 1857.

Léon de Rosny, L. 215
Introduction à l'étude de la langue japonaise; 1 vol. in-4°, Paris, Maisonneuve, 1857.

Tugault, A. 106
Grammaire de la langue malaye ou malaise; 1 broch. in-8°, Paris, Victor Goupy, 1868.

Richard. L. 217
Cours théorique et pratique de la langue commerciale de l'archipel d'Asie dite Malaise; 1 vol. gr. in-8°, Paris, Dumoulin, 1872.

Richard, L. 218
Dictionnaire de la langue commerciale de l'archipel de l'Asie dite Malaise; 1 vol. gr. in-8°, Paris, J.-B. Dumoulin, 1873.

Preindl. 124
Grammaire turque et vocabulaire; 1 vol. in-8°, Berlin, 1791,

Bellemare, A. 211
Grammaire arabe (idiome d'Algérie); 1 vol. gr. in-8°, Paris, Hachette, 1854.

Caussin de Perceval, A.-P. 122
Grammaire arabe vulgaire pour les dialectes d'Orient et de Barbarie ; 1 vol. in-8°, Paris, Maisonneuve, 1858.

Hanoteau, A. 212
Essai de Grammaire de la langue Tamachek', renfermant les principes du langage parlé par les Imouchar' ou Touareg; 1 vol. in-8°, Paris, Imp. Impériale, 1860.

Garcin de Tassy. 104
Rhétorique et prosodie des langues de l'Orient Musulman; 1 vol. in-8°, Paris, Maisonneuve, 1873.

.... 26
Recueil de phrases usuelles pour servir à la conversation Tamoule ; 1 vol. in-12, Marseille, Marius Olive, 1874.

Petitot, R.-P.-E. 210
Monographie des Déné-Dindjié ; 1 vol. gr. in-8°, Paris, E. Leroux, 1876.

Dictionnaires. — Langues Etrangères

Pagès, L. 422
Dictionnaire japonais-français ; 1 vol. gr. in-8°, Paris, F. Didot, 1868.

Perny, P. 416
Dictionnaire français-latin-chinois de la langue mandarine parlée, avec appendice ; 2 vol. in-4°, Paris, Didot, 1869-1872.

Michel Joseph Eid. 120
Le Guide utile. — Vocabulaire français-arabe ; 1 vol. in-8°, Alexandrie, Lagoudakis, 1891.

Gasselin, Ed. 415
Dictionnaire français-arabe (arabe vulgaire, arabe grammatical) ; 2 vol. in-4°, Paris, Leroux, 1880-1891.

Bocthor, Ellious. 421
Dictionnaire français-arabe ; 1 vol. gr. in-8°, Paris, F. Didot, 1869.

Cuche, R.-P. 420
Dictionnaire français-arabe ; 1 vol. gr. in-8°, Beyrouth, Imp. Catholique, 1862.

Rhasis, G. 417
Vocabulaire français-turc ; 2 parties en 1 vol. in-4°, Saint-Pétersbourg, Imp. de l'Académie des Sciences, 1828-29.

Makaroff, N.-P. 419
Dictionnaire français-russe et russe-français ; 2 vol. gr. in-8°, Saint-Pétersbourg, 1884.

Legrand, E. 402
Nouveau Dictionnaire grec moderne français contenant les termes de la langue parlée et de la langue écrite ; 1 vol. in-18, Paris, Garnier, 1882.

Ferrari, C. et **Caccia, J.** 418
Grand Dictionnaire français-italien et italien-français ; 1 vol. in-4°, Paris, Garnier, 1874.

Taboada (de). 408
Nouveau Dictionnaire français-espagnol et espagnol-français ; 2 vol. in-8°, Paris, Thoisnier-Desplaces, 1826.

Simmonds, P.-L. 404
The Commercial Dictionary of Trade Products, Manufacturing and Technical Terms ; 1 vol. in-8°, London, Routledge, 1883.

Tolhausen, A. 403
Dictionnaire technologique dans les langues françaises, anglaises et allemandes, renfermant les termes techniques usités dans les arts et métiers et dans l'industrie en général ; 3 vol. in-12, Leipzig, Bernhard Tauchnitz, 1873-1876.

Fleming et **Tibbins.** 414
Dictionnaire français-anglais et anglais-français ; 2 vol. in-4°, Paris, F. Didot, 1863-1864.

Thieme, F.-W. 424
A New and complete critical Dictionary of the english

and german languages ; 2 parties en 1 vol. gr. in-8°, Leipzig, Mayer, 1860.

Schuster, Th. et **Régnier, Ad.** 423
Nouveau Dictionnaire des langues allemande-française et française-allemande ; 2 vol. gr. in-8°, Paris, C. Hingray, 1845.

Dictionnaires. — Langue française

Moréri, L. 401
Le grand dictionnaire historique ou le mélange curieux de l'histoire sacrée et profane, nouvelle et dernière édition ; 6 vol. gr. in-4°, Paris, Coignard, 1732
Supplément au grand dictionnaire historique ; 2 vol. gr. in-4°, Paris, Lemercier, 1735.
Nouveau supplément au grand dictionnaire historique ; 2 vol. gr. in-4°, Paris, Vincent, 1749.

Avril, J.-T. 406
Dictionnaire provençal-français et français-provençal ; 1 vol. in-8°, Apt, E. Cartier, 1839.

Renier, Léon. 407
Encyclopédie moderne. — Dictionnaire abrégé des sciences, des lettres, des arts, de l'industrie, de l'agriculture et du commerce ; 27 vol. et 2 atlas gr. in-8°, Paris, Didot, 1852-1853.

Dupiney de Vorepierre. 428
Dictionnaire français illustré et encyclopédie universelle ; 2 vol. in-4°, Paris, Michel Lévy, 1857.

Lafaye. 429
Dictionnaire des synonymes de la langue française, avec une introduction sur la théorie des synonymes ; 1 vol. gr. in-8°, Paris, Hachette, 1858,

Jouffroy (Mis de), 425
Dictionnaire des inventions et découvertes anciennes et modernes. (Tomes 35 et 36 de la nouvelle encyclopédie, série de dictionnaires publiée par M. l'abbé Migne) ; 2 vol. in-8°, Paris, 1860.

Rich, A. 405
Dictionnaire des antiquités romaines et grecques ; 1 vol. in-8°, Paris, F. Didot, 1861.

Beleze, G. 409
Dictionnaire universel de la vie pratique à la ville et à la campagne ; 1 vol. gr. in-8°, Paris, Hachette, 1862.

Landais, N. 427
Grand dictionnaire général et grammatical des dictionnaires français; 2 vol. in-4°, Paris, Didier, 1862.

Bachelet, T., et **Dézobry, C.** 411
Dictionnaire général des lettres, des beaux-arts et des sciences morales et politiques ; 2 vol. gr. in-8°, Paris, Delagrave, 1868.

Duckett. 410
Dictionnaire de la conversation et de la lecture. Par une société de savants et de gens de lettres ; 16 vol. gr. in-8°, Paris, Didot, 1872.

Dupiney de Vorepierre, 413
Dictionnaire des noms propres ou Encyclopédie illustrée de biographie, de géographie, d'histoire et de mythologie ; 1 vol. in-4°, Paris, Michel Lévy, 1876.

Littré, E. 426
Dictionnaire de la langue française ; 4 vol. in-4°, Paris, Hachette, 1875. Supplément ; 1 vol. in-4°, Paris, 1877.

Guérin, P. 430
Dictionnaire des Dictionnaires. — Lettres, sciences, arts, encyclopédie universelle ; 6 vol. in-4°; Paris, Imp. Réunies. Supplément illustré ; 1 vol. in-4°.

Larousse, P. 412
Grand Dictionnaire universel du XIXe siècle, et 1er, 2e supplément ; 17 vol. in-4°, Paris.

RÈGLEMENT DE LA BIBLIOTHÈQUE

DE LA

CHAMBRE DE COMMERCE DE MARSEILLE

ARTICLE PREMIER

La Bibliothèque de la Chambre de Commerce est ouverte au public chaque jour de la semaine, excepté les dimanches et jours fériés, de 9 heures du matin à midi et de 2 heures à 5 heures 1/2.

ART. 2

La Bibliothèque est fermée chaque année pendant un mois, du 15 juillet au 15 août.

ART. 3

Les personnes qui désireront un livre ou consulter les cartes marines publiées par le Dépôts des Cartes et Plans, devront en faire la demande à l'employé préposé au service de la Bibliothèque ; elles auront soin, avant de sortir, de remettre les livres ou les cartes consultés à ce même employé.

ART. 4

Il est expressément défendu d'aller prendre soi-même des livres dans les rayons de la Bibliothèque ou de les y replacer. La même défense est faite en ce qui concerne les cartes marines.

ART. 5

Les lecteurs devront se servir des livres ou des cartes avec le plus grand soin ; ceux qui voudront prendre des notes, ne placeront jamais leur papier sur les livres ni sur les cartes marines. Ils éviteront de répandre de l'encre sur les volumes, sous peine d'être obligés, par les voies de droit, à remplacer l'ouvrage taché.

ART. 6

Un quart d'heure avant la fermeture de la salle, il ne sera plus donné aucun ouvrage à personne.

ART. 7

Personne ne devra entrer dans la salle avec des livres sans en avoir obtenu l'autorisation préalable du bibliothécaire.

ART. 8

Les personnes qui fréquentent la Bibliothèque sont tenues de garder le silence.

ART. 9

Les membres de la Chambre ont seuls le droit d'emprunter des livres à la Bibliothèque, mais sous la condition expresse d'en délivrer reçu au Bibliothécaire.

ART. 10

Le Bibliothécaire est chargé d'assurer l'exécution des dispositions du présent règlement ainsi que de la police des salles.

Marseille, le 15 mars 1904.

Le Président de la Chambre de Commerce,

LE MÉE DE LA SALLE.

TABLE ANALYTIQUE DES MATIÈRES

Commerce. — Industrie. — Travaux Publics.

Finances. — Douanes.

Marine et Colonies.

Géographie. — Histoire.

Economie Politique, Industrielle, Sociale.

Législation. — Jurisprudence.

Sciences et Arts.

Statistique.

Divers.

TABLE ALPHABÉTIQUE

DES NOMS D'AUTEURS

(Les chiffres renvoient aux pages où les auteurs se trouvent cités)

A

B

C

D

E

F

G

H

I

J

K

L

M

N

O

P

Q

R

S

T

U

V

W

Y

Z

Imp du « Sémaphore ». — Barlatier, Marseille.

IMPRIMERIE·DU·SEMAPHORE
MARSEILLE

IMPRIMERIE DU SEMAPHORE
MARSEILLE

www.ingramcontent.com/pod-product-compliance
Lightning Source LLC
Chambersburg PA
CBHW072006270326
41928CB00009B/1563
* 9 7 8 2 0 1 1 3 1 2 2 9 7 *